国家出版基金项目
NATIONAL PLBLICATION FOUNDATION

国家出版基金项目
“十四五”时期国家重点出版物出版专项规划项目

高速铁路基础研究与技术创新丛书

工程施工与组织系列

高速铁路岩溶路基边坡变形与稳定

本丛书编委会　总主编
白明洲　师　海　田　岗　等编著
张玉芳　主　审

中国铁道出版社有限公司

2022年·北　京

内 容 简 介

本书为“高速铁路基础研究与技术创新丛书”之分册。本书基于高速铁路岩溶路基边坡全生命周期减灾防灾创新理论和实践，对其岩溶发育特征和建设期、服役期岩溶路基边坡孕险因素进行了系统研究，深入分析了岩溶发育、分布差异性等对路基边坡的灾变影响，论述了岩溶路基边坡的变形特征、灾变预警和危险性动态评价，探讨了岩溶地下水侵蚀和列车振动对路基边坡岩体的疲劳累积损伤特性、疲劳损伤模型和动态响应等。

本书可供高速铁路路基工程设计、建造、灾害防治等科研人员和工程技术人员、铁路工务养护管理人员，以及铁路类高校相关师生参考。

图书在版编目(CIP)数据

高速铁路岩溶路基边坡变形与稳定/白明洲等编著．—北京：中国铁道出版社有限公司，2022.4

(高速铁路基础研究与技术创新丛书．工程施工与组织系列)

“十四五”时期国家重点出版物出版专项规划项目

ISBN 978-7-113-28880-8

Ⅰ．①高…　Ⅱ．①白…　Ⅲ．①高速铁路-岩溶-铁路路基-边坡稳定　Ⅳ．①U213.1

中国版本图书馆 CIP 数据核字(2022)第 031690 号

书　　名：高速铁路岩溶路基边坡变形与稳定

作　　者：白明洲　师　海　田　岗　等

策　　划：李小军

责任编辑：邱金帅　　**编辑部电话**：(010)51892546　　**电子邮箱**：shuai827@gmail.com

封面设计：高博越　刘　莎　　**封面摄影**：王明柱　　**丛书标识设计**：崔丽芳

责任校对：安海燕

责任印制：高春晓

出版发行：中国铁道出版社有限公司(100054，北京市西城区右安门西街 8 号)

网　　址：http://www.tdpress.com

印　　刷：北京联兴盛业印刷股份有限公司

版　　次：2022 年 4 月第 1 版　2022 年 4 月第 1 次印刷

开　　本：787 mm×1 092 mm　1/16　**印张**：12.25　**字数**：239 千

书　　号：ISBN 978-7-113-28880-8

定　　价：78.00 元

序

我国高速铁路起步晚、发展快、后劲足，经过几代人的不懈努力，通过原始创新、集成创新、引进消化吸收再创新，成功地走出了一条符合中国国情路情、具有中国特色的自主创新之路。我国已系统掌握各种复杂地质和气候条件下高速铁路建造成套技术；在工务工程、列车运行控制、牵引供电、动车组等高速铁路核心技术方面实现自主化；形成了复杂路网条件下处理跨线运行的运营管理成套技术，构建了人防、物防、技防三位一体的主动安全保障机制。我国已成为全球高速铁路运营里程最长、在建规模最大、运营速度最快、技术体系最全、运营和管理经验最丰富的国家。我国高速铁路技术已走在世界前列，成为推动世界高速铁路发展的重要力量。

为贯彻落实中共中央、国务院《交通强国建设纲要》，推进国铁集团《新时代交通强国铁路先行规划纲要》的落地，系统总结、梳理我国高速铁路各领域前沿理论和技术，向我国乃至世界高速铁路科研工作者和工程技术人员提供一套前沿性的参考书，中国国家铁路集团有限公司铁道出版社公司特组织编著出版“高速铁路基础研究与技术创新丛书”。

丛书以习近平新时代中国特色社会主义思想为指导，以国家自然科学基金课题、国家基金委-国铁集团高铁联合基金课题、国家“973”课题、国家重点研发计划课题等科研成果为支撑，从高速铁路前沿研究、补短板技术、核心技术、技术发展趋势等方向组织选题，涵盖动车组、供电、通信与信号、列控与检测、工程勘察与设计、智能建造、运营与管理、现代信息技术、安全和维护等领域，规模为100册，是全面系统论述我国高速铁路基础研究与技术创新成就的大型系列原创性科技著作。

丛书力求突出制高点、原创性、权威性、全覆盖特色。丛书各册内容以作者团队长期从事高速铁路科学研究的成果为依托，多数成果居于国内领先水平甚至世界先进水平，多种成果荣获国家科学技术奖一等奖、二等奖，国家技术发明奖一等奖、二等奖，茅以升科学技术奖，詹天佑铁道科学技术奖，铁道科技进步奖等奖项，丛书内容体现了我国当今最新、最前沿以及展现未来发展趋势的高速铁路相关研究成果和应用技术。丛书包括动车组、供电、工程施工与组织等十个系列，基本实现高速铁路各领域全覆盖。

丛书由编委会总负责。编委会阵容强大，认真负责。编委会各成员都是长期从事我国高速铁路科研、技术、生产和管理的一流专家学者，是所从事领域的翘楚，其中包括高速铁路及其相关领域的四位院士。编委会多次开会商讨丛书的体系、内容特色、作者条件及质量保障机制；分工负责，精心审订和修改各册编写提纲；多次遴选选题，先从150多个选题意向中遴选出100个选题，后又剔除了内容特色不太鲜明的8个选题，还对10多个选题提出了较大的改进意见，补充了8个关键技术和弥补技术空白的选题；最后邀请专人对各册内容进行审定，从而保证了各册内容的正确性和先进性。

2021年年底，国家新闻出版署经过严格评审，"高速铁路基础研究与技术创新丛书"(100册)成功入选"'十四五'时期国家重点出版物出版专项规划——重大出版工程"。这是对本丛书项目的认可，也是对编委会、作者和编辑等人员前期工作的认可，更是一种鞭策。我们相信，本丛书的出版，将助力于《交通强国建设纲要》的贯彻落实，推动我国乃至世界高速铁路事业的发展，也将为铁路领域的科研工作者、工程技术人员、管理人员，以及高校相关专业师生提供一套高水平、原创性、权威性、全覆盖的大型高铁科技精品著作。

中国工程院院士

"高速铁路基础研究与技术创新丛书"编委会主任 卢春房

2022年2月

前　言

本书为“高速铁路基础研究与技术创新丛书”之分册，按丛书要求，力图体现高速铁路岩溶路基边坡领域研究的制高点、前沿性、原创性特色。

我国国土面积约70%为山地丘陵地貌，地质条件复杂多样。其中以石灰岩等为主的可溶岩分布广泛，遍及全国各省（自治区、直辖市），出露地表总面积约130万平方公里，尤以滇、桂、黔为最。对于岩溶地貌，一方面惊叹于自然的鬼斧神工，另一方面感叹其为工程的“地质灾难”。作为当今高新技术的集成，高速铁路的建设如火如荼，在我国可溶岩区的沪昆、贵广、贵南等高速铁路正在建设或已投入运营。路基边坡作为岩溶区高速铁路的主要构筑物之一，受复杂工程地质、岩溶区水文地质、列车振动等影响，建设期和服役期灾害问题十分突出，与传统路基边坡工程不同，高速铁路岩溶路基边坡一方面受不良地质条件影响，另一方面受岩溶水侵蚀、岩溶分布差异化影响，同时也在长期高速列车振动中服役，给边坡的稳定和防护带来巨大挑战。因此，如何有效保证岩溶路基边坡工程的安全与稳定，已然成为亟待解决的工程问题。

本书基于高速铁路岩溶路基边坡在建设期和服役期全生命周期的减灾防灾创新理论和实践，重点介绍了岩溶路基边坡的变形与稳定问题。以重大工程沪昆高速铁路贵州段岩溶区路基边坡为依托，构建了高速铁路岩溶路基边坡全生命周期的减灾防灾构架和创新理论，系统论述了高速铁路岩溶路基边坡孕险因素、灾变机理、危险性评价方法，分析了岩溶地下水侵蚀和列车振动对路基边坡岩体的疲劳累积损伤特性、疲劳损伤模型和动态响应。本书基于高速铁路路基变形与防灾实践，总体分建设期和运营期两大阶段进行介绍，第2～6章着重论述高速铁路建设期岩溶路基边坡异常区检测技术、变形监测预警和风险评价相关理论、方法及实践，第7～10章着重论述高速铁路运营期岩溶路基边坡岩体的疲劳累积损伤特性和动态响应。

本书由北京交通大学白明洲、师海、田岗等编著，各章节编著分工及主要内容如下：第1章由白明洲、师海编著，从研究背景和现状出发，论述现阶段岩溶路基边坡存在的灾害问题、国内外研究现状、研究意义；第2章由师海、田岗、贾智磊编著，论述沪昆高速铁路贵州段路基岩溶分布规律、发育特征及岩溶发育影响因素；第3章由白明洲、师海和陈云编著，论述岩溶路基边坡的孕险因素、岩溶发育对路基边坡稳定性的影响，岩溶路基边坡的灾变失稳模式和破坏机制；第4章由师海编著，论述岩溶路基边坡岩体结构面获取方法；第5章由田岗、贾智磊编著，论述基于地震反射波法、瑞雷波法和地质雷达法的岩土体检测技术，岩溶路基边坡潜在异常区的识别、综合检测和质量分级方法；第6章由师海、田岗、贾智磊编著，论述建设期岩溶路基边坡的灾变特性、变形预测和灾变预警方法；第7章由田岗、陈云编著，论述岩溶路基边坡施工危险性评价基本原理、评价模型和动态评价方法；第8章由白明洲、牟凯编著，论述岩溶水对岩溶路基边坡岩体的力学、化学特性和破坏规律；第9章由师海、白明洲编著，论述服役期岩溶路基边坡岩体的疲劳特性、变形规律和疲劳累积损伤模型建立方法；第10章由师海、白明洲、牟凯编著，论述岩溶路基边坡的疲劳累积损伤模型应用和动态响应。何伯虎、魏延峰等参与了部分编著工作。全书由白明洲、师海统稿定稿，由中国铁道科学研究院集团有限公司张玉芳研究员主审。

本书编著过程中，北京交通大学许兆义教授、王连俊教授、沈宇鹏教授等提出了宝贵意见和建议，国家铁路局、中国铁道科学研究院集团有限公司、中铁二院工程集团有限责任公司、中铁二十局集团有限公司等给予了大力支持，在此谨向他们表示由衷的感谢。在编著过程中也吸收和参考了国内外同行、专家的研究成果及经验，借此向对本书提出建议的同行专家及所引参考文献的作者表示诚挚的感谢。

全书的大部分内容是由编著者多年来从事相关研究工作的成果。限于编著者水平，书中纰漏之处在所难免，且许多研究问题需进一步探讨，不妥之处诚请同行及读者批评指正。

编著者

2021年12月

目　　录

第1章 绪 论

高速铁路工程是当今时代高新技术的集成和铁路现代化的重要标志，作为“中国创造”走出国门的一张名片，在国家“一带一路”、中国高铁“走出去”、“碳达峰、碳中和”等倡议及战略构想的推动下，其已然成为现代化铁路运输的必然选择而得到持续发展，这将进一步影响我国经济和社会的发展。根据铁路速度分类的一般规定，高速铁路是指列车运行速度在200～400 km/h的线路，超高速铁路是列车运行速度在400 km/h以上的线路，随着高新技术的逐渐提高，“高速”的程度随之提高。基于我国幅员辽阔、人口众多、东西部经济差异等基本特征，发展低能耗、轻污染、可靠安全的高速铁路工程，符合我国国情和运输发展需求。根据我国修编后的《中长期铁路网规划》(2016年发布)可知，计划到2020年，全国铁路网规模达到15万km，其中高速铁路3万km，而截至2021年末，我国高速铁路运营总里程已超过4万km。目前，我国的高速铁路在世界上运营里程最长，在建规模最大，且其技术性和经济性均具有很强的适应性和国际竞争力。

随着我国高速铁路工程的快速发展，在我国碳酸盐岩分布区域的高速铁路工程，如沪昆、贵广、京沪等高速铁路也在如火如荼的建设或已投入运营中。由于我国碳酸盐岩等可溶岩分布广，岩溶发育面积较大，类型各异，可溶性地层分布面积约为345万km^2，为国土面积的30%以上，大约91万km^2面积为出露的碳酸盐岩，约为国土面积的9.5%，遍及全国各省(自治区、直辖市)，不仅在东南诸省份存在不同规模的岩溶段，在我国中西部地区岩溶的发育更为集中、分布更广，尤其以滇、黔、桂等省岩溶分布为最。当铁路线路贯穿岩溶区时，由于线路延伸较长，沿线的岩溶分布规律和发育特性存在差异，地质构造较为复杂，地表和地下岩溶贯通，地表水系和岩溶形成的暗河贯通转换，岩体整体性较差。特别是在岩溶发育强烈地区，岩溶溶孔、溶隙、漏斗、地表岩溶塌陷、地下暗河、岩溶管道及溶蚀裂隙发育明显，岩溶地貌类型齐全。受复杂工程地质条件和岩溶区水文地质影响，铁路线路工程建设期和运营服役期的岩溶灾害等问题十分突出。

岩溶路基边坡是西南地区常见的边坡类型，不仅具有一般坡体的工程特点，还因受到岩溶作用的影响，增大了边坡发生灾变失稳的概率，严重影响当地居民的生活便捷和安全。仅贵州省，近年来重要交通路段就曾多次发生岩溶化坡体失稳灾害，究其原因主要是由于可溶性岩体表面或内部长期受到岩溶水溶蚀作用影响，使岩体内部裂隙发育相比非可溶性岩体更为强烈，严重的甚至形成溶槽、溶腔或溶洞，内部易充填水、软土及碎石等物质，使岩体原有结构受到一定程度的损伤，导致强度降低，稳定性下降，因而在一定条件下发生滑落、倾覆、崩塌等灾害的危险性较高，对交通建设和运营安全产生较大的不利影响。因此，岩溶路基边坡的变形特征、灾变预警和危险性动态评价的研究意义重大。

在岩溶分布区，运营期高速铁路路基边坡一方面受到岩溶发育、分布差异性引起的变形、塌陷等地质灾害问题的影响，另一方面赋存于特殊的工程环境——长期高速列车振动中服役。岩溶发育区的铁路线路工程，特别是山区或重丘区域，由于地质条件和地貌特征的复杂性，岩质路基边坡分布较多，易成为地质灾害多发区。一般情况下边坡分为人工开挖边坡和天然边坡，人工开挖边坡开挖范围一般在数十米，边坡延伸长，数量大；天然边坡，特别是在山岭地区，坡高可达数百米，且坡度陡峭，边坡的稳定与高速铁路的建设和安全运营息息相关。岩溶地区运营期铁路线路工程，例如天津—浦口线秦安站、黎塘—湛江港线 K148 处等，因遭遇岩溶路基地面塌陷等地质灾害问题而影响了铁路的安全运营，甚至发生列车颠覆事件。一般认为，5～6 级及以上的地震强度，就有可能引发滑坡，且根据资料，一般常速列车（列车时速小于 120 km）正常行驶时，引起的振动荷载相当于 2～3 级地震，普通列车通过时，列车的振动对路基边坡的影响相对较小。但随着铁路大提速及高速铁路的快速建设，列车运行速度提高和牵引质量增大，列车振动荷载的加强将不可避免，在高速铁路运营后，长期列车振动荷载必然会引起岩体工程性状和变形特性的改变，因此高速列车运行引起沿线环境的动力学问题越来越受到重视。在岩溶地区，高速铁路岩质路基边坡不仅受到长期高速列车荷载振动的影响，同时也存在岩溶发育等地质灾害问题带来的安全风险。对岩溶地区高速铁路岩质路基高边坡隐伏、易发灾害的评价和对影响稳定性的孕险因素全面分析将是一个重要问题，且岩溶地区路基边坡在服役期的长期稳定性和列车周期性振动荷载下岩体疲劳效应也是需考虑的问题，所以岩溶地区岩溶化岩质路基边坡岩体的力学特性、疲劳效应及在列车振动荷载下服役稳定性的研究具有工程实用价值和现实意义。

岩溶路基边坡多建于中低山丘陵地区，其岩溶特征常以浅埋为主，一定程度上也加剧了外部环境对岩体的影响，使其岩体结构劣化，增大了岩溶路基边坡工程建设和服役期防护的难度。因此，如何有效保证岩溶路基边坡工程的安全与稳定，已然成为亟待解决的工程问题。

1.1 国内外研究现状

1.1.1 岩溶地貌成因及灾害诱发

岩溶地貌是由具有溶蚀性的地表或地下水，对可溶性岩体长期溶蚀作用，逐渐发育形成的一种地质现象，岩溶地貌在世界各地均有广泛分布，也称其为喀斯特地貌。我国对岩溶现象的文字记载，可追溯到 2 400 年前，且距今约 300 多年前徐霞客已专门研究并记述了南方岩溶地形与洞穴。

早期的国外学者因受侵蚀循环学说的影响，形成了格朗德(Grund)、雅库斯(Jakucs)和威廉姆斯(Williams)等岩溶演化模式。此后，1972 年史密斯(Smith)等提出了岩溶地貌演化的数学模型，1988 年怀特(White)提出了岩溶地形发育速率过程模型。20 世纪 90 年代后，随着岩溶与物理、化学、生物学、数学等学科的结合，借助计算机和先进的测试技术，开辟了许多新的研究领域，加速了岩溶地质理论与应用的发展。目前，关于岩溶研究的热点问题，主要集中于岩溶地貌的成因及灾害诱发方面。Sebastian 等人建立了新的岩溶地质演化概念模型，分析了无约束条件下表层岩溶与岩溶管道网络的联合演化过程，结果表明表层岩溶特征与下伏非均质性的碳酸盐岩相互作用，会形成树枝状溶洞体系。Groves 等人通过研究灰岩含水层连通管道网络内的流动和溶蚀过程，发现在层状流条件下岩溶含水层发育具有选择性，岩溶管道会在流动阻力最小的流动路径上发生溶蚀、扩张。Engel 等人通过研究微生物与碳酸盐岩的相互作用，认为生物和非生物硫化物氧化产生的硫酸是引起岩溶发育的重要因素，也是目前发现的一些岩溶洞穴系统形成原因之一。

邹成杰提出岩溶地貌发育的“时空演化论”，认为岩溶地貌发育和演化是在自然界一定时间和空间内形成的，具有由量变到质变的阶段性，同时又具有空间有序的分带性。左文喆等人以刘备寨村岩溶塌陷为典型案例，分析岩溶塌陷形成的地质、地形条件和岩溶塌陷空间分布，对岩溶塌陷的形成机理进行了相关探索，发现岩溶地下水的大量开采是诱发岩溶塌陷的主因。张加桂等人发现三峡库区泥灰质岩石斜坡带地质灾害形成的机理遵循构造控制下岩溶发育的规律性，岩溶地质灾害具有范围广、规模大和结构复杂等特点，岩溶地质灾害的形式包括地面不均匀沉降、地裂缝、滑坡、崩塌、泥石流和地面塌陷等。刘海燕采用现场地质分析法与室内镜像观察法，研究分析了泥灰岩溶蚀结构的特点和内部矿物成分的微观形态特征，并对泥灰岩溶蚀作用的发展进行了观测分析。刘秀敏等人通过研究潜在危害最大的覆盖型岩溶，建立了考虑上覆土层厚度与土体类型的典型岩溶地质结构模型，并分析了该岩溶模型在地下水位升降和地表水渗入条件下的塌陷机理。蒋忠诚等人在调查研究的基础上，将中国岩溶区域划分为南方岩溶区、北方岩溶区、青藏高原岩溶区及埋藏岩溶区等 4 个区域，并采用 GIS 技术计算出各区域岩溶的面积和碳汇量。邓珊珊等人采用地貌学和构造地质学等方法，对海螺湾危岩带的形成机理进行研究，认为长期的风化卸荷和岩溶作用，使坡体内近于垂直的 4 组次生裂隙产生相互作用，逐步发展，最终贯穿，形成危岩体。罗小杰运用综合分析和数学统计方法，深入研究了武汉地区浅层岩溶的发育特征，发现该地区浅层岩溶的主要类型包括溶隙、落水洞及小型溶洞等。岳溪柳等人认为贵州岩溶山地环境对地质灾害的孕育有其特有的作用机理，通过选取岩溶山区泥石流灾害的主要影响因子，发现土体侵蚀因子对泥石流灾害的影响作用最为明显。林锋等人建立了岩溶坡体崩塌发生的机制概念模型，认为高陡斜坡因强烈的岩溶作用，其内部发育有深切溶蚀裂缝与水平溶洞，并形成高陡岩墙，当坡体深部煤层向坡面过度回采时，导致岩墙下部应力过大而发展为破坏。

1.1.2 岩溶区边坡稳定性影响因素

岩溶地区由于碳酸盐岩等易侵蚀性岩体的存在，易形成溶洞、岩溶管道、漏斗、溶蚀裂隙、岩溶塌陷等不良地质，为路基边坡工程的建设和运营埋下隐患。岩溶地区边坡工程具有可溶岩强度高、抗侵蚀风化能力强、抗溶蚀风化能力弱等特点，卸荷裂隙发育，易形成高陡边坡；由于边坡内存在岩溶裂隙和岩溶管道，便于地下水赋存，易在雨季形成高地下水压，导致边坡失稳；且沿着层面或者断裂面溶蚀形成空缝，造成滑面应力集中，导致边坡失稳，因此岩溶区路基边坡相比其他地区具有其独特性质，评价和分析其稳定性有必要结合岩溶区地形地貌、岩溶风化、软弱结构面、岩溶发育规律和地下水动力作用等因素。对边坡稳定性的评价主要是为合理设计边坡和边坡变形破坏治理提供理论依据，并且对运营服役期边坡的稳定性做出定性和定量的评价，因此通常采用稳定性评价方法揭示边坡失稳机理，分析边坡潜在滑动面与岩质边坡岩体结构形式的关系，评价岩质边坡的稳定状态，调查和统计边坡内结构面的力学成因、分布规律和几何特征，以及边坡失稳破坏过程中地质力学模型的建立等。

边坡稳定性的重视始于 19 世纪初，伴随着欧美国家的工业化进程，针对建设工程中人工边坡诱发的滑坡及崩塌等，开展了半经验、半理论的稳定性分析。早期针对边坡稳定性的分析主要基于极限平衡理论及坡体失稳的影响因素和地质环境等的对比，同时朗肯土压力、库伦土压力的计算方法及圆弧面分析法、瑞典条分法、地质历史分析法等的出现，很大程度上推动了边坡稳定性的评价。20 世纪 60 年代，在边坡尤其是岩质边坡稳定性研究中，结构面对稳定性的控制及失稳的时间效应特征得到重视，初步形成了岩体结构的概念，Stoyanov 等人借助玫瑰图，分析了边坡中的软弱带和软弱层面；Markland 等人提出和完善了赤平投影法，通过岩石块体破坏来定性判定边坡的稳定性。20 世纪 70 年代，边坡变形破坏的过程分析日趋重视，将工程地质学与岩石力学联合分析边坡的破坏过程，岩体结构的控制理论在这一时期初步形成，Goodman 等人以非连续状态岩体为研究对象和基础，提出了相应的地质工程方法。20 世纪 80 年代，随着国际工程地质与环境协会(IAEG)滑坡及其他块体运动委员会的成立，边坡工程作为重要的研究专题开展了一系列的攻关研究，在岩质边坡稳定性影响因素、边坡破坏机制、边坡地质构造等方面进行了系统性研究，孙玉科、王兰生等人对边坡破坏的地质模型进一步完善，Saram 和黄润秋等人根据边坡所处的不同地质环境提出了针对性的稳定性分析方法。与此同时，随着计算机技术的发展，数值计算理论在岩质边坡的稳定性研究方面被应用，且通过有限元、离散元及地质力学方法来分析边坡变形失稳的全过程和稳定性。20 世纪 90 年代至今，铁路、公路、水利和矿山等工程规模化的建设，边坡稳定性相关的勘察、设计、监测和治理等愈加重视，稳定性评价、预测及治理的力学模式、变形破坏形式等也随之完善，同时非线性理论、可靠性理论、块体理论、灰色模型、BP-ANN、混沌论、概率论、岩体突变方法等智能分析技术进入研究视野，边坡稳定性分析进一步系统化，定量和定性分析相结合，监测与机制反演相结合，地质力学模型与计算仿真相结合，取得了大量的科研成果。在岩溶区路基岩质边坡稳定性分析中上述方法也得到应用，并为边坡的变形和防护等提供了依据。

1.1.3 边坡无损检测及灾害识别

无损检测即在不损坏岩体结构性能的前提下，通过物理或化学方法，借助先进的技术和仪器，对岩土体内部及表面的结构、性质和形态进行检测及病害识别，确定其是否存在结构缺陷。近年来，因无损检测技术具有简便、快捷等特点，使得该类技术在岩土工程领域得到广泛应用。目前，在对边坡工程隐伏病害的检测方面，常用的无损检测技术有高密度电法、井间电磁波法、地震波层析成像技术、地质雷达技术和瞬变电磁探水技术等，可用于识别与定位边坡内部隐伏软弱结构面、断层破碎带、富水体及岩溶等潜在危害，以便全面了解和掌握边坡的地质状况。

谢忠球等人认为风化型岩体内部存在的定向排列裂隙结构软弱面和剪切带，对边坡岩体强度有着重要影响，提出了用于岩体结构面检测的纵波震源、地震转换波技术测试方法。朱自强等人通过建立含滑动层边坡的物理试验模型，探讨了存在滑坡隐患边坡的电场分布，明确边坡滑动层的结构特征，对滑动层的埋深、规模及性质进行判断，为边坡隐患治理提供可靠的地质依据。赵修军等人在阐述地质雷达方法原理和地球物理特征基础上，以宜兴高速公路边坡工程地质勘测为例，介绍了地质雷达技术在边坡工程地质勘测中的应用。徐树青等人利用非扰动的面波检测技术，获取边坡或滑坡体中的软弱岩层分布信息，取得了较为明显的检测效果，为边坡或滑坡体的稳定性计算与加固设计，提供了更为详细的地质资料。张玉池等人借助边坡失稳的物理模型，系统分析了岩质边坡失稳的瑞利波基阶模态频散特征，认为瑞利波法不仅能够用于边坡失稳的滑动面检测，且能对边坡稳定性进行评价。池林海等人采用弹性波法获取裸露边坡的地层风化速率，并以地层时代信息为依据，较准确地得到了该裸露边坡地层的当前风化层厚度，同时与其他划分方法进行对比与校正，实现了对风化岩的量化分带。杨云芳等人以某港口滑坡为例，运用探地雷达设备，对滑动区范围和滑动深度进行探测，探讨了滑坡区内外土层的探地雷达探测机理，分析推断出滑坡区域与滑坡深度。冯文凯等人以探地雷达为手段，结合探槽开挖验证对比，选择“5·12”汶川大地震造成的震裂边坡为例，对震裂变形的深部特征和探地雷达图像显示特点进行了研究。胡志旭等人利用面波检测技术，分析汶川地震后岩土体剪切波速的变化，得出地震作用对岩土体扰动的影响范围和损害程度，预测地震发生后次生灾害的演变趋势，制定出震区道路修复与加固的工程对策。周阳等人通过瞬态瑞雷波检测方法，分析了瑞雷波的频散曲线特征，实现了对浅部不同深度岩层的物理力学性质分层划分，为寻找边坡潜在滑动面提供了理论依据。苏兆锋等人分析多种物探方法的测试效果，认为在岩溶、溶槽及裂隙较发育的地区，比较适合选用井间电磁波层析成像、高密度电法、钻孔取芯和岩体超声波测试等多种手段相结合的综合物探检测方法。杨德龙等人以贵州省某高速公路滑坡勘察应用为实例，介绍高密度电法在边坡地质灾害探测方面的应用，并辅以钻探验证，证明了高密度电法勘探对边坡地质灾害探测的有效性。王永强等人通过采用探地雷达探测露天矿山边坡，反演分析解释测线的雷达图像，结合雷达正演模拟计算，对比 Janbu 法稳定性计算结果，发现雷达探测边坡内部构造的图像与地表出露的滑坡特征相符，揭示了边坡内部潜在的地质缺陷。江丽等人以某处边坡为例，采用 SIR-20 型地质雷达，发现坡体原始结构层均遭受破坏，存在多处裂缝，坡体内存有积水，影响地层结构的稳定性，当受雨水长期浸润时，极易出现整体滑坡现象。潘晓刚等人针对克孜尔水库建设中存在的右坝肩高边坡倾倒现象，采用地震折射波法，结合平硐勘探技术，快速准确地查明了边坡倾倒体的厚度，为高边坡倾倒体施工方案的制定提供了资料。张辉旭等人借助地质雷达技术，探查了北京西郊千灵山生态修复岩质高陡边坡的内部结构信息，并结合室内实验所得到的岩石力学性质，建立了该边坡的地质力学特征模型，而后基于有限元强度折减法，展开了对该高陡型边坡生态修复前后的稳定性模拟计算。谭卓英等人基于 EH-4 电磁成像系统的工作原理、特点和现场探测方法及后期数据处理优势，对某强风化边坡进行现场探测，掌握了该边坡低电阻层在空间上的分布规律，并结合钻孔数据和地质分析，对地层岩性进行解译，查明了该边坡软弱结构层的分布特征。赵斌等人以基于高密度电阻率法和放射性能谱法，对韩城市龙亭镇开展了地裂缝探测，综合推断出该区域内的主要地裂缝发育情况和延伸方向，从而划定了韩城市龙亭镇地裂缝高危险区域，并通过现场调查很好地验证了探测结果。杨建明等人为掌握雅砻江上游某水电站坝后期蓄水后倾倒变形岩体的埋藏深度，在结合地质资料基础上，一方面对倾倒变形岩体的形成机制进行了分析，另一方面采用地震折射层析成像技术对倾倒变形岩体进行了探测，查明了该坝区边坡变形岩体的埋深和分布，为工程的后续设计工作提供了资料依据。赵自豪等人为研究白云鄂博主东矿 C 区滑体的滑动机理，采用高密度电法、地质雷达法和地震法等检测技术对该矿区潜在滑坡体开展了综合探测，在此基础上，对潜在滑坡断面进行了危险等级评估。辛保泉等人以某露天矿山边坡为例，针对矿山边坡岩性条件劣化引起的自身稳定性下降问题，利用地质雷达探查了矿山滑坡体内部的结构缺陷，采用有限元软件对不同岩性条件边坡稳定性进行了分析。门业凯等人为解决鞍本地区铁矿露天采场边坡失稳引起的巨大安全生产隐患，通过采用高密度电阻率法探测出区内主要岩矿体的电阻率，建立了基于地电场数值模拟的层间软弱层稳定性评价模型，并经分析验证，发现该模型能够对层间软弱层的稳定状态进行准确评价。

1.1.4 边坡岩体疲劳特性及损伤模型

岩体的疲劳，是指在低于极限强度下的应变反复作用，使其内部的微裂纹扩张，新的裂纹萌生，最终裂纹或者裂缝贯穿而发生破坏或结构失效的过程。对于铁路等工程中的岩体，不仅处在静荷载环境中，而且得承受周期或者非周期性的地震、冲击、振动等动荷载。目前我国正处于基础设施建设的快速发展时期，高速铁路等建设过程和运营服役期引起的岩体动力学问题摆在面前，所以在疲劳荷载作用下岩体的特性和损伤研究，对于科学、合理评价岩体工程的长期稳定性和服役安全性能具有重要的价值。

1. 疲劳力学试验方面

疲劳力学试验最早从金属材料开始研究，而后转入混凝土等材料的研究，在岩石材料疲劳力学试验方面起步较晚，虽然岩石材料的力学特性和混凝土有相似点，但是岩石属于天然地质材料，是在漫长的地质变迁和地质构造过程中形成的，内部含有结晶体、微裂纹、节理及软弱夹层面等，内部结构相对复杂，是一种复合型材料，所以岩石在力学性质方面具有离散特性。岩石在疲劳试验方面，不仅要考虑岩石的加载条件，而且要分析岩石的物质组成和内部构造，并将岩石赋予不同的、特定的工程背景去研究，才具有真实的意义。在国外对于岩石疲劳试验方面，Burdine 等人于 1963 年对砂岩进行了疲劳试验，研究表明当上限应力比达到 0.74 以上时岩石发生破坏，并且当加载频率在 15～55 Hz 时，频率值的变化对疲劳影响不大；Farmer 等人对砂岩试样进行疲劳试验时发现，砂岩的抗压强度在疲劳荷载下比静单轴抗压荷载下降低了 50%，在加载频率对岩石疲劳特性上发现，白云岩的疲劳加载次数和加载频率呈现正相关关系；Lajtai 等人针对具有脆性和延性的岩样进行了疲劳试验，发现岩石的强度随着应力和应变频率增加而有所提高；Ray 等人发现在疲劳试验中，应变率增大时，所测的最大应力和弹性模量也随着增大；随后学者对低频低幅下的疲劳特性、疲劳破坏与岩石物理力学特性及加载因素等方面进行了研究。国内学者在岩石疲劳特性方面研究相对滞后，葛修润等人在岩石的单轴和三轴疲劳研究中对不同岩性、不同加载条件进行了大量的试验，提出了岩石的"门槛值"，并将岩石疲劳加载的过程分为初始应变阶段、稳定应变阶段和快速破坏阶段三个阶段，在周期加载中加载频率和上限应力水平是重要的影响因素；许江等人研究了加载频率、上限应力比等对饱水前后砂岩的疲劳特性影响，分析了砂岩在疲劳荷载作用下滞回曲线的变化规律；肖建清对不同波形（三角波、矩形波和正弦波）下疲劳特性进行了分析；朱明礼等人在花岗岩的疲劳破坏试验中，从细观的角度进行了损伤的研究。

2. 疲劳损伤模型和寿命估算方面

目前国内外对于岩体疲劳损伤模型主要是在试验和理论推导的基础上建立的，大致有：经验型疲劳本构模型，是通过周期荷载下加载和卸载过程中的滞回曲线进行数学拟合，根据应变速率等的快慢程度分阶段描述岩石疲劳破坏的过程，属于纯数学模型；边界面模型，以疲劳加载过程中任意时刻作为材料的疲劳状态，当材料的疲劳变形超过一定幅值时，边界面会随着应变的增长而收缩，这种方法最早在混凝土的疲劳加载中应用，属于完全塑性模型；基于岩石的疲劳累积损伤模型，比较流行的建模方式，在建模时要选取合适的损伤变量定义方法，以及恰当数目的参数和物理意义明确的疲劳累积损伤方程建立模型。李树春等人从自由能密度函数和混凝土损伤发展的基础出发，得出了在高周和低周疲劳下的应变硬化特性以及损伤方程和模型。肖建清在大量花岗岩试验基础上，建立了一套"倒 S"岩石的非线性疲劳损伤模型，考虑到了初始损伤和岩石的不同加载方式，并根据试验数据对损伤模型进行了拟合和验证；赵凯在单轴石灰岩试验基础上，基于弹性模量的损伤建立了疲劳损伤模型，并将损伤模型应用到地震作用下岩溶隧道与溶洞安全距离的分析上；谢和平应用循环荷载卸载时的刚度来描述材料损伤的弹性模量法，基于应变等效的假设提出了适用于弹塑性材料的一维损伤理论。

疲劳力学特性的研究核心在疲劳寿命的估算和预测上，针对疲劳寿命的估算方法，主要有有效应力法、局部应力法、名义应力法和额定系数法等，但是这些方法大多应用于金属或混凝土等材料的疲劳寿命估算中，而且大多基于 S—N（上限应力比—疲劳加载次数）曲线，对于内部结构复杂的天然材料岩石来说，用这些方法显然不适用。所以基于疲劳累积损伤的寿命估算方法应运而出，Tevatia 等人结合有限元分析法和名义应力法，进行了复杂材料的疲劳寿命估算；刘俭辉等人根据损伤力学理论和临界面方法，提出的非线性疲劳估算模型，将临界面考虑到了疲劳寿命估算中，并且估算成果和试验结果误差较小，具有较高精度。此外，基于人工神经网络、破坏概率等预估结构疲劳寿命的方法也在疲劳寿命的研究中被引入。

1.1.5 列车振动荷载下路基边坡动态响应

铁路路基工程不仅受到复杂的地质条件影响，且在长期的列车振动环境中服役，随着铁路现代化和国家"一带一路"倡议的推行，高速、重载的铁路运输发展势在必行，伴随着提速和列车牵引质量增加，列车振动强度的增大不可避免，高速列车荷载长期作用引起周围环境振动影响也愈加备受关注。高速列车振动荷载下路基边坡动态响应特征的正确把握，对高速铁路路基边坡的长期服役性能评价具有重要的研究价值和理论意义。路基边坡在高速列车荷载作用下动力响应特性和动态稳定性分析一般采用理论研究、数值仿真模拟和现场测试等方法。

1. 理论研究方面

国外最早以 Winkler 弹性地基梁模型为基础建立轨道力学模型研究轨道的动、静应力问题，利用格林函数近似的表达钢轨变形和路基的振动。Eason 等人利用傅里叶变换得出移动列车荷载作用下弹性半无限空间内的应力解。Jenkin 等人考虑列车轮轨冲击时的高频和中频响应力，将钢轨假设为弹性连续地基梁上 Euler 梁，用弹簧下质量来表示车辆质量，并结合悬挂特征，将轮轨间的接触采用非线性弹簧模型，建立了轮轨动力响应模型。阿部和久等人将车辆引起的轨道振动响应用格林函数时间积分式表达，且对轨下垫层结构、枕木及车轮等一起考虑来解答。

我国在高速列车荷载作用下路基边坡动力响应特性理论研究方面起步也较早，并取得了一定的成果。申权等人针对列车荷载下铁路路基边坡基床的振动，根据岩体力学和振动力学的基础理论，通过从岩质边坡裂隙岩体的振动基本特性、岩体结构和结构面的振动效应着手，归纳出铁路边坡岩体受列车荷载作用下振动特性，根据实测和理论分析探索裂隙岩体结构面的振动效应和摩擦特性，为岩质路基边坡基床的动力稳定性和减振设计提供思路。董连成等人以青藏铁路多年冻土基础设施结构体的本征值与列车荷载振动频率的关系出发，根据列车荷载的属性分析了各位置的振动频率，为车辆荷载作用下路基边坡的稳定性提供了新的思路。谢伟平等人利用格林函数演算出半无限成层地基的响应函数，并将轨道基础简化成弹性半无限分层地基上的 Winkler 梁模型，在高速荷载作用下梁—基础协同工作，从而得出轨道—地表的动力响应。吴神花、雷晓燕基于谱元法，建立轨道结构的弹性结构模型，分析垫板结构、扣件的刚度及阻尼等对轨道振动的影响。张昀青应用 DuHamel 积分及动力互等原则，得出列车移动荷载作用下弹性半无限空间内连续介质任意位置动力方程下 DuHamel 积分表达式，将列车荷载简化成间隔开来的集中荷载，经过 Floquet 变换和傅里叶变换，采用叠加效应得出各点的动力响应频率波数表达式，从而得出动力响应解。

2. 数值仿真模拟研究方面

20 世纪 70 年代以来，随着计算机科学的大力发展，伴随着轮轨关系的研究，利用计算机仿真和数值分析轮轨及轨下基础结构的动力学系统研究也愈受重视，并开展了探索研究。数值模拟和计算机仿真是动力学系统基本振动模型建立的基础，“车辆—轨道—路基”系统的动力学模型主要由列车车辆简化模型、轨道模型、路基分层模型及轮轨耦合关系构成。车辆模型已从单一的分布集中力荷载发展到综合考虑车辆各组成构件相互作用的半车或整车模型；轨道模型从纯数学模型历经集总参数模型，发展到连续弹性地基梁模型，到现今的连续弹性离散支撑梁模型，轮轨接触单元模型也迅速发展。

国外研究中，Maffeis 等人将车辆和轨道分离开来，利用反应谱对地基离散，开展了列车引起路基振动下二维和三维的数值分析，指出三维模型可更好地反映路基振动随列车距离的增大而衰减的趋势。Degrande 等人应用有限元—周期性边界元分析轨道—地基系统振动响应，Karlstrom 等人将钢轨描述为 Euler-Bemoulli 梁，轨枕描述为各向异性的 Kirchhoff 板，建立轨道—路基三维动力模型，分析了轨道和路基的振动响应，并指出低频振动具有较好的隔振作用。1995 年起，国内各铁路科研部门也开展了车辆—轨道耦合动力学的研究。翟婉明早期开展“车辆—轨道耦合动力学”研究，将完整车辆和轨道离散，建立车辆—轨道相互作用的力学模型及计算机仿真系统，并将模型分析应用到高速、重载铁路轮轨关系中。张玉娥等人根据摩尔-库仑屈服准则和弹塑性本构关系，应用有限元模型对隧道周围结构及周围岩体进行动力响应分析。金亮星等人在研究列车荷载振动下岩质边坡的响应问题时，在秦沈客运专线路堑边坡振动实测数据的基础上，以岩质路堑边坡为研究重点，建立了岩质边坡动力学有限元模型，根据耦合系统编写动力分析模型，对列车在不同运行速度下边坡的动力响应进行了分析，得到了不同列车速度下列车荷载对岩质边坡振动响应规律。李华东等人以列车振动荷载时程曲线或加速度时程曲线的确定为着手点，应用 FLAC3D 软件分析列车振动荷载对隧道进口边坡的应力、应变及稳定性的影响，且认为在地层分界线、软弱夹层、结构面附近和开挖面附近的振动最为强烈，对边坡的稳定性最不利。

3. 现场测试方面

受理论研究、计算分析手段等的假设条件限制，轨道—路基动力学系统的规律性认识具有一定的局限性。为得到列车车辆—轨道—路基动力响应规律最直接的认识，通过现场试验实测获得振动数据，并根据统计学方法来获取动力学系统的特性和规律。

轨道—路基动力学系统现场测试和试验领域，国外最早开始了一系列的研究，Madshus等人针对软土地基上行驶的高速列车引起的振动进行了测试，通过分析得出当列车车速接近临界范围时，整个车辆—轨道—路基系统的动力响应将会被放大。

随着我国高速铁路的快速建设，国内也进行了多次路基动力测试，并取得了许多可贵的成果。朱海燕等人综合论述了轨道车辆车轮多边形研究进展，对路基动应力、振动加速度、永久变形随着轴重、运行速度变化的规律进行了分析。王启云等人针对作用于路基上动力荷载的确定，提出了高速铁路轨道—路基室内振动荷载模型装置，对不同车速、轴重下列车作用于轨道上的振动荷载进行了模拟，并建立了动力加载时程曲线。刘国云等人通过对路基动应力及振动特性的测试，分析得出列车的动应力随着列车行车速度的增大而增大，振动加速度和路基动应力在路基深度方向呈现指数衰减的趋势。聂志红等人对秦沈客运专线进行了路基动力测试，在列车荷载的激励下，通过反应谱分析得出了路基的自振频率、列车荷载引起的路基振动频率，并建立了频率、加速度与列车运行时速的关系。张泉等人现场测试了遂渝铁路刚性路基的动应力，分析了列车行驶方向对动应力的影响及列车通过刚性路基沿路桥过渡段纵向动应力的分布规律。

1.2 岩溶路基边坡工程灾害问题

1.2.1 岩溶对边坡稳定的影响

岩溶对边坡稳定的作用机理主要表现为：

(1)岩溶区边坡浅表层岩土体相对较为松散，黏聚力与摩擦角相对较小，当受到外部降雨影响时，浅表层岩土体强度急剧降低，致使边坡浅表层岩土体稳定性极差。

(2)岩溶区边坡坡体的可溶岩强度一般较高，抗侵蚀风化能力较强，但抗溶蚀风化能力较弱，易形成高陡型岩溶化边坡，此类边坡内部卸荷裂隙极易发育，常在边坡岩体上形成上宽下窄的卸荷裂隙带，严重影响边坡稳定性。

(3)岩溶区边坡坡体内部溶蚀裂隙和岩溶管道发育强烈，有利于地下水的流动与贮存。当雨季地下水位较高时，溶蚀裂隙与岩溶管道内充满水体，形成动、静水压力，进而会诱发边坡灾变失稳。

(4)岩溶区边坡坡体内部岩层间或断裂面处常会形成溶蚀破碎区或溶蚀空隙,降低岩体层间粘结强度,形成滑面效应,严重时也极易导致坡体发生滑动失稳现象。

1.2.2 铁路工程路基边坡岩溶地质灾害

岩溶发育影响因素众多,岩溶类型分类方法也较多。一般地,根据岩溶埋藏条件,岩溶可分为裸露型岩溶、覆盖型岩溶和埋藏型岩溶;根据隧道开挖所揭露的岩溶发育规模、充填情况及水文地质情况,岩溶可分为暗河、管道、溶腔和溶隙等。所以在岩溶发育区,铁路工程路基存在和面临的地质灾害(图1-1)主要包括以下四个方面。

(a) 岩溶区边坡坍塌

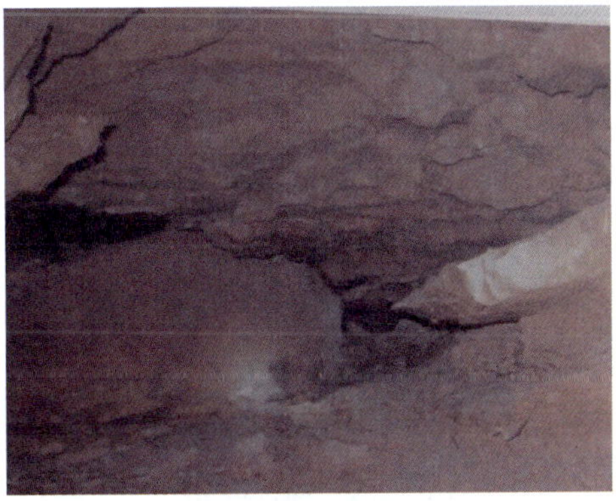

(b) 岩溶溶洞灾害

图1-1 岩溶地区铁路工程地质灾害

1. 岩溶水灾害

岩溶水灾害主要是指岩溶地表水对线路的冲刷、浸泡及岩溶地下水在路基基底和边坡底部冲刷引发坍滑。

2. 岩溶溶洞灾害

溶洞的存在使路基基础悬空,若洞穴顶板的厚度不能满足承载力要求则会引发坍塌,以及溶洞内由于松散堆积物的存在引起下沉和坍塌。

3. 碳酸盐岩层风化产物

风化后的残积物,由于其膨胀性易受到冲刷,而且存在风化裂隙使得承载力不足,引起边坡的坍塌等。

4. 振动作用影响

高速铁路岩质路基边坡长期受到振动荷载等因素影响,同时岩溶化岩体裂隙、裂痕等还受到岩溶水的侵蚀作用,岩体疲劳破坏问题逐渐显现,岩溶化岩体的破坏和变形将影响到路基边坡的稳定性及安全服役。

1.3 研究内容及解决的问题

依托沪昆高速铁路贵州段典型路基边坡工程，通过现场调查、检测与监测、变形预测与灾变预警、数值模拟及综合模糊评价等方法，对高速铁路路基(以路堑为主)边坡工程在建设期和运营期遇到的灾害问题开展系统研究。本书的研究内容及解决的问题如下：

1. 岩溶发育特征及路基边坡孕险因素剖析

根据工程地质、水文地质资料和现场调查，分析气候条件、生物条件、地形地貌、地层岩性、岩层产状与构造特征等对区域岩溶发育的影响；揭示岩溶发育特征对边坡变形破坏的作用机理，总结分析岩溶化路基边坡可能产生的灾变失稳类型；对研究区内路基段岩溶地貌的分布规律、发育特征进行分析，结合岩溶发育规律对岩质边坡岩体失稳过程中的力学形态和灾变机制进行总结，分析岩溶化路基岩质边坡的主要孕险因素。

2. 典型岩溶化岩质边坡岩体结构面信息获取

通过三维激光扫描技术获取典型岩溶化路基边坡岩体结构面点云数据，对点云数据进行优化处理，结合岩体结构面理论，获取结构面地质信息(走向、倾向和倾角)。

3. 岩溶化路基边坡潜在异常区综合检测方法

在充分研究区域相关地质资料的基础上，借助地震反射波法、瑞雷波法和地质雷达法等检测技术的互补性，建立一套针对复杂岩溶化路基边坡的综合检测和识别体系；实现对试验边坡潜在岩溶异常区位置、范围和类型的综合识别，为岩溶化路基边坡变形监测点选布、边坡开挖和支护及危险性评价的开展，提供丰富的地质资料。

4. 岩溶化路基边坡施工变形特征及灾变预警

根据岩溶化路基边坡建设期的变形监测结果，利用灰色理论开展边坡变形状态分析，提出改进型的灰色上、下限预测模型；通过对边坡变形突变模型的改进，建立岩溶化路基边坡变形的虚实灰色趋势—突变模型，并对比两种突变模型的应用优劣。

5. 岩溶化路基边坡施工危险性动态评价

结合地质勘察资料、边坡设计资料、边坡施工资料、综合检测成果、现场监测成果和变形控制成果等资料，以典型试验的岩溶化路基特点为基础，建立岩溶化路基边坡施工期失稳灾变危险性评价体系，对岩溶化路基边坡各施工阶段的危险等级展开动态评估。

6. 岩溶水对岩溶化路基边坡岩体力学性质影响

开展岩溶水(饱水作用和化学溶液)作用下不同岩溶发育状态岩石的单轴抗压强度、弹性模量、泊松比、声波波速等变化规律的一系列研究，系统分析在饱水作用下岩体的“软化”

效应和变化规律，分析不同状态下全应力—应变曲线和岩石参数的变化规律。

7. 服役期岩溶化路基边坡岩体疲劳损伤特性

开展不同岩溶发育下岩体的疲劳特性试验，分析加载频率、上限应力比和“门槛值”，建立加载条件影响下岩溶化岩石的疲劳寿命估算方法；对岩溶化岩体在疲劳加载过程中的应力—应变曲线、轴向变形规律和回滞环曲线进行研究，将单轴抗压强度下全应力—应变曲线与疲劳荷载下应力—应变曲线进行对比分析；分析饱水前后岩溶化岩体的疲劳特性，研究不同岩溶发育下岩体疲劳损伤过程弹性模量的损伤规律。

8. 岩溶化路基边坡动力响应

建立基于残余应变的岩溶化岩体疲劳累积损伤演化模型，结合岩溶区岩质路基边坡工程特性和加载条件影响下疲劳寿命估算方法，在传统弹塑性动力计算的基础上考虑列车循环荷载引起岩体的疲劳累积损伤，提出一套适用于岩质路基边坡服役期岩体低周疲劳寿命综合估算方法，建立岩质路基边坡动力学模型，开展路基边坡考虑岩体疲劳累积损伤的动态响应分析。

第 2 章 典型岩溶路基及岩溶发育影响因素分析

2.1 典型工程路基岩溶分布规律

沪昆高速铁路作为我国《中长期铁路网规划》"八纵八横"中重要的"一横"，是我国东西向线路里程最长、穿越省份最多的高速铁路，同时也是我国建成的建设标准高、投资规模大的铁路工程之一。沪昆高速铁路东起上海虹桥站，途经上海、浙江、江西、湖南、贵州、云南 6 个省和直辖市，最终到达云南省省会昆明市，由沪杭客运专线、杭长客运专线和长昆客运专线组成，全长 2 266 km，是铁路网中的东西向主骨架，在我国区域交通运输中发挥着重要的作用。沪昆高速铁路设计时速 350 km，运营时速达 300 km。其中贵州段正线长 559.5 km(里程桩号 DK419＋530～DK977＋651.51)，东起铜仁市玉屏侗族自治县，经黔东南州、黔南州、贵阳市、安顺市、黔西南州、六盘水市，与在建的贵广、渝黔、成贵等铁路相接，如图 2-1 所示，是世界上跨度最大及地形起伏大、地质结构最复杂的铁路之一。贵州段路基长度为 96.514 km，占正线的 16.43％，见表 2-1。

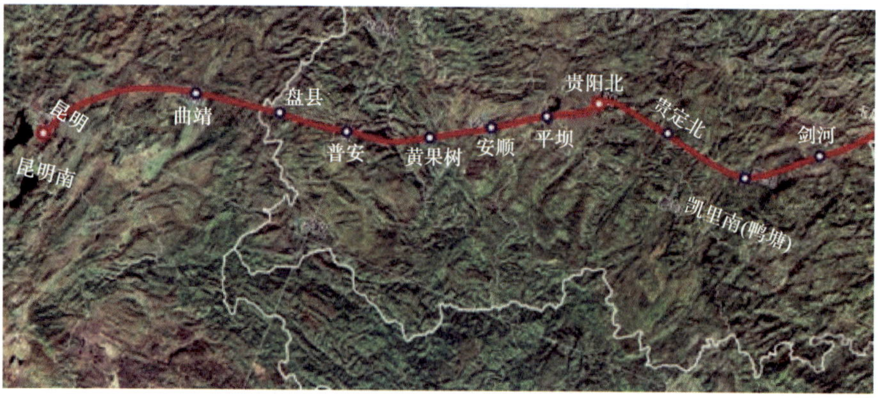

图 2-1 沪昆高速铁路岩溶发育段线路

测区位于黔西高原向黔中丘陵过渡地带，属构造剥蚀、溶蚀中低山地貌，地势总体北西高南东低，具构造剥蚀～溶蚀地貌特点。线路沿线主要以碳酸盐岩和白云岩分布为主，区域内地质构造相对复杂，构造运动较为强烈，地表河流、河谷等受流水侵蚀作用，下蚀作用强于侧蚀作用而形成河谷深切，地表及地下岩溶发育较为强烈且互相贯通，地表水系分布较为发育，地下明河和暗河呈现交替转换，基岩完整性相对较差，特别是高速铁路线路经过岩溶发育强烈的地区时，沿线的岩溶地表塌陷、岩溶漏斗、地下暗河及较大的岩溶管道等岩溶地貌较为常见，将很大程度地影响岩溶区岩体工程安全性。

表 2-1 沪昆高速铁路贵州段路基工程分布

标段号	范围	里程段	正线/km	路基工程/km
CKGZTJ-1	湘黔省界—盘坡隧道出口	DK419+530～DK454+588	35.058	10.146
CKGZTJ-2	盘坡隧道出口—栋梁坡隧道进口	DK454+588～DK499+054	44.466	7.637
CKGZTJ-3	栋梁坡隧道进口—格冲隧道进口	DK499+054～DK552+000	52.946	5.960
CKGZTJ-4	格冲隧道进口—凉冲1号大桥昆明段台尾	DK552+000～DK593+500	41.500	8.147
CKGZTJ-5	凉冲1号大桥昆明段台尾—沙坪隧道出口	DK593+500～DK636+589	43.089	4.406
CKGZTJ-6	沙坪隧道出口—柳花村隧道出口[贵阳东站(不含)]	DK636+589～DK693+138	56.549	5.730
CKGZTJ-7	清镇东(不含)—七眼桥1号隧道进口	DK731+600～DK784+137	50.945	26.604
CKGZTJ-8	七眼桥1号隧道进口—马寨隧道出口	DK784+137～DK818+413	36.479	10.589
CKGZTJ-9	马寨隧道出口—岗乌隧道出口(北盘江特大桥上海端台尾)	DK818+413～DK881+602	63.189	7.961
CKGZTJ-10	岗乌隧道出口(北盘江特大桥上海端台尾)—北盘江特大桥昆明端台尾(光照隧道进口)	DK881+602～DK882+329	0.727	—
CKGZTJ-11	北盘江特大桥昆明端台尾(光照隧道进口)—刘家庄隧道出口	DK882+329～DK924+135	41.806	0.139
CKGZTJ-12	刘家庄隧道出口—何家地大桥昆明端台尾	DK924+135～DK977+651.5	53.516	10.195
合计		DK419+530～DK977+651.5	559.500	96.514

通过对沪昆高速铁路贵州段沿线地质调查和相关地质资料的分析可知，该区域内岩溶较为发育、分布较广，且岩溶地貌齐全，处于扬子准地台普安山字型构造变形区。研究区内主要以裸露型岩溶为主，出露的地层主要有三叠系中统杨柳井组(T_2y)、关岭组二段(T_2g^2)、关岭组一段(T_2g^1)、下统永宁镇组三四段(T_1yn^{3+4})、下统永宁镇组二段(T_1yn^2)、下统永宁镇组一段(T_1yn^1)、下统夜郎组(T_1y)地层，二叠系上统长兴-大隆组(P_2c+d)、二叠系上统龙潭组(P_2l)、二叠系下统茅口组(P_1m)地层，如图2-2所示。

在地下水方面，按赋存条件，研究区域内地下水类型主要以第四系松散石灰岩层的裂隙水、孔隙水和岩溶水为主。赋存在裂隙岩体和溶蚀碎屑岩体等基岩中的裂隙水一般在降水补充作用下，受到地势径流的控制，从高山地段向低洼斜坡以渗流的形式流向地表。位于岩体深部的岩溶水，在深部岩溶管道和地下暗河及侵蚀性的岩溶洞穴中移动，并向岩溶侵蚀基准面方向移动，最终以暗河等方式出露在地表。

研究区域内分布有弱发育、中等发育和强发育不同程度的可容岩体，尤其中等-强发育段岩溶将影响路基及边坡的稳定性。

图 2-2　研究区(果母当河)线路及岩溶地貌

2.2　路基段岩溶发育特征分析

1. 路基岩溶分类及形成条件

岩溶是溶蚀作用的产物，岩溶的发育具有选择性，主要根据岩性和地层的不同表现出不同的发育程度，所以岩溶发育的影响因素众多，且岩溶类型可从不同角度进行分类。在岩溶特征和分布规律研究中，一般根据岩溶的覆盖情况将岩溶分为裸露型岩溶、覆盖型岩溶和埋藏型岩溶；根据岩溶的分布深度及垂直、水平循环带将岩溶分为浅层岩溶和深层岩溶。岩溶发育主要有可溶性岩体、岩体渗水性、地下水的溶蚀作用及地下水动力活动等几个基本条件。根据区段内地质构造及水文地质情况的调查，区段内具备岩溶形成和发育的基本条件，而且沿线路基及边坡表现出不同的岩溶地貌及岩溶发育程度。

岩溶路基从广义上讲是指修筑在可溶性岩地段的路基，从狭义上是指在溶蚀作用或岩溶水文地质作用对路基工程有明显或强烈作用的地段，分为路堤和路堑两种。岩溶路基比较常见的分类是按照岩溶的埋藏条件分为裸露型、浅覆盖型、覆盖型和埋藏型，见表 2-2。

表 2-2　岩溶按埋藏条件分类情况

岩溶路基类型	裸 露 型	浅覆盖型	覆 盖 型	埋 藏 型
地表可溶岩出露情况	大 部 分	少　量	几乎没有	无
覆 盖 层	土	土	土	非可溶岩
覆盖土厚度/m	<10	<30	>30	—
地表水与地下水连通情况	密　切	较 密 切	一般不密切	不 密 切

裸露型岩溶路基，岩溶形态多以溶蚀的石芽、溶沟、溶槽、落水井及隐伏溶蚀性溶洞为主；覆盖型岩溶路基，在岩溶区由于水动力的变化，常在上覆土层形成土洞，易形成地表塌陷，危及铁路建设和运营安全。

2. 岩溶地貌形态分布规律

通过对沿线岩溶勘探、测试及施工过程中地形地貌、地层岩性、地下水分布等揭露情况，结合调查测绘、沿线岩溶资料及历次勘探成果，基本厘清了岩溶的分布、大小、充填情况、形态和发育特征。

沪昆高速铁路贵州段 D1K820＋955～D1K821＋200 位于安顺市镇宁县，地处溶丘谷地地貌区，地面高程 1 300～1 360 m。地表上覆黏性土，土厚 1～6 m，具有弱膨胀性。区域范围内地质构造复杂，构造线密集，断层发育，以近 SN 和 NE 向断层为主；下伏基岩为三叠系中统关岭组段（T_2gl）白云岩、白云质灰岩。地下水埋深 1～6 m，第四系黏性土含少量孔隙水，岩溶水较发育，主要受大气降雨及地表水补给。经综合分析评价，设计范围属易塌陷区，需进行岩溶地面塌陷防治处理，如图 2-3 所示。

图 2-3　溶　　洞

D1K824＋055～D1K826＋324 地处云贵高原浅丘、垅岗地区。地表上覆盖层为坡洪积（Q_4^{dl+pl}）、坡残积（Q_4^{dl+el}）黏性土，局部具有膨胀性，覆土厚度 0～2 m。下伏基岩为三叠系下统永宁镇组三四段（T_1yn^{3+4}）灰岩。地下水埋深 2～8 m，地下水主要为第四系孔隙水和岩溶水，其中岩溶水较为发育。岩溶形态主要为溶蚀破碎带、溶蚀裂隙、充填型溶洞及空溶洞，如图 2-4 和图 2-5 所示。地表水上覆第四系粉质黏土，厚 0～2 m，下伏岩层为灰岩，岩溶发育较为强烈。

参考施工设计资料、地貌调查及施工后其岩溶地质揭露情况，按照表 2-2 对沪昆高速铁路贵州段线路岩溶区段内路基工点岩溶发育情况进行统计，见表 2-3。可知岩溶发育现象十分普遍，路基工点岩溶发育长度约 22.88 km，路基工点岩溶发育占研究区域可溶盐岩的 24.95%，其中中等岩溶发育及以上地段占岩溶路基的 62.87%。因此对岩溶化路基边坡长期稳定性研究十分必要。

图 2-4　溶　　沟

图 2-5　溶　　槽

表 2-3　岩溶发育程度

级　别	强烈发育	中等发育	弱 发 育	微弱发育
岩溶形态	以较大溶洞为主，有的地段呈串珠状发育	以中小溶洞为主，局部呈串珠状发育	岩溶化裂隙、溶蚀孔洞、小溶洞	以裂隙状岩溶或溶孔为主
连 通 性	地下洞穴基本形成	地下洞穴部分形成	裂隙连通性差	裂隙不连通
地 下 水	有岩溶水水流	有岩溶水水流	有裂隙水流	裂隙透水性较差
遇 洞 率	>60%	30%～60%	10%～30%	<10%
占　比	13.71%	49.16%	37.03%	0.1%

2.3　岩溶发育影响因素

岩溶地质现象的产生是以岩体中碳酸盐成分被水溶蚀开始，经历漫长的地球物理化学作用逐步发育形成。现代岩溶学研究发现，碳酸盐岩的溶蚀作用发生在一种三相不平衡系统中，这种作用在自然界中必然形成碳循环，即二氧化碳—有机碳—碳酸岩系统相互关联。由此可见，溶蚀作用是自然界中碳、水、钙循环的一部分(图 2-6)，这一过程由固相、液相、气相三部分构成，固相部分以含有碳酸盐的岩体为主；液相部分以含有Ca^{2+}(Mg^{2+})、HCO_3^-、CO_3^{2-}、H^+和溶解二氧化碳的水流为主；气相部分以含有二氧化碳的气体为主。同时，三相结构系统受到自然界各控制因素的制约，诸如气候条件、生物条件、地形地貌条件、岩石性质、岩体结构和构造等因素的影响，致使各区域之间岩溶发育的形态和程度均有所不同。

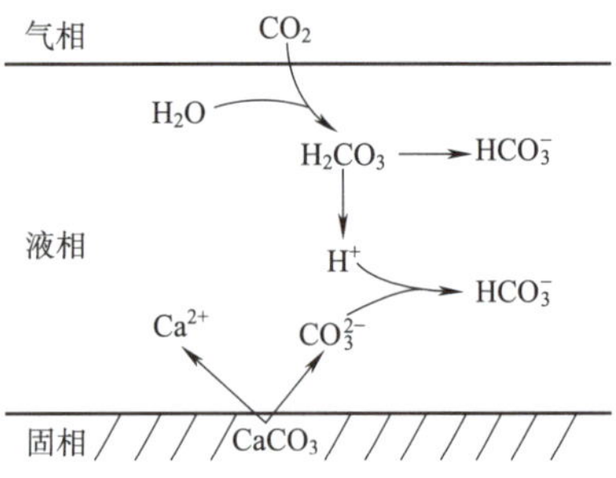

图 2-6　岩溶系统中岩溶作用模式

1. 气候因素

气候是岩溶发育的一个重要因素，它直接影响着参与岩溶作用的水的溶蚀能力和速度，一定程度上控制着岩溶发育的强弱程度。区域气候类型的特征一般表现在气温、气压、降水量、降水性质、降水季节分配及蒸发量大小和变化等方面。研究发现：气温对岩溶发育的影响作用较为复杂，当气温较高时，水中二氧化碳的含量减少，区域水体蒸发量增大，但同时较高的温度又使水中的氢离子增多，促进水的溶蚀力的增强，由此可知气温对岩溶作用的影响属于双向调节；气压对岩溶作用的影响主要表现在对水中二氧化碳含量的影响上，当研究区域气压较高时，水中二氧化碳含量提高，促进了碳酸盐岩的溶蚀作用；降水对岩溶作用的影响，一方面表现在其为溶蚀作用提供了一个必不可少的水环境，促进大气与土壤中二氧化碳溶于水中加速碳酸盐岩分解，另一方面表现在其有利于岩溶区水循环的进行，加速岩溶区各物质之间的交换，因此降水量大的区域更有利于岩溶作用的形成与发育。

从上述气候各因素对岩溶发育的影响分析来看，由于研究区气候属于亚热带湿润季风气候类型，常年温暖湿润、雨量充沛，且冬无严寒、夏无酷暑，属于是有利于可溶岩产生岩溶发育的气候条件。

2. 生物条件

我国南方地区由于受到季风气候影响，普遍温暖湿润，植被、藻类、苔藓以及微生物等生物广泛繁殖与生长，代谢出大量的二氧化碳，并含蓄水分，与周围的碳酸盐岩产生相互作用，影响着可溶岩地区岩溶发育的特征与形态。比如岩溶区的藻类生物可在碳酸盐岩浅表层殖居，不断“蚕食”碳酸类岩石，使岩石浅表层支离破碎，并通过生物化学过程逐渐钻蚀形成管状钻孔，改变岩石浅表层的结构；岩溶区的植物不但能够在土壤环境中生长，而且能够直接生长在裸露岩石上，一定程度上促进岩石裂隙的发育，同时植物在生长过程中能产生二氧化碳、合成生物酶、形成有机酸类等代谢产物共同驱动岩溶发育；岩溶区的微生物在可溶岩表面、表层和土壤层中分布以及其特殊的生命过程可以促进或导致岩溶侵蚀作用，同时在水体中的某些微生物则又可促使碳酸钙沉淀的形成。因此综合研究发现，植被、藻类、苔藓以及微生物等生物资源丰富的区域，其周围环境的岩溶作用相对地也更为强烈，更易形成岩溶发育的外部环境。

根据对某典型路基边坡的现场调查，发现区段内及周围附近山体植被茂密，常年生长有杉树、灌木以及各类农作物与杂草，同时岩石出露处有苔藓附着，表层有生物溶蚀现象（图 2-7），这些生物条件均有利于该研究区域内岩溶的发育。

3. 地形地貌条件

地形条件控制着区域内岩溶水输入方式和地下水势能，不仅影响地下水循环交替，而且间接影响着岩溶发育的规模、速度、类型和空间分布。研究表明，区域地貌表征着地表水水文网的发育特点，反映局部性和区域性的侵蚀基准面及地下水排泄基准面的性质和分布，控制地下水的运动趋势和方向，从而也控制研究区域内岩溶发育的总体趋势与形态。

图 2-7　生物溶蚀现象

从区域地形特征分析，黔南山区，地势总体呈东北略高、西南略低的特点。根据地形地貌及地层岩性特征，主要地形特点可分为峰林溶蚀谷地、溶蚀缓丘、侵蚀中山和侵蚀河谷等四种地貌类型，如图 2-8 所示。路基边坡属于溶蚀缓丘向侵蚀中山过渡型地貌，地形起伏较大，地下水自补给区至排泄区的巨大落差使地下水具有良好的径流条件和水利势能，使地下水的侵蚀能力得到充分体现，同时也会促进区域内岩溶发育。

(a) 峰林溶蚀谷地　(b) 溶蚀缓丘　(c) 侵蚀中山　(d) 侵蚀河谷

图 2-8　研究区段地貌类型

4. 地层岩性条件

地层岩性是影响和控制岩溶发育的内在因素，直接决定着区域是否存在岩溶发育的可能。碳酸盐岩是区域岩溶发育的基础，其化学成分、矿物类型及结构特征等因素的不同，在岩溶水作用下均会对岩溶发育产生重要影响，表现为溶蚀度和溶蚀速度的差异性。

岩石化学成分方面，当岩石中氧化钙、碳酸钙及可溶性盐类含量越高，溶蚀度和溶蚀速度相对越高，岩溶发育也越强烈；当岩石中氧化镁、二氧化硅、三氧化二铝及酸性不溶化合物越多时，溶蚀度和溶蚀速度相对越小，岩溶发育也随之减弱。

岩石矿物类型方面，方解石含量多的碳酸盐岩，易被溶蚀，岩溶发育较为强烈，如灰岩一旦条件适合可迅速形成大中型溶洞；白云石含量多的碳酸盐岩，与含方解石的碳酸盐岩相比不易被溶蚀，其岩溶发育相对稍弱一些，如白云岩在条件适宜的情况下多发育形成中小型溶洞。研究表明，当碳酸盐岩中含有石膏、黄铁矿等物质时，有利于岩溶发育；而当碳酸盐岩中含有机质等杂质时，不利于岩溶发育。

岩石结构特征方面，粗、中晶质结构的厚层石灰岩一般含泥质或酸不溶物少，而原生孔隙发育，且连通性好，易于溶解，岩溶作用强烈。如四川、云南、广西等地，其厚层、质纯、粗晶质结构的石灰岩分布广泛，因而这些地区岩溶发育较为强烈；而细、显微晶质结构的薄层石灰岩含泥质或酸不溶物较多，其原生孔隙不发育或少发育，难于溶解，岩溶作用相对较弱。

5. 岩层产状与构造条件

岩层产状主要影响着岩溶发育的方向与范围，如在水平岩层地区，地下水主要作水平运动，且有利于地下水的汇集，便于可溶岩溶解，多以大型水平溶洞为主；在岩层产状垂直时，不同岩性的地层出露于地表之上，地下水作竖向运动，没有理想的地下水汇集面，岩溶发育多沿岩层伸展的方向发展，岩溶发育相对较弱，多以溶腔和溶蚀裂隙为主；岩层倾斜时，形成斜向的岩溶特征，且表现为岩层倾斜越陡岩溶发育越弱，岩层倾斜越缓岩溶发育越强。

构造条件对岩溶地貌发育的影响也非常重要，原生的构造裂隙是地表水渗入地下的主要通道，裂隙的密度、排列方向及其性质，与岩层受力变形有关，一般在背斜的轴部，张性裂隙发育，有时分布很深，地下水活动强烈，溶蚀作用及其形成的岩溶地貌也特别发育，形态复杂。但是构造裂隙一般是随深度增加而减少及变小，地下水运动强度也随之减弱，形成深埋的溶隙、溶孔，愈向深处岩溶地貌愈不发育，显然受到构造裂隙垂直分布规律的制约。地质时期的地壳升降运动频繁交替，接近地表层中的古岩溶地貌，由于区域性的沉降运动，可深埋于地下 200～300 m；或由于区域抬升，古岩溶地貌高悬于山巅陡崖间，抑或成为高原。同时随着地块的上升，地表侵蚀基准面下移，与其有水力联系的岩溶地下水向深部运动，地下的岩溶地貌也愈发展。

第3章 岩溶发育规律对路基边坡破坏影响

3.1 岩溶路基边坡孕险因素分析

3.1.1 岩溶水溶蚀作用影响

岩溶水作为岩溶形成的重要物质基础，其补给、径流和排出等动态变化，使得碳酸盐岩体在其活动中可溶性物质被溶解，从而形成岩溶地貌。在岩溶地貌形成的漫长历程中，当可溶性岩体位于侵蚀基准面之上时，岩体裂隙受到地表水的渗流和补充，往往形成溶沟和溶槽等岩溶地貌；当可溶性岩体在侵蚀基准面之下时，岩体往往受到地下水的侵蚀，其内部可溶性矿物质在地下水的径流和交替作用下逐渐被溶解，从而岩溶发育沿着水力方向形成溶洞或者溶腔。

以沪昆高速铁路某研究区段为例，江、河分布较多，属于珠江水系，沿线重要的河流有北盘江、打邦河、坝陵河、白水河、六枝河、大抵拱河和雨窝河等。打邦河源于安顺市，黄果树段称作白水河，在关岭县付家寨南入北盘江，为北盘江一级支流，属于珠江水系；六枝河、大抵拱河为黄果树瀑布上游白水河支流；坝陵河为打邦河下游支流。在雨窝桥特大桥 D1K828＋943 处跨雨窝河，在山甲大寨特大桥 D1K834＋540 处跨大抵拱河，在大坪寨 D1K839＋316 处跨六枝河，在克地坝陵河特大桥 D1K845＋150 处跨坝陵河。研究区段常年雨量充沛，年平均降雨量为 1 290～1 380 mm，年雨日约为 191 日，相对湿度较大为79％～83％。

区域最大河流为北盘江，其次是北盘江支流白水河和西泌河，广泛分布于岩溶覆盖区域，而且北盘江是地下暗河、溶腔水和地表水的主要流向地。由于水文地质条件较复杂，综合考虑区内地下水的出露特征，岩性、构造、地形地貌以及岩层的富水程度，可将区域划分为 3 个二级水单元，即纳丙寨水文单元(I_1)、永宁镇—绵羊坡水文单元(I_2)、老鹰岩—旧营水文单元(I_3)。根据地下水补、径、排等特征，可将永宁镇—绵羊坡水文单元和老鹰岩—旧营水文单元细分为永宁镇子系统($I_{2\text{-}1}$)和绵羊坡断层带子系统($I_{2\text{-}2}$)、老鹰岩子系统($I_{3\text{-}1}$)和旧营子系统($I_{3\text{-}2}$)。

地表水和地下水通过沟谷和暗河，由北向南径流排泄。系统内主要可溶岩为 T_1yn^4、T_1yn^3、T_1yn^1、T_1y^2，仅在东瓜林可见非可溶岩为 T_1yn^2。地表岩溶形态发育，串珠状洼地、星罗棋布的溶洞和落水洞、石芽发育。据地表调查，洼地和槽谷的方向多为南北向，岩层也以北西向为主，加上 NW 向断层发育，使得岩体破碎。大气降雨后，雨水大部分直接汇入洼地，通过落水洞，地下水沿断层和暗河管道在张家寨以暗河形式出露。野外实际测量为：晴天时流量约为 540 L/s，在降雨后 1 天测得暗河流量约为 800 L/s，水浑不见底，表明地下水径流途径较短，地下岩溶管道发育。在暗河出露地表后，沿着 NW-SE 向沟谷流动，在黑牛凹处，又流入落水洞中。在该落水洞附近有 NNW 向的断层经过，水从陡壁下流入暗河溶洞（水量为 812 L/s），然后沿着 NW-SE 向的洼地顺 T_1yn^1 径流，最后在东瓜林流出。

根据地质调查结果，针对研究区段内两个主要的水位监测点的探查，研究区段雨量充沛，易受到天气的影响，干旱季节岩溶石漠化情况严重，在雨季或者雨天水位得到及时的补充，由于现场施工对岩溶区地表水的流失影响非常大，通过对监测点勘察，发现水位变化非常明显，推测可能与地下暗河连通紧密，互相贯通，如图 3-1 和图 3-2 所示。

图 3-1　地表村寨源头水位点监测

图 3-2　暗河出水口水位变化

3.1.2　岩溶发育等地质因素影响

岩溶地区地形地貌的形态往往影响地下水的循环和交替，控制着岩溶发育过程中岩溶水的补给、径流和排出等，在地下水流动的控制过程中对岩溶发育的规模、类型及其分布规律具有很大的影响。在岩溶发育区域，地貌特征往往是地下水文网的表征，反映出在此区域内侵蚀基准面和地下水排出基准面的分布及规律，通过对地下水的运动具有控制作用来控制岩溶的发育方向和规模。

地层岩性对岩溶发育的影响主要表现在地层中含有岩溶发育的物质基础——侵蚀性碳酸岩体，碳酸岩的岩层性质、矿物成分及出露情况均对岩溶的发育程度有影响和控制作用。而且岩体性质对岩溶发育的影响往往表现为，地层较厚、侵蚀性较深入的碳酸岩区域主要形成溶蚀岩溶地貌，地层相对较薄、可溶矿物质含量低的碳酸岩区域或可溶岩体与非可溶性岩体相间分布的区域主要形成溶蚀-侵蚀型地貌形态。

岩溶区地质构造的情况在岩溶发育过程中是控制性因素。地质构造密切的控制着岩溶发育方向、规模及大小，褶皱和断裂等形式影响着岩溶的主要表现形式。

在断裂构造带，岩层裂隙较为普遍，从而为岩溶水的运动和岩溶作用提供了极为有利的条件。野外调查和施工实践表明，岩溶常沿着断裂破碎带发育，并具有以下几方面特征。

1. 张性断裂带区域岩溶发育程度强烈

在张性断裂带区域，由于受到张拉应力，其发育宽度一般较小，但是张性断裂区域的张裂破碎程度很大，断裂面凹凸不平，断层带内角砾岩磨圆度差、棱角尖锐，角粒碎块大小不均，岩体结构破碎，裂隙率高，透水性较好，岩溶作用强烈，岩溶化程度较高。溶洞大多数沿断裂带发育，溶洞规模通常较大，岩溶发育程度多数情况下上盘强于下盘。

2. 压性断裂带区域岩溶发育程度较弱

在压性断裂带区域，岩体受挤压应力的作用强烈，其发育规模一般较大，对于区域性的大型断裂，破碎带发育宽度很大，常常为数百米甚至1 000 m以上，压性断裂带内物质成分主要为压碎岩、糜棱岩及断层泥，这些破碎岩体通常胶结致密，岩石的空隙率较低，断层带内岩溶作用较弱，岩溶化程度也很轻微。

3. 扭性断裂带区域岩溶作用深度较大

在扭性断裂带区域，岩体受到剪应力作用，岩石呈现一定的糜棱化，同时存在构造裂隙。由于扭性断裂带的断裂面多为陡倾或直立发育，断裂带影响范围较大，岩溶水的纵深运动活跃，故断裂带内岩溶作用深度较大，溶洞经常沿着断裂带发育。

4. 构造节理与层间裂隙交接处岩溶作用强烈

在构造节理和层间裂隙区域，岩层存在相对位移，野外调查显示，沿岩体节理和层面裂隙岩溶发育明显，施工实践证明，此类洞穴发育时，由于受到节理和裂隙影响，上覆岩体安全性相对较差。

研究区段内断层发育受构造影响，地层小断层及褶曲较发育，岩体破碎，大规模的断层破碎带成为地表水补给地下水的通道，从而加重了岩溶发育程度。

大兴寨断层：属于区域性大断层分支，在区域内由郎家坟向北经过玉碗井、大兴寨，向东延出区域外长约3.4 km，呈弧形，如图3-3所示。岩性主要为泥岩、泥质白云岩、灰岩及泥灰岩，为可溶岩与非可溶岩接触带；断层走向近SN，倾向NE，倾角80°～85°，断层性质为正断层，破碎带宽度约50 m。大兴寨断层附近存在2处洼地可能存在竖向岩溶管道。

大湾冲断层：属于区域性大断层分支，区域内长约2.4 km，如图3-4所示。岩性主要为灰岩、泥灰岩，岩溶发育；断层走向NW，倾向NE，倾角65°～75°，断层性质为逆断层，断层宽度为10～15 m。

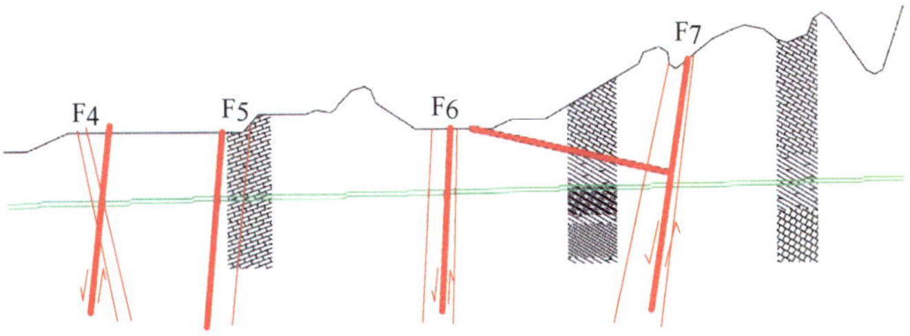

图 3-3 大兴寨断层

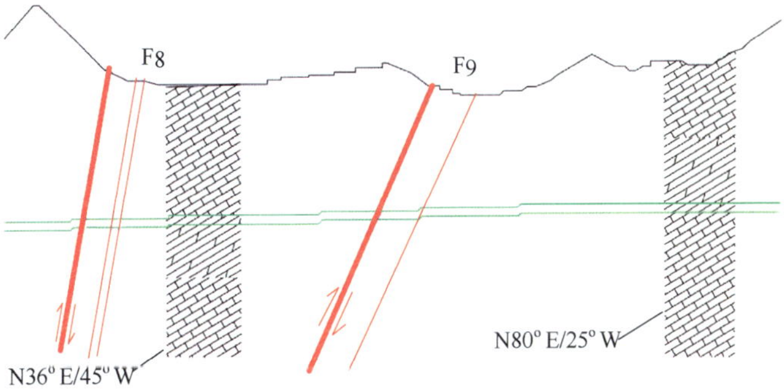

图 3-4 大湾冲断层和营盘坡断层

营盘坡断层：属于区域性大断层分支，南东侧经水落洞、大水洞延出区域外，北西侧经小水井延至雷神坡一带尖灭，区域内长度约为 3.9 km，如图 3-4 所示。岩性主要为灰岩、泥灰岩，岩溶发育；断层走向 NW，倾向 NE，倾角 65°～75°，断层性质为逆断层，断层宽度为 60～70 m。

3.1.3 列车振动荷载影响

在高速铁路运营期，岩溶区域路基边坡的稳定性一方面受到不良地质条件下岩溶发育、分布的差异性引发的变形、塌陷等地质灾害问题的影响，另一方面赋予了一种特殊的工程环境——长期的高速列车振动中服役。由于在岩溶地区，特别是在山岭或重丘区域，地形、地质条件复杂，岩质高边坡分布较多，为地质灾害的多发、易发地区。一般情况下边坡分为人工开挖边坡和天然边坡，人工开挖边坡一般在数十米，这类边坡延伸长、数量大；天然边坡，特别是位于山岭地区，坡高可达数百米，且坡度陡峭，这些岩质边坡的稳定性将与高速铁路的建设和安全运营息息相关，如津浦线秦安站、浙赣线分宜站等，均因岩溶路基地面塌陷等地质灾害问题而影响了铁路的安全运营，甚至发生列车颠覆事件。随着列车行车速度的提高和牵引质量的增大，特别是在高速铁路投入运营后，在长期列车振动荷载作用下，必然会引起岩体工程性状和变形特性的改变，列车振动荷载的加强将不可避免，所以高速列车运行引起的周围环境振动问题越来越受到重视。在岩溶地区，高速铁路路基岩质边坡不仅面临长期高速列车荷载振动的影响，同时也存在岩溶发育等地质灾害问题带来的安全风险。对岩溶区高速铁路路基边坡隐伏、易发灾害评价和影响稳定性的孕险因素分析将是一个重要问题。

3.2 岩溶路基边坡灾变失稳模式分析

1. 土质滑坡式失稳

岩溶地区边坡土体的物质来源相对较少，主要是由石灰岩或白云岩中的可溶性矿物和少量酸性不溶物组成。其中，可溶性矿物约占 90%以上，酸性不溶物仅占 10%左右。一般地，碳酸盐岩风化成土作用可分两个阶段：一是碳酸盐岩中不易溶解物质的残积阶段；二是残积物质进一步演化成土壤的阶段。因此，经过长期自然风化作用和化学溶蚀作用的共同影响，岩溶发育区坡体的表层覆土稳定性一般较差，其灾变失稳演化过程如图 3-5 所示。

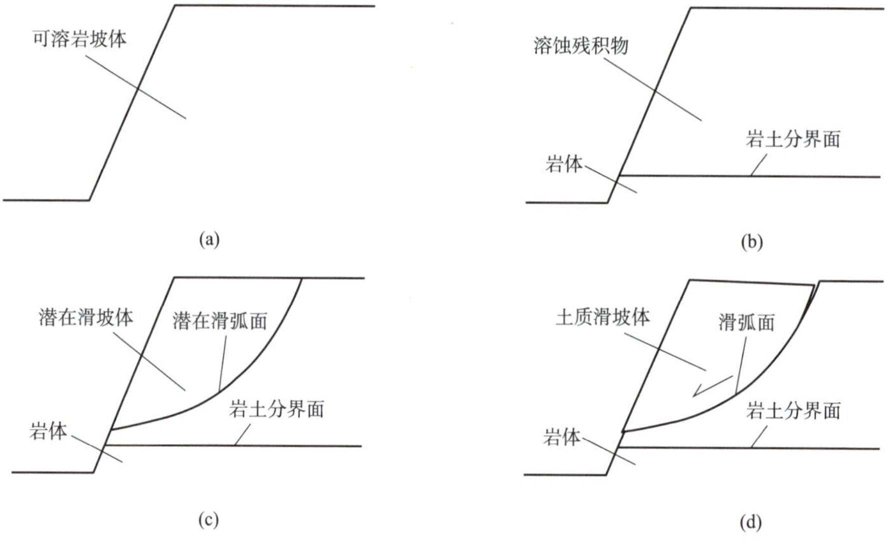

图 3-5 土质滑坡式失稳模式

此外，岩溶地区坡体覆土层的结构一般还具有以下两方面特征：

(1)当岩溶区降水较为充沛时，雨水使覆土层中可溶性矿物不断遭受淋溶作用，致使覆土层内部产生上下土体分层现象，形成上部土体质地松软，孔隙度较大；下部土体质地黏重，孔隙度较小。

(2)在碳酸盐岩母质与土层之间，有时没有半风化的过渡层，导致土层与基岩之间存在一个明显的软硬分界面，且表现为上层较软、下层较硬，从而导致层间附着力相对较差。

正是由于岩溶区边坡覆土层的上述特点，当外部条件成熟时（如暴雨、地震或人为扰动等影响），极易诱发岩溶地区边坡覆土层滑动失稳现象的产生，如图 3-6 所示。

图 3-6　岩溶区土质滑坡灾害

2. 岩质滑坡式失稳

岩质边坡在重力作用下沿着一定的岩石结构面向下滑动失稳的现象，称作岩质滑坡式失稳。大量研究表明，岩溶区碳酸盐类岩质边坡一般多呈层状特征，且节理裂隙较为发育，加之水体的不断冲刷溶蚀作用，裂隙逐渐向坡体深部延伸扩展。当遇到良好的隔水结构面时，水体得以储存，而后经过长期溶蚀作用，将可能会在该结构面附近形成溶蚀破碎区或溶洞，从而使坡体内部的原有结构特征受到破坏，降低了坡体的抗滑性能，进而导致滑坡失稳现象，如图 3-7 所示。

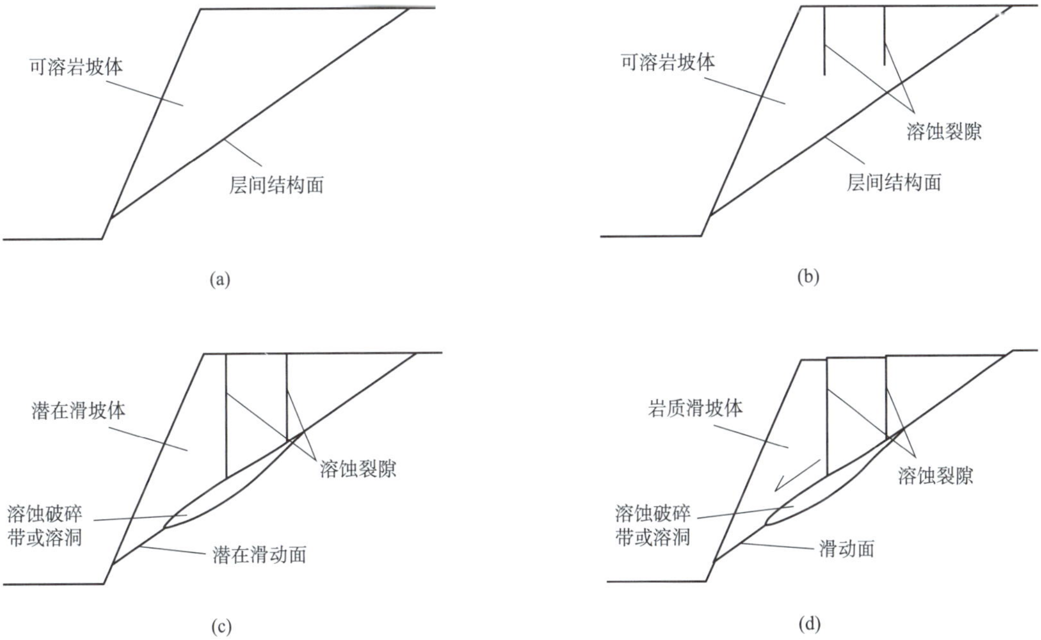

图 3-7　岩质滑坡式失稳模式

岩溶区岩质滑坡与土质滑坡类似，主要以拉裂破坏为主。其滑动特征表现为，初期一般滑动速度较慢，持续时间较长，后期则会加速滑动，时间也相对较短。在岩溶发育地区，这类岩质边坡出现滑动失稳的现象也极为常见，对当地的经济发展与交通建设危害极大，如图 3-8 所示。

图 3-8　岩质滑坡灾害

3. 边坡倾覆式失稳

岩溶地区的边坡发生倾覆式失稳破坏主要是因为在边坡坡体内部存在陡倾角的溶蚀结构面，将岩体切割成相互平行的条形块体结构，当临近坡面的陡立岩体缓慢地向坡外倾斜时，坡体就会逐渐发生倒塌，如图 3-9 所示。

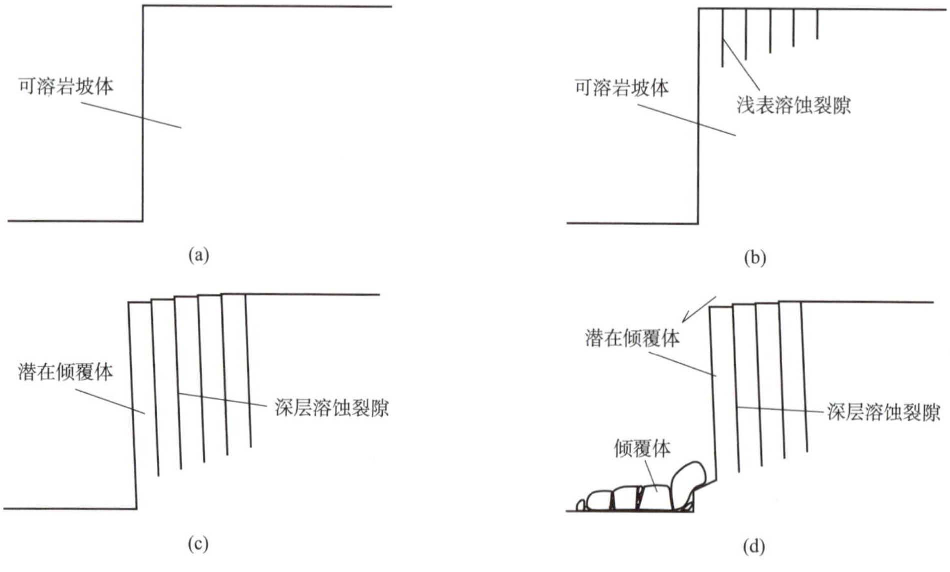

图 3-9　边坡倾覆式失稳模式

边坡倾覆失稳的特点主要表现为：坡体一般不发生水平或垂直位移，而是以某一点或某一棱线为转动轴心，绕坡体外侧临空面转动，即以角变位为其主要变形破坏形式。此外，在某一特定条件下，边坡坡体的倾覆式失稳也可能与滑坡式失稳一同出现，产生边坡失稳的联合效应。

岩溶区边坡发生倾覆灾害的原因，就坡体本身而言，除需考虑外力的作用外，还应考虑自然风化与溶蚀作用的影响，其联合作用更容易使坡体原有结构形态发生变化，导致坡体重心偏移。当坡体重心落于其所处底面之外时，坡体就会产生倾覆力矩，倾覆力矩越大坡体越不稳定，严重时便会发生边坡倾覆式失稳现象，如图 3-10 所示。

图 3-10　潜在倾覆体

4. 边坡崩塌式失稳

边坡崩塌式失稳是指坡体上部岩体在重力作用下，突然发生破坏脱离母体并急剧坠落的现象。在岩溶发育区，边坡的崩塌式失稳现象常出现在河谷地带或高陡耸立的坡体处，其崩塌过程主要表现为：首先坡体中下部岩体受到水流冲刷、溶蚀作用及自然风化的影响，逐渐从坡体剥离，使坡体上部岩体产生悬空或形成孤石；然后上部岩体在自身重力作用下，沿着原生裂隙逐渐开裂，加上水体的进一步溶蚀作用，降低了上部岩体的抗剪强度；最后当上部岩体强度无法承受其自身重力和其他附加外力影响时，上部岩体就会发生坠落失稳，并堆积于坡脚，形成具有一定自然休止角的岩堆，如图 3-11 所示。

岩溶发育区的坡体崩塌现象，可能是小规模的岩块坠落，也可能是大规模的山体崩塌。其主要破坏形式以拉断破坏为主，而运动方式上则表现为自由坠落或沿坡面的滚落。同时，对于岩溶区坡体的潜在崩塌地段（图 3-12），应特别注意外界的强烈扰动或暴雨，这些因素均有可能诱发坡体潜在崩塌段发生崩塌式失稳现象。

5. 边坡复合式失稳

边坡复合式失稳是指由两种或两种以上边坡失稳模式组合而成的一种复合式失稳现象。对于岩溶地区而言，边坡复合式失稳相较于单一模式失稳更为常见，主要是由于岩溶地区的边坡坡体常常孕含着多种潜在失稳模式，当其中一种失稳模式受到激发时，往往会祸联诱发其他潜在失稳模式，使之共同作用发生复合式灾变失稳现象，如土—岩滑坡式失稳、滑坡—倾覆式失稳、滑坡—崩塌式失稳和倾覆—崩塌式失稳等。

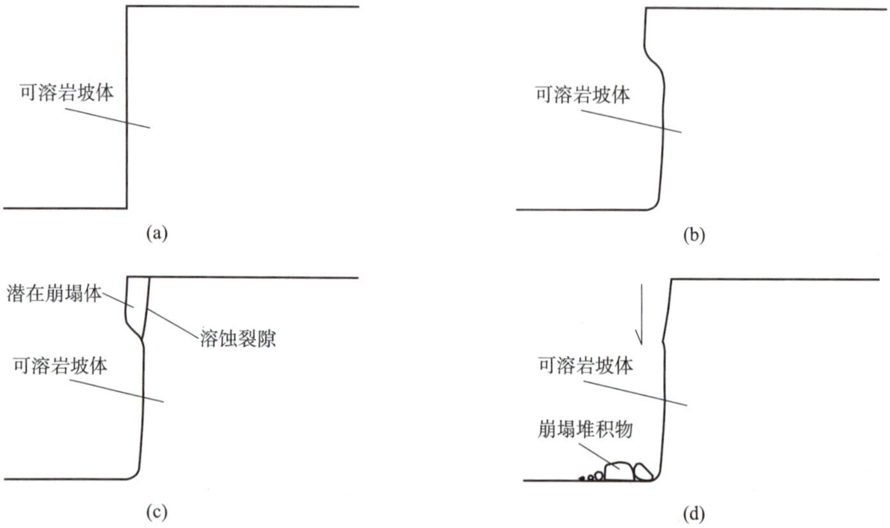

图 3-11　边坡崩塌式失稳模式

图 3-12　潜在崩塌体

3.3　岩溶路基边坡失稳破坏机制分析

1. 岩质边坡结构面特性分析

岩质路基边坡是由含有不同结构面的岩体组成，岩体变形和破坏往往是由岩体结构面的形态和组成来控制，岩质路基边坡稳定性主要受到结构面数量、地质信息、连续特性和表面特征等影响，所以岩质路基边坡按照不同的岩体结构一般分为整体块状、层状、碎裂状和散体等四种结构。

一般地，层状碎裂结构、碎裂结构和散体结构的岩质边坡易发生滑移、崩塌、滑塌等，完整的岩体发生地质灾害相对较少，大多是受到构造条件影响的块裂或软弱夹层的层状边坡。块状结构岩体发育节理、裂隙一般闭合，多为弹性体，岩体由单一强度的硬岩构成，不易被区域性断裂面切断，裂隙地下水对岩体的侵蚀性影响不大，其稳定性良好，但易形成陡坡，沿某一结构面崩塌；层状结构岩体通常由层状或薄层状的沉积岩、变质岩组成，层面之间错动面发育，有反倾向断裂，岩体特性为各向异性的弹塑性体，裂隙水和层间水对岩体具有一定的侵蚀性影响，岩体的稳定程度和岩层的产状关系紧密，通常由顺层、层状反向、横向、斜向和平迭几种类型，同向缓倾边坡的稳定性比反向的差，同向倾边坡，结构面倾角越陡峭，稳定性越好；碎裂结构，一般是风化碎裂岩体、岩脉穿插破碎岩体，位于断裂密集带，断裂交叉发育，裂隙张开，碎裂岩体内充填夹泥，局部夹有条块状岩石结构，岩性为不均一的弹塑性体，局部夹杂泥土呈现塑性状态，发育受到孔隙水、渗流的影响较大，岩体的稳定性较差；散体结构，是剧烈风化的岩体，位于区域性的大断层带、软弱岩层挤压错动带，岩体极度破碎，成碎块、鳞片状，夹杂大量的断层泥，岩性为不均一的散体或塑性体，在裂隙水的渗流作用下呈现塑性状态，稳定性很差，滑动面呈圆弧状。

由于受岩溶复杂地质环境影响以及岩溶区层状岩体为特色的地质环境影响，层状岩质边坡为贵州地区铁路边坡常见的一种边坡。所以在岩质边坡稳定性分析中，岩体结构面的形成原因、规模、连续性及粗糙度、产状与临空面的关系等，均不同程度地影响着边坡的稳定性，找出控制性结构面是边坡稳定性分析的关键。结构面本身的强度比岩体强度要低，结构面的存在往往影响岩体的完整性，所以岩质边坡失稳的一个重要原因就是多组结构面的剪切滑移、张拉破裂等。结构面对岩质边坡稳定的影响通常表现为以下五方面：

(1)结构面的起伏和粗糙度对边坡稳定性的影响：起伏规模较大的结构面相互接触时，弱岩体发生剪切，结构面不致剪坏，而是发生膨胀；起伏规模较小的粗糙性结构面，由于存在起伏凹凸点，在剪切破坏时增加了抗剪强度。

(2)结构面的组数对岩质边坡稳定性的影响：当存在一组结构面时，往往为沉积岩层面，边坡走向和岩溶走向一致，反向边坡稳定，边坡走向与岩层走向相交，边坡失稳往往沿着结构面，而且必须有一垂直于最小抗剪面；当存在两组结构面时，边坡倾向与两组结构面交线相反，边坡稳定，当结构面的交线同向，结构面组合使得边坡岩体形成临空面，则边坡处于失稳态；存在多组结构面时与两组结构面类似。

(3)结构面的走向与边坡稳定性的关系：当岩层走向与边坡走向相同，则坡面处于临空，边坡失稳，随着两者夹角的增大，边坡越稳定。

(4)结构面自身的倾向、倾角与边坡稳定性的关系：对于缓倾及中等倾角的顺层边坡，结构面倾角越陡，边坡越不稳定。

(5)结构面结合状态及充填物与岩质边坡稳定性的关系：结构面处于封闭态，面层无填充物，结构面的抗剪取决于结构面的粗糙度、起伏程度、岩性等；结构面闭合，内有泥质填充物，其抗剪程度还取决于填充物的类型及亲水性；结构面张开，含有少量岩屑或水汽等填充物时，结构面抗剪能力降低甚至消散；结构面含有连续填充物时，抗剪强度与填充物厚度及其成分和物理力学性质有关。

2. 岩质边坡失稳机制及特征

岩溶地区岩质边坡失稳的孕险环境，主要是在一定水文地质因素作用下裂隙边坡岩体，受到各种荷载施力而失去平衡，向临空面方向运动，产生崩落、滑塌、坍塌等现象。形成岩体滑动的致险因子众多，机理复杂，一般具有临空面、滑动面和切割面三个边界条件。

岩质边坡的变形形式主要为岩块的松动和蠕动两种。松动一般是在边坡形成初期，坡体表面部位开始出现一些与坡面近似平行的倾角，坡体内的块体形成张开裂隙，这些裂隙切割岩体，使坡面按形成临空状态而松开；蠕动一般是当边坡岩体长期处于临空状态时，在自重应力作用下，岩体向临空面方向持续缓慢移动。当变形到了一定程度，边坡将发生失稳破坏，其模式有平面破坏、楔体破坏、圆弧破坏和倾倒破坏。平面破坏包括含一个滑动面和一个滑动块体，含一个滑动面和一条张裂隙，含若干个滑动平面和横向节理，含一个主滑动面和主、被动滑动块体；楔体破坏为两组结构面交线倾向坡面，交线的倾角小于坡脚且大于摩擦角；圆弧破坏为节理发育的破裂岩体发生旋转破坏；倾倒破坏为岩体被陡倾结构面分割成岩柱，为硬岩时岩柱被节理切割，向坡面倾倒，为软岩时岩柱产生坡面弯曲，如图 3-13～图 3-16 所示。

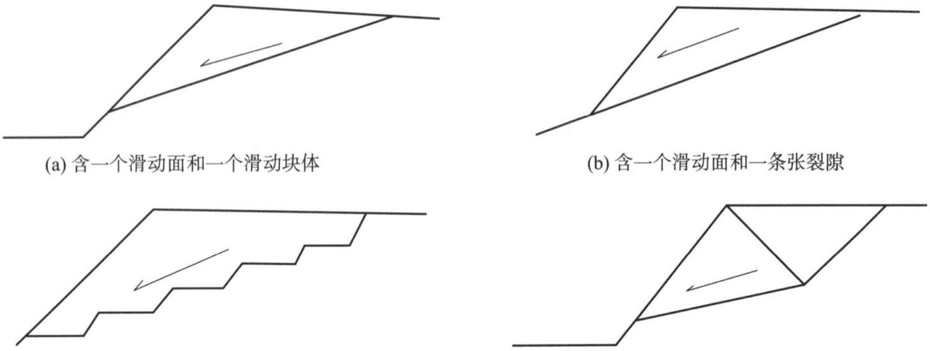

(a) 含一个滑动面和一个滑动块体

(b) 含一个滑动面和一条张裂隙

(c) 含若干个滑动平面和横向节理

(d) 含一个主滑动面和主、被动滑动块体

图 3-13 平面破坏

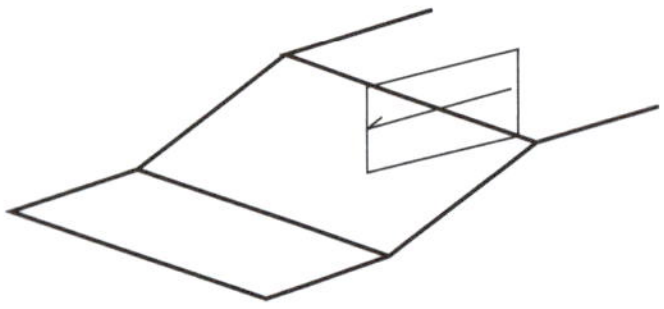

图 3-14 楔体破坏

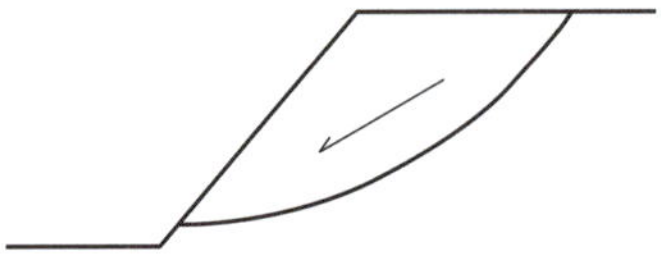

图 3-15 圆弧破坏

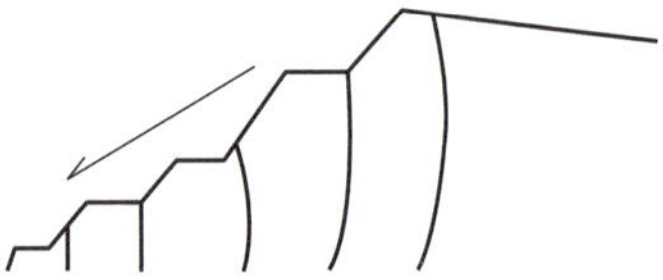

图 3-16 倾倒破坏

根据岩质边坡岩体失稳过程中力学形态及机制，一般岩质边坡的破坏机制可以划分为蠕滑（滑移）—拉裂、滑移—压致拉裂、滑移—拉裂、滑移—弯曲、弯曲—拉裂（倾倒）和塑流—拉裂等地质力学模式。

由于在岩溶发育地段，岩溶化岩质边坡内易发育形成溶洞、溶隙等岩溶形态，甚至形成岩溶管道网络，在施工时原有的溶腔被部分揭露或者顶板薄弱化，在爆破时浅埋溶洞的顶板结构及岩体的物理力学性质发生变化，随着后期高速列车的运营，在长期振动荷载的作用下，容易引发滑塌、崩塌等地质行为。

第4章 岩溶路基边坡结构面地质信息获取

岩溶区路基边坡受到侵蚀性岩溶发育影响，其结构面、裂隙等的形成经历了一个长期的过程，且由于其发育规律、成因机理不同，形成其独特的岩体结构力学特性。岩体中往往存在大量的节理、裂隙、层面交错等结构面，岩体在这些不连续结构面的切割及岩溶水的侵蚀作用下，形成一定的岩体结构，并将其赋予地质环境中，而岩体结构面和结构体作为岩体结构的基本单元，是岩体力学规律形成的基础，结构面（体）之间排列、组合形成的岩体结构控制着岩体的变形和破坏。本章主要通过三维激光扫描技术获取路基边坡结构面点云数据，对点云数据进行处理和优化，结合岩体结构面理论，获取结构面地质信息（走向、倾向和倾角），并根据获取的结构面信息，对边坡潜在不稳定块体进行分析。

4.1 地质信息获取方法研究

传统的结构面地质信息获取及地质素描一般采用罗盘和皮尺对结构面的产状（倾向、倾角、走向）和节理分布状况进行描述，岩体结构面信息获取和采集一般在岩体临空面，而且采集过程往往耗时、耗人力，危险度高、效率低下，采集人员的安全和人工操作主观性对岩体结构面信息的准确性均值得商榷。目前国内外也采用诸如数字摄影测量、数码相片解译等方法进行边坡岩体结构面产状及分布的测量和地质编录，但这些方法需要对获取的图像进行处理，而影像的畸变校正残差、相机的定向误差等均会影响图像的质量，从而难以在工程现场普遍应用推广。

根据调查和分析，引入三维激光扫描技术对边坡岩体结构面的信息进行长距离、短时间、高精度、动态实时采集，对岩体的稳定性、地层走向和倾向进行描述，分析结构面的空间分布状态，统计结构面的优势方向分布情况，提取边坡裂隙数据，进而识别潜在不稳定块体。

4.1.1 三维激光扫描技术工作原理

三维激光扫描技术是一种全自动、高精度三维立体扫描技术，是获取空间内多目标三维数据的长距离监测技术，三维激光扫描技术的发展将传统的单点测量发展到面的测量，将该技术引入并应用到岩质边坡块体稳定性研究中具有现实意义。

三维激光扫描系统主要由三维激光扫描仪、数据处理系统、信息采集系统和高分辨率数码相机等组成。其中，三维激光扫描仪是由高速激光测距仪和一组扫描反射棱镜组成，可引导激光对目标物以匀速角速度扫描，激光测距仪主动发射激光脉冲信号，经目标物表面漫反射，反射的信号被接收器接收，可以计算出目标物与测站之间的距离。针对每一个扫描点测得测站至扫描点的斜距，再配合同步扫描测量的水平和垂直方向角，可得到每一扫描点与测站的空间相对坐标，然后根据测站的绝对坐标可换算每一次扫描目标点的三维坐标，从而达到对目标物整体扫描和测量，如图 4-1 和图 4-2 所示。本书采用徕卡(Leica)HDS4400 型三维激光扫描仪采集边坡岩体结构面信息，此系列扫描仪在扫描时将拍摄高分辨率的目标物数码照片，同时将照片自动渲染并覆盖到采集的点云数据上，其基本参数信息见表 4-1。徕卡(Leica)HDS4400 型三维激光扫描系统主要由采集操作面板、扫描仪主机(扫描头)、伺服电源、网线和三脚架等组成。

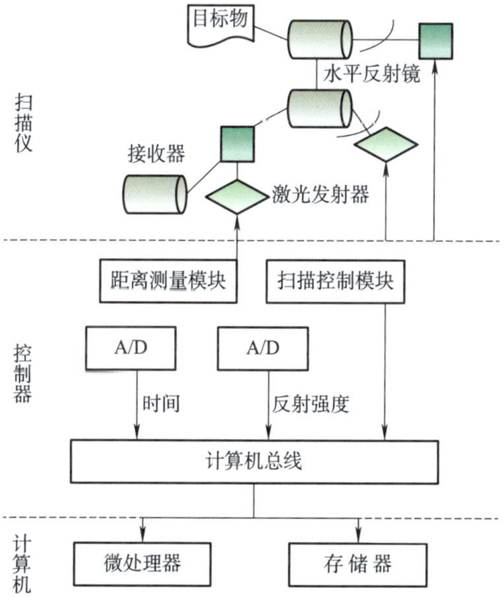

图 4-1　三维激光扫描技术工作原理

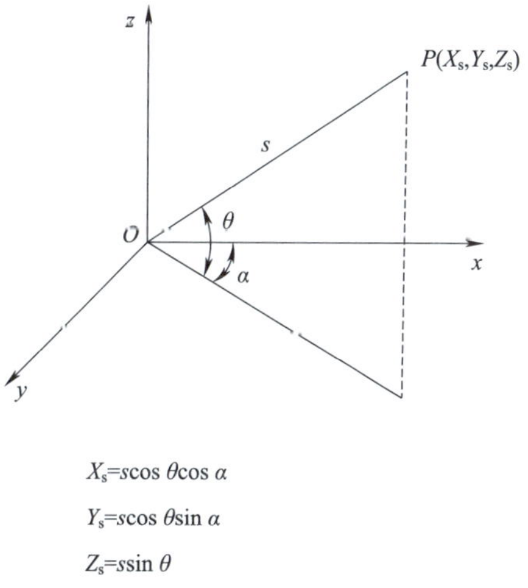

图 4-2　测量点坐标计算

表 4-1　三维激光扫描仪基本参数

指　　标	扫描距离	角度精度	扫描角度	扫描速率	激光等级	相　　机	数据传输
数　　值	5～700 m	+1.4 mrad	水平 360°，竖直 90°	4 400 点/s	3R(IEC 60825-1)	3 700 万像素	TCP/IP 网络

4.1.2　点云数据获取和处理

4.1.2.1　点云数据采集

采用三维激光扫描仪(图 4-3)开展岩体结构面信息获取时，在点云数据获取前，需进行坐标转换，将三维激光扫描仪架设基站位置进行大地坐标转换，为了快速识别并确定基站位置，在岩体结构面点云数据获取时，采用激光扫描仪和地质罗盘、GPS配合定位。

图 4-3 三维激光扫描系统现场操作

由于岩溶地貌的存在，使得点云获取条件受限，将岩溶化边坡点云数据点云的采集概括为以下五个步骤。

1. 现场勘测及调查

根据岩溶化岩质边坡的具体情况，调研现场及周边环境，选择通透的扫描点位，保证目标物在扫描仪测距内，用GPS或罗盘确定正北方向，读取扫描仪 y 轴方向与正北的夹角，确定稳定的基站位置，并测出基站的三维坐标。

2. 控制网布设

为获得高精度的控制点位坐标，布设控制网，按全站仪的布设方法，采用平面控制和高程控制两种方式，并进行平差。

3. 标靶测量

获取高精度的标靶位置，为坐标转换和同名点匹配提供精确的数据。

4. 扫描仪架设及点云数据获取

选定基站位置架设扫描仪，调平并把标靶置于标靶点位置，连接电源、网线，启动扫描软件系统，设置相关扫描参数，开始定间距的获取点云数据。

5. 点云数据拼接和渲染

获取点云数据后，记录标靶位置，并通过内置高分辨率数码相机拍照，进行同名点匹配，将照片渲染并覆盖到采集的点云数据上。

4.1.2.2 点云数据处理

通过三维激光扫描仪获取岩质边坡结构面点云数据后，将点云数据导入处理软件，开展点云数据的降噪、插值和精简，坐标转化，点云数据的匹配、渲染、对齐拼接及结构面的重构等。

1. 数据导入

将点云数据导入 Maptek I-Site Studio 软件中，对所采集的点云数据进行降噪和插值处理，由于受现场条件、天气等干扰，点云数据中出现与扫描体无关的数据，需删除及降噪处理，且树木、杂草等的遮挡使数据被干扰，需对点云数据插值处理。

2. 数据精简

由于采集的数据量庞大，在不影响后期曲面重构及保证数据精度情况下，对数据采用平均精简和距离精简，即在原数据中保留相似的，且使得保留的点云数据点与点的距离大于每一平均值。

3. 匹配渲染

由于被测岩质边坡目标较大或形状复杂，在扫描时通常不能一次扫描即得结果，为保证扫描的精度和全面覆盖需从多角度、多位置进行多次扫描，数次扫描的点云数据需按布设同名控制点的方式匹配，且将多坐标系下采集的数据转化到统一坐标系，根据所扫描岩质边坡的特征将多次扫描的结果拼接得到完整的边坡点云图。为使建立的三维模型更接近现场环境，需渲染处理，在渲染时采用纹理贴图方式，即将高分辨率数码照片通过几何校正映射三维模型，使得点云数据彩色化，以便更真实、直观的获取岩体的结构面地质信息。

4. 坐标转换处理

在三维激光扫描仪进行结构面信息采集时，通常以基站位置作为坐标系原点，属于相对坐标，为建模方便将相对坐标转换为大地坐标系中。

5. 曲面重构及三维建模

为还原目标物的真实形态，需将扫描数据用曲面重新构建，常见的曲面有三角形网格、参数曲面及 NURBS 曲面等。曲面重构后可还原出真实的岩质边坡，可解决岩质边坡结构面裂隙及产状等的统计。

4.1.2.3　点云数据优化

对点云数据处理时，点云数据的降噪滤波、插值，由于受区域岩溶地形、复杂地貌及周围环境的动态影响，其精度存疑。因此，有必要对岩溶化岩质路基高边坡海量点云数据进行滤波和插值，才能获取可靠性的岩质边坡岩体信息，为 DEM 建模服务。

目前，点云数据的滤波、插值分析主要通过最小二乘法、分类算法、平面拟合方法及开运算法等方法。岩溶化岩体易受岩体裂隙、岩溶地貌、岩块转动滑移等影响，传统的单一滤波差值方法在岩溶化岩质边坡结构面分析中很难综合考虑各种因素的影响，且考虑因素不全面，本书采用基于 Kriging 算法和最小二乘法的组合算法，在获取原始点云数据后，采用最小二乘法建立目标函数，结合改进的 Kriging 算法变异函数建立组合模型，以提高结构面地质信息的精度。

1. Kriging 算法插值理论

Kriging 算法既考虑已知点云位置与待估点云位置关系，又考虑各扫描点的空间关系，具有无偏性、方差小等特点，可计算出各估计值的误差大小，得到估计值的可靠性程度。在获取岩溶化边坡岩体点云数据后，构造出一个只与点云间空间距离相关的半方差函数，求出各拟合点的权系数，据此进行点云的高程内插，通过后处理可获取岩体的信息。

设 $Z^*(x_i, y_i)$ 是扫描区域内获取的点云区域化变量，在扫描区域内 n 个位置取样，记为 $Z^*(x_1, y_1), Z^*(x_2, y_2), \cdots, Z^*(x_n, y_n)$，则获取的点云数据内某点 (x_n, y_n) 的估计值为

$$Z^*(x_{\mathrm{p}}, y_{\mathrm{p}}) = \sum_{i=1}^{n} \lambda_i Z^*(x_i, y_i) \tag{4-1}$$

式中，λ_i 为 Kriging 算法中的权系数；i 为常数。为满足算法中无偏性和方差最小，取 $\sum_{i=1}^{n} \lambda_i = 1$，建立如下方程组：

$$\begin{cases} \sum_{i=1}^{n} \lambda_i = 1 \\ \sum_{i=1}^{n} \lambda_i \gamma(x_i, y_i) + \mu = \gamma(x_i, y_i) \end{cases} \tag{4-2}$$

式中，μ 为拉格朗日乘子；$\gamma(x_i, y_i)$ 为变异函数。求出 λ_i 后可计算出预估点云高程值。

Kriging 算法计算时，对采样点数量无要求，若点云数据过多，则需求解 n 次元矩阵方程，因此在点云数据的滤波、插值中采用 Kriging 算法，其结果对于现场实际情况更为接近。针对岩溶区特殊的地形地貌，获取的点云数据较多，在求解 n 次元矩阵方程时，计算复杂，且速度慢，所以需结合数学优化计算方法提高计算进度。

2. 最小二乘法优化计算方法

最小二乘法是通过最小化误差的平方和寻找最佳目标函数值的方式来拟合、插值点云数据。

假设采集获取的原始点云数据为 $(x_i, y_i)(i=1,2,\cdots,m)$，$i$ 个目标点点云数据的权系数为 a_i，建立点云数据 x 与拟合后的目标值 y 之间的函数关系为 $y=s(x; a_0, a_1, \cdots, a_n)$，其中 $i=0,1,\cdots,m(n<m)$。由于最小二乘法通过计算误差的最小值来实现数据的拟合，所以假设逼近函数为

$$s(x_i, y_i) = a_0\varphi_0(x) + a_1\varphi_1(x) + \cdots + a_n\varphi_n(x) \tag{4-3}$$

则式(4-3)的最小值为

$$\|\delta\|_2^2 = \rho(a_0, a_1, \cdots, a_n) = \sum_{i=0}^{n} \rho_i [s(x_i, y_i) - y_i]^2 \tag{4-4}$$

式中，ρ_i 为拟合后点云数据对应的权值；$(a_0^*, a_1^*, \cdots, a_n^*)$ 为 n 次元函数 $\rho(a_0, a_1, \cdots, a_n)$ 的极小值点。通过求极值的必要条件可知，

$$\frac{\partial \rho}{\partial a_k} = 2\sum_{i=0}^{m} \rho_i [a_0\varphi_0(x_i) + a_1\varphi_1(x_i) + \cdots + a_n\varphi_n(x_i) - y_i]\varphi_k(x_i) \tag{4-5}$$

式(4-5)通过内积运算，将公式转换成关于 $a_0, a_1, \cdots, a_n$ 的线性方程组，则用矩阵形式表示为

$$\begin{pmatrix}(\varphi_0,\varphi_0) & \cdots & (\varphi_0,\varphi_n)\\ \vdots & & \vdots \\ (\varphi_n,\varphi_0) & \cdots & (\varphi_n,\varphi_n)\end{pmatrix}\begin{pmatrix}a_0\\ \vdots \\ a_n\end{pmatrix}=\begin{pmatrix}(y_1,\varphi_n)\\ \vdots \\ (y_i,\varphi_n)\end{pmatrix} \tag{4-6}$$

由于 $\varphi_0(x),\varphi_1(x),\cdots,\varphi_n(x)$线性无关，则可求出目标函数的唯一最小解，即为 $a_k=a_k^*$ $(k=0,1,\cdots,n)$。

最小二乘法最主要是对目标函数极值的求解，一般计算速度快，且计算简化。但在插值拟合运算中，存在一个缺点，即每个点云数据在插值运算时对最终目标函数的运算都是均等的，没有考虑运算中的异常点，所以插值结果与实际岩体结构面情况存在部分差异。

3. 组合模型建立

针对两种插值运算方法的优劣，考虑岩溶化岩体路基边坡岩性特点和现场条件等因素，在岩体结构面地质信息获取时，受诸多因素影响，若只采用一种插值、拟合方法，不能全面考虑各影响因素，则不能精确的提取结构面地质信息。所以在岩溶化岩体路基边坡结构面地质信息点云数据插值时，提出一种利用组合函数参数估计插值的方法，即将 Kriging 算法与最小二乘法结合，建立组合模型。

组合方法是针对 Kriging 插值函数在距离不同的区域内，插值点云数目不同确定其可信度。即点云数越多，插值函数越可信，在插值拟合时考虑了在公式(4-7)的基础上增加相关权重系数，再根据最小二乘法对原始的点云数据变换，加入合适的权重系数 ω_i，权重系数为

$$\omega_i=\frac{n(h)}{[\gamma(h)]^2} \tag{4-7}$$

式中，$n(h)$为距离相隔 h 的点云数目。则组合插值模型的目标函数为式(4-8)，计算流程如图 4-4 所示。

$$y=\sum_{i=0}^{n}\frac{n(h)}{[\gamma(h)]^2}\rho_i[s(x_i)-y_i]^2 \tag{4-8}$$

4.1.3　结构面地质信息识别

结构面是岩体地质信息的直接表达，表达了岩体表面结构特征，几何学中沿切向方向呈二维平面无限延伸状态，具有一定的厚度，主要通过结构面的产状信息(走向、倾向、倾角)(图 4-5)、节理迹线、密度及面积等地质信息来表示。准确的识别结构面地质信息可为岩石块体稳定性评价、结构面统计等提供依据，采用三维激光扫描技术进行结构面地质信息获取，在利用获得点云数据建立的岩质边坡结构面模型中，由于只能获得岩体结构面出露地表部分的三维点云数据，需根据实际地质情况，通过对点云模型结构面地质信息合理、准确的识别，便于岩石块体稳定性分析。

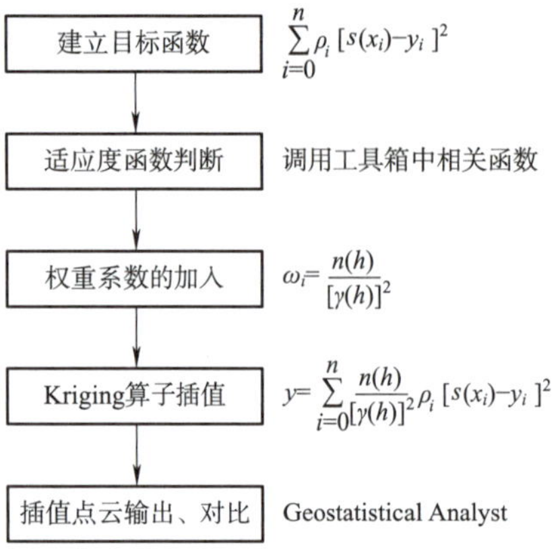

图 4-4　组合插值模型建立流程

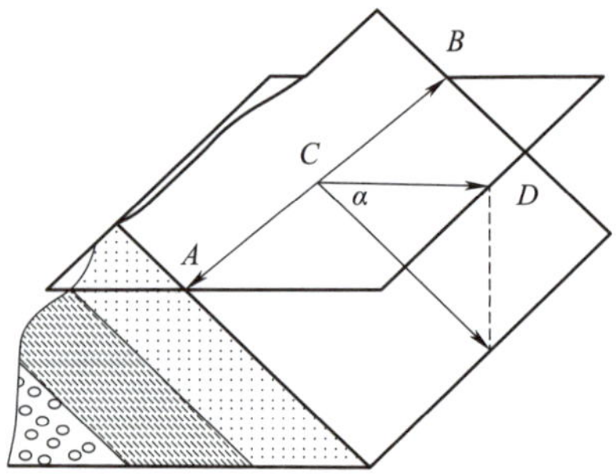

图 4-5　岩层产状要素

AB—走向；*CD*—倾向；α—倾角

通常岩体结构面地质信息识别方法根据处理数据方法的不同，分为半自动和全自动识别方法。半自动识别结构面地质信息方法是根据点云数据的几何空间坐标拟合岩体结构面，即将获取的点云数据进行坐标转换，转换到大地坐标系，根据现场地质情况，匹配拟合出结构面平面，进一步分析结构面地质信息；全自动识别结构面地质信息主要应用数学方法进行结构面表面的重建，对裸露的岩体表层信息进行结构面重建，应用模糊类聚法进行结构面的分组和排列，为判断类聚效果可采用 Fisher 分布中的 K 值（岩体结构面极点的集中度）等作为判断指标，将边界点云去除，通过层层迭代的方式获取结构面分组后的优势方位。应用半自动方法识别结构面信息，一般采用人工方式选取和建立趋势平面，具有主观性，对于优势结构面较少的结构面地质信息的识别及结构面地表出露迹线明显且出露处有一定转折时采用半自动方法较为合适；当结构面点云数据较多或优势结构面组丰富时，平面的拟合量增大，采用全自动识别结构面地质信息方法比较适合。

综上所述，根据现场条件及采集的结构面信息数据，为快速识别岩质边坡岩体结构面地质信息，文中采取半自动识别方法。

半自动方法识别结构面地质信息时，需坐标转换。在获取点云数据时以所选的基站点位置为坐标原点，通过默认的坐标系建立模型，将坐标系转换到大地坐标或工程坐标系中。在应用半自动方式进行结构面产状识别时，需要获取正北方向，应用局部坐标系，三维激光扫描仪坐标系中主轴与正北方向的夹角来转换。具体转化方式为

$$\begin{pmatrix} x_1 \\ y_1 \\ z_1 \end{pmatrix} = \begin{pmatrix} \delta_x \\ \delta_y \\ \delta_z \end{pmatrix} + s \cdot \boldsymbol{R}(\alpha_1, \alpha_2, \alpha_3) \cdot \begin{pmatrix} x_0 \\ y_0 \\ z_0 \end{pmatrix} \tag{4-9}$$

式中，x_1, y_1, z_1 为坐标转换后的工程坐标或大地坐标；x_0, y_0, z_0 为三维激光扫描仪坐标；$\boldsymbol{R}$ 为具体工程情况下旋转矩阵；$\alpha_1, \alpha_2, \alpha_3$ 为三维激光扫描仪坐标系主轴与大地或工程坐标系

主轴的夹角；s 为放大系数；δ_x，δ_y，δ_z 为坐标转化中的平距。

坐标转换到大地或工程坐标系后，为便于结构面的识别，建立岩体结构面产状信息与空间平面法向量之间的关系，即

$$\begin{cases} l=\sin\alpha\sin\beta \\ m=\sin\alpha\cos\beta \\ n=\cos\alpha \end{cases} \tag{4-10}$$

式中，α 为岩质边坡某一结构面的倾向；β 为倾角；(l,m,n) 为空间平面法向量。

通过坐标转换和上述关系的明确，拟合出裸露结构面的趋势平面。假设某结构面趋势平面方程为

$$Ax+By+Cz+D=0 \tag{4-11}$$

式中，A,B,C,D 为与趋势平面相关的参数；(A,B,C) 为趋势平面的法向量。

假设 (x_1,y_1,z_1)，(x_2,y_2,z_2)，…，(x_n,y_n,z_n) 为坐标转换后结构面的点云坐标，为确定上述结构面产状和优势结构面组的方向，首先确定 A、B、C、D 的值，将已知转换坐标后的点云点代入式(4-12)，求得与趋势面相关的参数值，然后求解平面方程，获得法向量值，最后根据式(4 10)获得结构面基本地质信息——走向、倾向、倾角，从而分析优势结构面组的方向。

$$\begin{cases} \sum\limits_{i=1}^{n} Z_i = nA + B\sum\limits_{i=1}^{n} X_i + C\sum\limits_{i=1}^{n} Y_i \\ \sum\limits_{i=1}^{n} X_iY_i = A\sum\limits_{i=1}^{n} X_i + B\sum\limits_{i=1}^{n} X_i^2 + C\sum\limits_{i=1}^{n} X_iY_i \\ \sum\limits_{i=1}^{n} X_iZ_i = A\sum\limits_{i=1}^{n} Y_i + B\sum\limits_{i=1}^{n} Y_i^2 + C\sum\limits_{i=1}^{n} X_iY_i \end{cases} \tag{4-12}$$

4.1.4　节理裂隙统计分析

节理是岩体在自然状态下由于水、风化等作用形成的裂隙或裂纹。在岩质边坡岩体稳定性分析中，边坡岩体节理的强度、分布及组合方式等均将直接影响边坡岩体的稳定性，因此有必要对节理密度统计分析。节理密度包括线密度、面密度和体密度三种，线密度一般反映了单位长度内结构面中节理的数量和结构面的频数；面密度应用较少，通过窗口取样来获取；体密度 J_V 为单位体积岩体内节理的数量。

岩溶化岩质路基边坡岩体结构，由于岩溶作用，地质构造复杂，岩体结构面较为发育，结构面情况也往往复杂，在结构面丛生区域易形成较为复杂的结构面网络，使得结构面复杂化、交错化。在地质勘察和素描中，结构面线密度往往是岩体质量分级、表层岩体力学性质分析的重要指标，通常用结构面间距 D_i 来表示，目前结构面间距的计算方法各异，结构面间距决定着结构面裂隙平均间距和体节理数，采用结构面的平均最小间距来表示，且计算中考

虑岩溶的发育程度、最发育结构面组的间距和结构面间距的最小值，所以此时应酌情考虑。其计算公式为

$$D_i=\frac{L}{n} \tag{4-13}$$

式中，L 为结构面测量线的总长；n 为与测线相交的结构面的数量。

岩体结构面体节理数的计算式为

$$J_V=S_1+S_2+\cdots+S_n \tag{4-14}$$

式中，J_V 为体节理数目；S_n 为节理每米测线的条数。

岩体力学中体节理数的测量包括条数法、直接测量法和间距法。条数法一般根据得到的单位面积节理数乘以修正经验系数计算，根据经验一般取 1.4～1.5；直接测量法在单位岩体内逐条数出节理数，操作复杂、受人为因素影响大；间距法即根据式(4-13)和式(4-14)通过测量结构面间距计算出平均间距的方法得出单位体积内的节理数。通过三维激光扫描技术建立的岩体模型，简单、快捷、省时省力的测量出节理的间距和节理数。

4.2 地质信息获取分析

沪昆高速铁路贵州段 D1K824＋055～D1K826＋324 区段岩溶水较发育，岩溶形态以溶蚀裂隙、半填充型溶洞和空溶洞为主，地表覆土以第四系粉质黏土为主，厚约 2 m，下伏灰岩发育较为强烈。边坡由深沟切割形成凸出山梁，位于山梁中上部，现场勘察发现凸出山梁沟内侧拉张卸荷裂隙普遍发育，张开 2～10 cm，如图 4-6 所示。凸出坡体中沿外倾结构面卸荷，结构面延伸达 2～10 m 不等，普遍微张，如图 4-7 所示。三面临空的凸出山梁，两侧深沟成为其卸荷边界。

图 4-6　边坡卸荷边界

图 4-7　边坡坡体中卸荷裂隙

1. 边坡点云数据提取

通过徕卡(Leica)HDS4400 型三维激光扫描仪，以某边坡为研究对象进行扫描，扫描范

围主要集中在左侧边坡，由于工作场地属高山河谷地貌，地形陡峻，可架设仪器位置点不多，三维激光扫描仪扫描距离可达 700 m，所以仪器架设在距离坡体 100 m 左右的地势平坦、视野开阔区域，保证扫描的精度和角度，在尽可能获取扫描角度前提下，对边坡进行三维影像获取，坡面采样间距控制在 8 cm 内。为保证坐标转换精度，现场共设置坐标控制点 6 处，扫描面积 143 215 m^2，获取边坡三维点云数据 4 816 287 个，如图 4-8 和图 4-9 所示。

图 4-8　坡体地质剖面示意

图 4-9　三维点云数据

2. 坐标转化

为使大地坐标与扫描仪坐标匹配，需要将测定的控制点坐标在点云数据中进行坐标转换，控制点坐标转换及精度分析见表 4-2，可知选定的 6 个控制点坐标在 x，y，z 三个方向的最大误差为 0.018 m，通过对控制点的坐标转换及优化，使得坐标转换的精度值控制在 0.08 m 左右，满足边坡体地质结构信息调查的需要。

表 4-2　控制点坐标转换及精度分析

点　号	控制点大地坐标/m			扫描点坐标/m		
	x	y	z	x	y	z
1	535 049.288	2 798 370.838	1 354.493	535 049.127	2 798 370.920	1 354.440
2	535 067.256	2 798 373.754	1 357.436	535 067.305	2 798 373.542	1 357.188
3	535 155.479	2 798 554.322	1 446.071	535 155.421	2 798 554.373	1 446.210
4	535 135.247	2 798 544.088	1 442.624	535 135.400	2 798 544.256	1 442.835
5	535 193.229	2 798 329.884	1 251.293	535 193.200	2 798 329.785	1 251.124
6	535 109.705	2 798 043.407	1 355.122	535 109.769	2 798 043.425	1 355.146
最大误差	0.018					

3. 节理裂隙及结构面统计

将采集到的边坡三维点云数据导入徕卡（Leica）HDS4400 型三维激光扫描仪自带的 Maptek I-Site Studio 点云处理软件中，进行点云数据优化（降噪和插值），坐标转化、点云数据的匹配渲染及对齐拼接，结构面的重构，得到所研究边坡结构面信息的解译图像，如图 4-10 所示，从而根据解译图像对结构面地质信息进行描述、分组和结构面产状的统计分析，如图 4-11 所示。

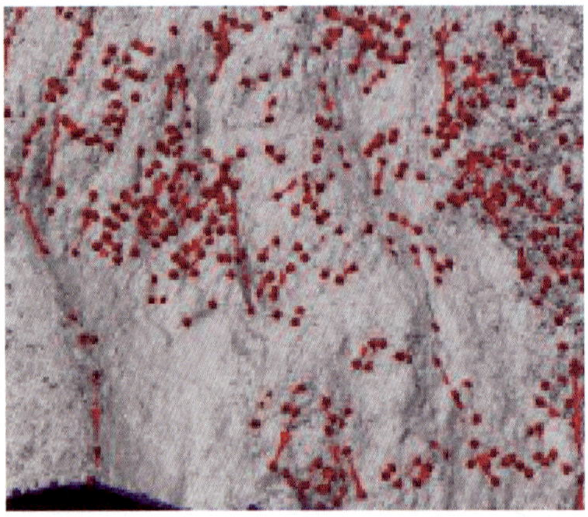

图 4-10　岩质边坡点云数据解译

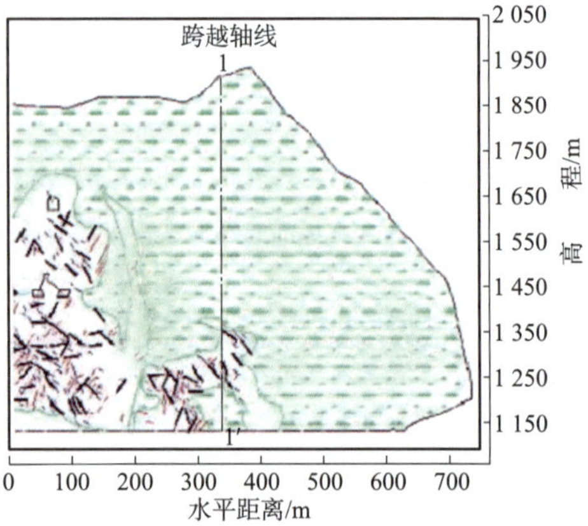

图 4-11　边坡岩体结构面立面（素描图）

根据对左岸优势裂隙的解译，可以得到左岸跨越边坡岩体中裂隙的优势方位，见表 4-3。该边坡岩体中优势裂隙一共有 4 组，其中最为发育的一组为倾向 NW、倾角在 60°以上的陡倾裂隙；其次一组裂隙是与坡体斜交，倾向在 112°～155°之间，倾角在 71°～89°之间；另外两组为倾向 NE 层面和 SW 裂隙。从裂隙倾向与左岸边坡倾向（185°）可知，在这 4 组裂隙中，有一组倾向坡外、两组倾向坡内，其中倾向坡外的裂隙为优势裂隙中的第④组，这对于边坡的稳定性是不利的。

表 4-3　边坡结构面裂隙及优势方位统计

组　号	范 围 值/(°)		优势方位/(°)		备　　注
	倾　向	倾　角	倾　向	倾　角	
①	270～340	55～89	306	82	倾向坡内
②	112～155	71～89	129	81	斜交，倾向下游
③	355～360～43	60～81	8	71	层面，倾向坡内
④	215～260	45～85	225	55	倾向坡外

4. 潜在不稳定块体分析

边坡岩体结构面的空间状态及发育情况对岩体中块体的稳定性起决定作用，根据三维激光扫描技术得出的点云数据，将其利用在结构面节理、裂隙的识别和统计中，对得出的结构面进行分组并得出图 4-12 所示的边坡结构面节理、裂隙等密度图，对于所研究的轴向岩质路基边坡，构成结构面的不利组合为①-④、②-④和④-④组合的结构体。从解译的成果可以看出，优势裂隙仍以平面"X"裂隙为主。边坡发育中缓倾向坡外的结构面，其中左岸外倾结构面为其优势方位中的第④组（225°∠55°），外倾结构面控制边坡浅表层滑动，对边坡的稳定是不利的。

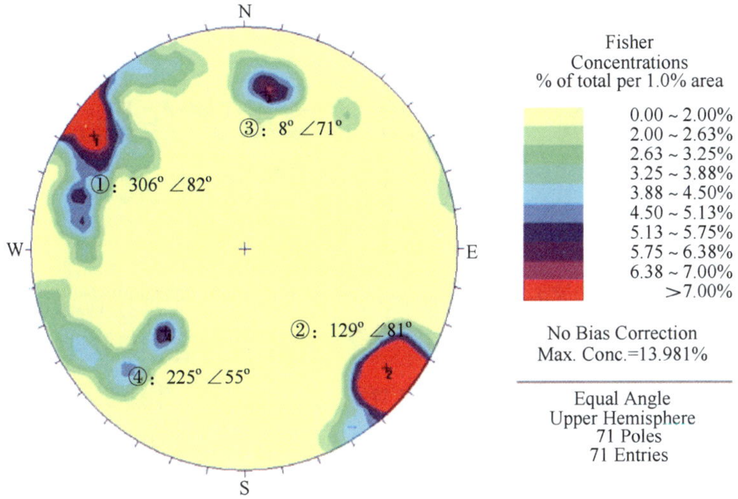

图 4-12　边坡节理、裂隙等密度软件分析图

第5章　岩溶路基边坡潜在异常区综合检测技术

岩溶路基边坡内部结构特征和异常区域的判识主要是基于地球物理检测方法，通过联合运用地震反射波检测技术、瑞雷波检测技术和地质雷达检测技术等手段，借助各技术的特点和优势，综合检测识别内部潜在异常区的类型、形态及范围，并判断和划分岩溶路基边坡的基本质量等级等情况，从而为岩溶路基边坡的变形监测、建模计算及施工危险性评价等提供和补充更为详细地地质信息。

5.1　岩土体检测技术

5.1.1　地震反射波法

5.1.1.1　检测原理

当地震波穿越相邻两层岩土介质时，由于介质波阻抗差异，发生反射和透射现象，一部分反射回来的地震波被地表检波器接收，另一部分透射后的地震波进入坡体下层岩土介质，继续向下传播，当遇到不同岩土介质交界面时，再次发生反射和透射，如此往复，检波器便可接收到多层反射波信号，并以此来描绘边坡体内岩土体的地层信息。

若地震入射波为纵波，且与介质分界面成一定夹角入射时，会在介质分界面产生纵波与横波的反射波和透射波。根据斯奈尔定律可知

$$\frac{\sin\alpha}{v_P}=\frac{\sin\alpha_1}{v_{P_1}}=\frac{\sin\beta_1}{v_{S_1}}=\frac{\sin\alpha_2}{v_{P_2}}=\frac{\sin\beta_2}{v_{S_2}}=P \tag{5-1}$$

式中，P 为恒定常数；v_P，α 为地震波入射波速和入射角；α_1，α_2 为纵波的反射角和透射角；v_{P_1}，v_{P_2} 为纵波的反射波速和透射波速；β_1，β_2 为横波的反射角和透射角；v_{S_1}，v_{S_2} 为横波的反射波速和透射波速。

假设反射纵波、反射横波与入射纵波的振幅比分别为 R_{PP}、R_{PS}，透射纵波、透射横波与入射纵波的振幅比分别为 T_{PP}、T_{PS}，则根据斯奈尔定律与边界条件，可得出佐普里茨方程，即

$$\begin{pmatrix} \sin\alpha_1 & \cos\beta_1 & -\sin\alpha_2 & -\cos\beta_2 \\ \cos\alpha_1 & -\sin\beta_1 & \cos\alpha_2 & \sin\beta_2 \\ \sin 2\alpha_1 & \dfrac{v_{P_1}}{v_{S_1}}\cos 2\beta_1 & \dfrac{\rho_2 v_{S_2}^2 v_{P_1}}{\rho_1 v_{S1}^2 v_{P_2}}\sin 2\alpha_2 & \dfrac{\rho_2 v_{S_2} v_{P_1}}{\rho_1 v_{S_1}^2}\cos 2\beta_2 \\ \cos 2\beta_1 & -\dfrac{v_{S_1}}{v_{P_1}}\sin 2\beta_1 & -\dfrac{\rho_2 v_{P_2}}{\rho_1 v_{P_1}}\cos 2\beta_2 & \dfrac{\rho_2 v_{S_2}}{\rho_1 v_{S_1}}\sin 2\beta_2 \end{pmatrix}\begin{pmatrix} R_{PP} \\ R_{PS} \\ T_{PP} \\ T_{PS} \end{pmatrix} = \begin{pmatrix} -\sin\alpha_1 \\ \cos\alpha_1 \\ \sin 2\alpha_1 \\ -\cos 2\beta_1 \end{pmatrix} \tag{5-2}$$

式中，ρ_1，ρ_2 为分界面前后介质的密度。

当采用浅层地震波法检测时，通常入射夹角为零，即垂直入射，则式(5-2)可解为

$$\begin{cases} R_{PS}=T_{PS}=0 \\ P_{PP}=\dfrac{\rho_2 v_{P_2}-\rho_1 v_{P_1}}{\rho_2 v_{P_2}+\rho_1 v_{P_1}} \\ T_{PP}=\dfrac{2\rho_1 v_{P_1}}{2\rho_2 v_{P_2}+\rho_1 v_{P_1}} \end{cases} \tag{5-3}$$

对横波入射，同样可得到上述类似公式。因此，纵波和横波的反射与透射系数公式可简写为

$$\begin{cases} R=\dfrac{\rho_2 v_2-\rho_1 v_1}{\rho_2 v_2+\rho_1 v_1} \\ T=\dfrac{2\rho_1 v_1}{\rho_2 v_2+\rho_1 v_1} \end{cases} \tag{5-4}$$

由于纵波波速与岩土层介质的密度、剪切模量和体积模量有直接关系，而横波波速仅与岩土层介质的密度和剪切模量有关，即

$$\begin{cases} v_P=\sqrt{\dfrac{K+\dfrac{4G}{3}}{\rho}} \\ v_S=\sqrt{\dfrac{G}{\rho}} \end{cases} \tag{5-5}$$

式中，v_P，v_S 为纵波和横波的传播速度；ρ 为岩土层介质的密度；G 为剪切模量；K 为体积模量。将式(5-5)中纵波和横波的波速分别代入式(5-4)，则可得

$$\begin{cases} R_P=\dfrac{\sqrt{\left(K_2+\dfrac{4G_2}{3}\right)\rho_2}-\sqrt{\left(K_1+\dfrac{4G_1}{3}\right)\rho_1}}{\sqrt{\left(K_2+\dfrac{4G_2}{3}\right)\rho_2}+\sqrt{\left(K_1+\dfrac{4G_1}{3}\right)\rho_1}} \\ T_P=\dfrac{2\sqrt{\left(K_1+\dfrac{4G_1}{3}\right)\rho_1}}{\sqrt{\left(K_2+\dfrac{4G_2}{3}\right)\rho_2}+\sqrt{\left(K_1+\dfrac{4G_1}{3}\right)\rho_1}} \end{cases} \tag{5-6}$$

$$\begin{cases} R_S=\dfrac{\sqrt{G_2\rho_2}-\sqrt{G_1\rho_1}}{\sqrt{G_2\rho_2}+\sqrt{G_1\rho_1}} \\ T_S=\dfrac{2\sqrt{G_1\rho_1}}{\sqrt{G_2\rho_2}+\sqrt{G_1\rho_1}} \end{cases} \tag{5-7}$$

式中，R_P，T_P为纵波的反射系数和透射系数；R_S，T_S为横波的反射系数和透射系数；G_1，G_2为分界面前后岩土层介质的剪切模量；K_1，K_2为分界面前后岩土层介质的体积模量。

由上述公式可知，地震波反射和透射的强弱与分界面前后岩土层介质的物理性质直接相关，见表5-1。当地震波从软岩入射到硬岩时，其反射系数为正；反之，反射系数为负。当分界面处岩土介质的波阻抗差异很大时，则反射较强，透射较弱；反之，反射较弱，透射较强。当分界面后方介质中存在水体时，由于水体的剪切模量为零，纵波能够透过水体继续向前传播，横波则会被全部反射回来，形成明显的反射信号。因此，与纵波相比，横波对岩溶富水体的检测效果更为显著。

表5-1　常见岩土介质波阻抗

名　称	密　度/(kg·m^{-3})	纵波波速/(m·s^{-1})	波阻抗/(kg·m^{-2}·s^{-1})
水	1.00×10^3	1.40×10^3～1.60×10^3	1.40×10^6～1.60×10^6
砂质黏土	1.40×10^3～1.80×10^3	0.30×10^3～0.90×10^3	0.42×10^6～1.62×10^6
黏　土	1.50×10^3～2.20×10^3	1.20×10^3～2.50×10^3	1.80×10^6～5.50×10^6
页　岩	2.10×10^3～2.80×10^3	1.30×10^3～4.00×10^3	2.73×10^6～1.12×10^7
砂　岩	1.80×10^3～2.80×10^3	2.40×10^3～4.20×10^3	4.32×10^6～1.18×10^7
灰　岩	2.30×10^3～3.00×10^3	2.00×10^3～6.10×10^3	4.60×10^6～1.83×10^7
白云岩	2.40×10^3～2.90×10^3	2.50×10^3～5.00×10^3	6.00×10^6～1.45×10^7
花岗岩	2.30×10^3～3.10×10^3	2.70×10^3～6.50×10^3	6.21×10^6～2.02×10^7

5.1.1.2　现场检测方法

浅层地震反射波法通过追踪层位并连续有效地获取地下构造信息，需要按照一定规则布置激发点和接收排列，激发点和接收排列的位置关系称为观测系统。激发点的排列方式分为单边激发和中间激发；接收点的排列方式分为单次观测和多次覆盖。

实际浅层地震勘探中，为避免激发点对地面破坏而影响检波器的埋置，通常采用单边激发的形式。同时，为减弱近地表震动的干扰，通常采用多次覆盖的形式。因此，单边激发多次覆盖观测系统是目前较为常见的地震反射波检测观测系统，如图5-1所示。在观测系统中，有N个检波器接收地震记录，称为N道接收（N常取12、24或48）；Δx为相邻两道检波器的间距，称作道间距；x_{min}为激发点到第一个检波点的距离，称作最小偏移距（或最小炮检距）；x_{max}为激发点到最后一个检波点的距离，称作最大偏移距（或最大炮检距）。通常各项采集参数之间满足式(5-8)的要求。

$$x_{max}=x_{min}+(N-1)\cdot\Delta x \tag{5-8}$$

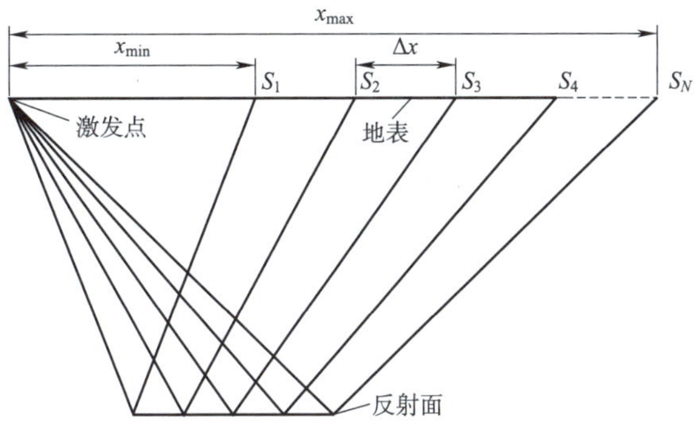

图 5-1　浅层地震反射波法常见观测系统

5.1.1.3　典型异常区反射波图普特征

1. 地层分界面

地层分界面反射波波形特征如图 5-2 所示，地层分界面处反射波同相轴相对连续，反射波振幅增大，振动频率发生改变。当地层分界面为土石分界面时，下层介质的波阻抗大于上层介质的波阻抗，反射波相位为正，振动频率增大；当地层分界面为软弱岩层时，下层介质的波阻抗小于上层介质的波阻抗，反射波相位为负，振动频率降低。

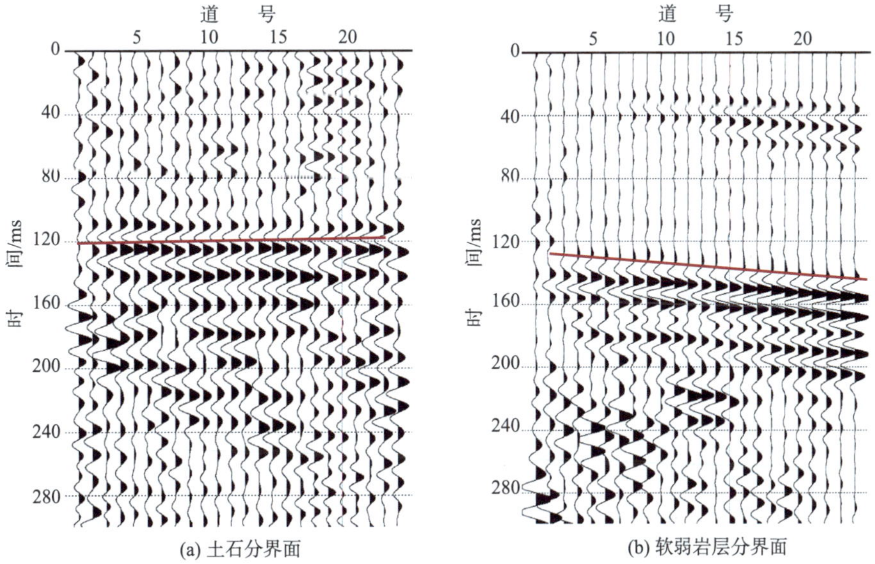

图 5-2　地层分界面反射波波形特征

2. 断层构造

断层构造反射波波形特征如图 5-3 所示，断层构造处反射波同相轴不连续，同相轴存在明显的错断现象，且错断区域附近反射波形相对杂乱，表明断层构造处岩土体相对破碎。此外，根据反射波同相轴的错断方向，可大致判识出图 5-3 断层的倾向特征。

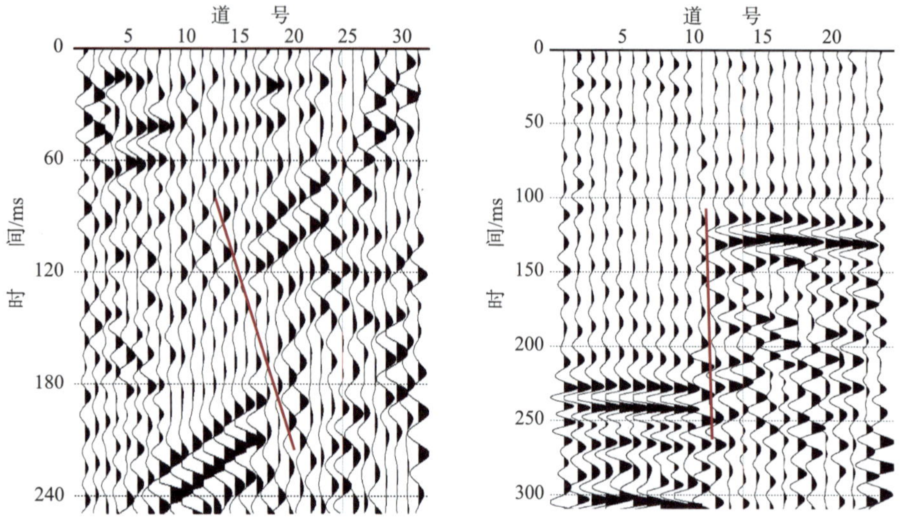

(a) 斜向断层　　(b) 竖向断层

图 5-3　断层构造反射波波形特征

3. 岩溶发育区

岩溶发育区反射波波形特征如图 5-4 所示，岩溶区反射波同相轴不连续，上部边缘强反射的相位为负，且内部反射波能量衰减较快。当典型岩溶区为溶蚀破碎带时，其外部轮廓边界相对模糊，内部存在强反射区域；当典型岩溶区为岩溶洞穴时，其外部轮廓相对清晰，内部不存在强反射区域或强反射区域较小。

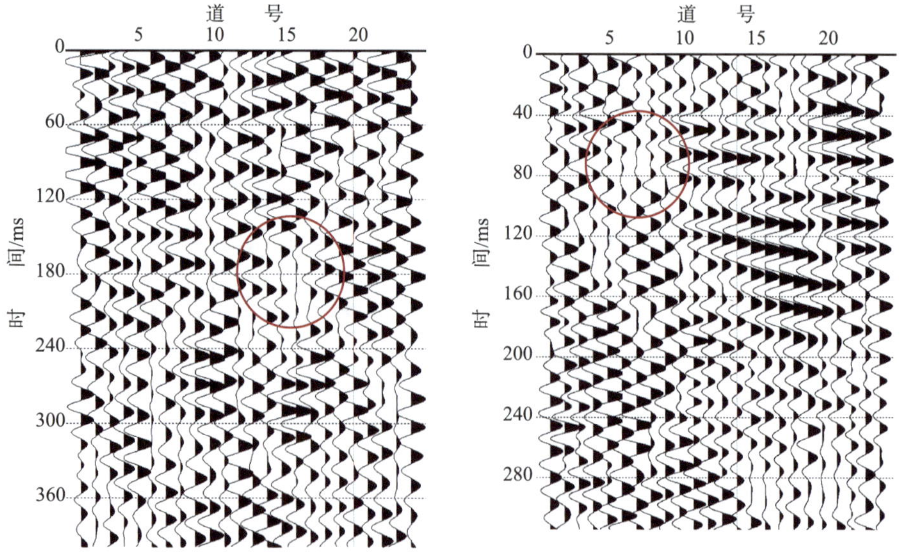

(a) 溶蚀破碎带　　(b) 岩溶洞穴

图 5-4　岩溶发育区反射波波形特征

5.1.2　瑞雷波法

5.1.2.1　检测原理

1. 产生机理

瑞雷波(R 波)和拉夫波(L 波)同属面波范畴，瑞雷波在面波振动波组中能量最强、振幅最大、频率最低，且集中于介质表面，不仅易识别，也易测量，面波检测一般多指瑞雷波检测技术。瑞雷波产生原理是由于质点间惯性和弹性相互作用，使体波在惯性力和弹性力条件下产生全反射和干涉作用，并沿着介质表面向前传播。同时，在瑞雷波传播过程中，质点的运动轨迹呈椭圆极化，长轴垂直于地面，旋转方向为逆时针，传播时以波前面约为一个高度λ_R(一个波长)的圆柱体向外扩散(图 5-5)。

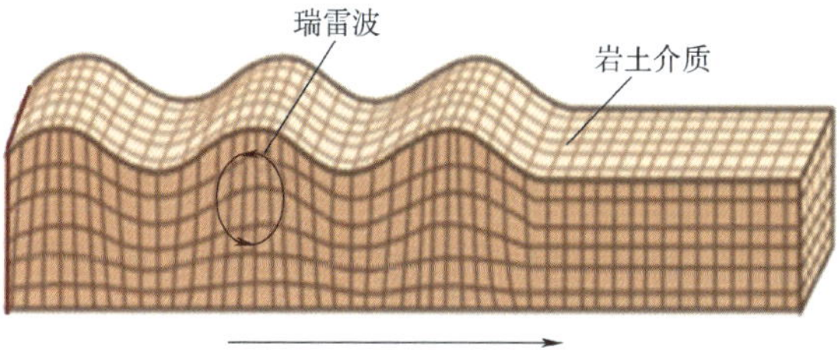

图 5-5　瑞雷波传播方式

根据岩土体弹性理论，瑞雷波的波动方程为

$$\left(\frac{v_R}{v_S}\right)^6-8\times\left(\frac{v_R}{v_S}\right)^4+8\times\left[3-2\left(\frac{v_S}{v_P}\right)^2\right]\left(\frac{v_R}{v_S}\right)^2-16\times\left[\left(\frac{v_S}{v_P}\right)^2-1\right]=0 \tag{5-9}$$

式中，v_R 为瑞雷波波速；v_S 为横波波速；v_P 为纵波波速。

2. 检测依据

瑞雷波检测技术主要基于瑞雷波以下几种自身特性来实现。

(1)在层状地层介质中，瑞雷波的波速存在频散特性。在均匀弹性介质中瑞雷波的速度是常数；在非均匀弹性介质中，不同频率振动的速度传播不同，一定的频率对应一定的波长，即对应一定的地层深度，也即瑞雷波的频率—速度频散特性。当瑞雷波在传播过程中遇到波阻抗界面时，其频散曲线将会发生畸变，据此达到探测地下不同波阻抗界面的目的。

(2)瑞雷波的能量大多集中在距震源第一个半波长内，且以半波长范围内介质震动的平均速度进行传播。因此，采用瑞雷波检测时，其检测深度为半个波长。假设探测深度为 h，频率为 f，瑞雷波的波长为 λ_R，波数为 k，提取的峰值谱对应频率为 f_R，得出波长与速度及频率关系式为

$$h=\frac{\lambda_R}{2}=\frac{v_R}{2f_R} \tag{5-10}$$

$$k=\frac{1}{\lambda_R} \tag{5-11}$$

$$v_R=\frac{f_R}{k} \tag{5-12}$$

(3)瑞雷波波速 v_R 与横波波速 v_S 接近,且与地层的泊松比有关。工程中横波(S 波)和纵波(P 波)与岩土体物理力学性质的相关程度密切,这是纵横波测试技术应用于工程勘测的基础。此外,纵波波速 v_P、横波波速 v_S 与瑞雷波波速 v_R 之间的转换关系为

$$\frac{v_S}{v_P}=\sqrt{\frac{1-2\sigma}{2(1-\sigma)}} \tag{5-13}$$

$$\frac{v_R}{v_S}=\frac{0.87+1.12\sigma}{1+\sigma} \tag{5-14}$$

式中,σ 为泊松比。对于岩土体来说,其泊松比多为 0.25~0.50,所以 v_R/v_S 值常取 0.9~1.0。因此,只需测出瑞雷波波速 v_R,便可利用式(5-13)和式(5-14)求得横波波速 v_S 或纵波波速 v_P,进而获得所测地层的物理力学指标。

(4)瑞雷波与纵波和横波相比,能量较强,波速较小,易分辨,且分辨率高,重复性好。在地震波传播过程中,纵波与横波的能量按 $1/r^2$ 的规律衰减(r 为震源到波前的距离);而瑞雷波的能量按 $1/\sqrt{r}$ 的比例缓慢衰减,比体波能量衰减慢得多。因此,瑞雷波勘探具有较高的精确性和稳定的重复性,可适用于多种岩土体的工程检测。

5.1.2.2 现场检测方法

根据激振方式的不同,瑞雷波勘测可分为稳态法和瞬态法两种类型。其中,稳态法使用电磁激振器等装置产生单一频率的瑞雷波进行测试;瞬态法则在地面施加一瞬时冲击荷载,产生一定频率范围的瑞雷波。相比而言,稳态法的发展和应用历史较长,也较为成熟,但其激振设备笨重,不利于提高效率;瞬态法具有分辨率高、抗干扰能力强、轻便快捷等特点,现阶段较为常用。

多道瞬态瑞雷波勘测现场数据采集与常规地震勘探使用的多道观测系统相似,即在地面沿波的传播方向,以一定的道间距 Δx 设置 $N+1$ 个检波器,可检测到瑞雷波在 $N\Delta x$ 范围内的传播过程,如图 5-6 所示。假设瑞雷波的频率为 f,相邻检波器记录的瑞雷波时间差为 Δt(或相位差为 $\Delta\varphi$),则相邻道长度内瑞雷波的传播速度为

$$v_R=\frac{\Delta x}{\Delta t} \text{或} v_R=\frac{2\pi\Delta x f}{\Delta\varphi} \tag{5-15}$$

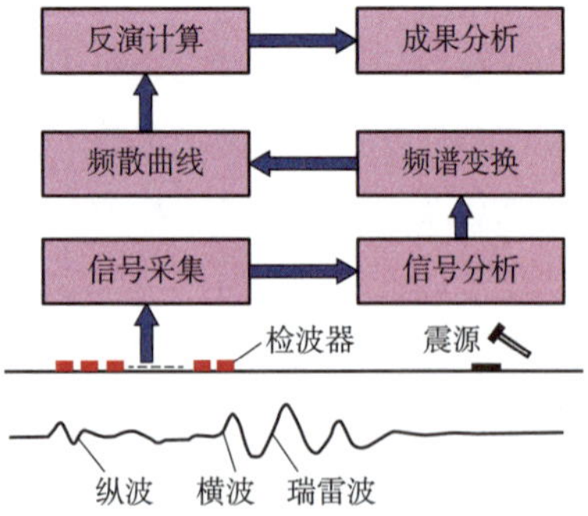

图 5-6　多道瞬态瑞雷波勘测流程

在测量长度 $N\Delta x$ 范围内的平均波速为

$$v_R = \frac{N\Delta x}{\sum_{i=1}^{N}\Delta t_i} \text{ 或 } v_R = \frac{2\pi N\Delta x f}{\sum_{i=1}^{N}\Delta \varphi_i} \tag{5-16}$$

在同一地段测量出一系列频率和对应的 v_R 值，可得出 v_R—f 曲线，即瑞雷波的频散曲线，频散曲线的变化规律与地质条件存在内在联系。通过频散曲线分析，即可划分出地层介质的分布状态，并反演出地层剖面波速信息。但需要指出，为获取高质量的现场观测数据，在瑞雷波勘测时，需注意以下问题：

(1)应尽量使用频带较宽的脉冲震源。主要由于瑞雷波的低频分量特征反映了岩土体的深层信息，而高频分量特征则反映了岩土体的浅层信息。当需要对地下几十米内岩土体进行分层时，就需要脉冲震源有足够宽的频带。

(2)应选择相匹配的检波器。理想情况下，瑞雷波检波器的频响特性，应具有从 0 Hz 到数百赫兹甚至上千赫兹的宽频特征，但实际工程应用中难以做到，可将不同频率的检波器(如 4 Hz、38 Hz和 100 Hz)配合使用，降低影响。

(3)采集过程应尽量避免滤波处理。现阶段常用的滤波方法会损失瑞雷波携带的有用信息，并改变原有检测数据的相位特性，从而对瑞雷波频散曲线的计算产生不利影响，造成检测结果不准确。

(4)应选择合适的观测系统参数。主要包括时间采样率、采样长度、道间距、偏移距和记录道数等，常根据检测层的深度、厚度或目标体的尺寸来确定。其中，展开排列长度应不小于最大检测深度，道间距应不大于所检最小地层的厚度。

总之，瑞雷波法检测技术主要根据瑞雷波在不均匀介质传播过程中的频散曲线特征、模态特征、频谱结构等信息变化，综合评价岩土介质的均匀性、分层性、力学特性等，分析相对波速异常区的分布情况。

5.1.2.3　典型异常区瑞雷波频谱特征

1. 波速递增型地层

波速递增型地层的瑞雷波频谱特征及波速信息见图 5-7 和表 5-2，瑞雷波的基阶波能量占主导地位，无明显的高阶波干扰现象，v_R—h 曲线中没有出现“之”字形回折；地层波速呈现逐步增长趋势。因此，当岩溶区地层中出现类似瑞雷波频谱特征时，表明该处地层无明显灾害异常区，岩溶不发育或弱发育。

表 5-2　波速递增型地层波速信息

层　号	泊 松 比	瑞雷波速/($m\cdot s^{-1}$)	横波波速/($m\cdot s^{-1}$)	纵波波速/($m\cdot s^{-1}$)	厚　度/m
1	0.35	388	415	864	0～0.83
2	0.31	448	482	919	0.83～2.20
3	0.29	484	523	961	2.20～5.40
4	0.27	568	615	1 096	5.40 以下

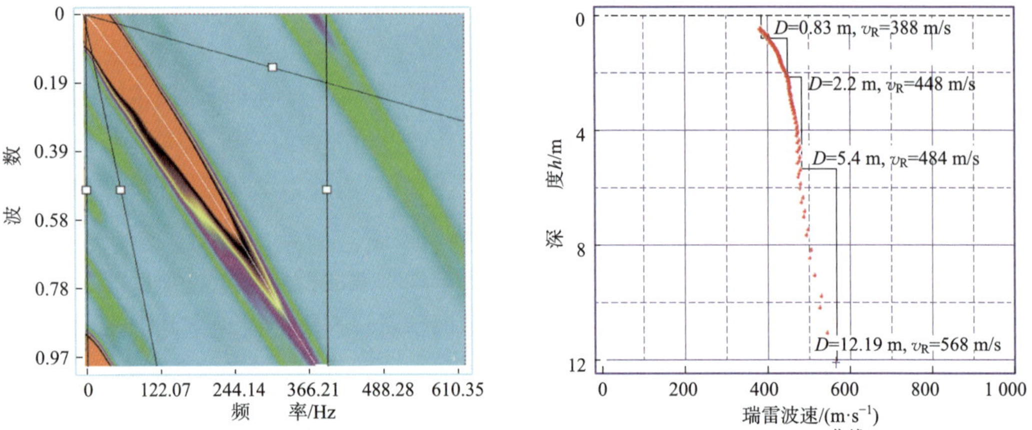

(a)频率—波数曲线 (b) v_R—h曲线

图 5-7 波速递增型地层瑞雷波频谱特征

2. 含低速区地层

含低速区地层的瑞雷波频谱特征及波速信息见图 5-8 和表 5-3，瑞雷波的基阶波和高阶波同时存在，且彼此相互叠加产生耦合作用，v_R—h 曲线中出现明显的“之”字形回折；地层波速在第 2、3 层中出现明显的波速降低现象。因此，当岩溶区地层出现类似瑞雷波频谱特征时，表明该处地层存在明显波速异常，且异常区可能为软弱岩层、断层破碎带或岩溶灾害等。当异常区为软弱岩层时，低速区多呈条带状分布，且分布范围一般较大，波速变化较小；当异常区为断层破碎带时，低速区多呈片状或条状分布，波速分布相对杂乱；当异常区为岩溶灾害时，低速区多呈片状分布，且分布范围相对较小，波速越靠近岩溶区中心区域越小。

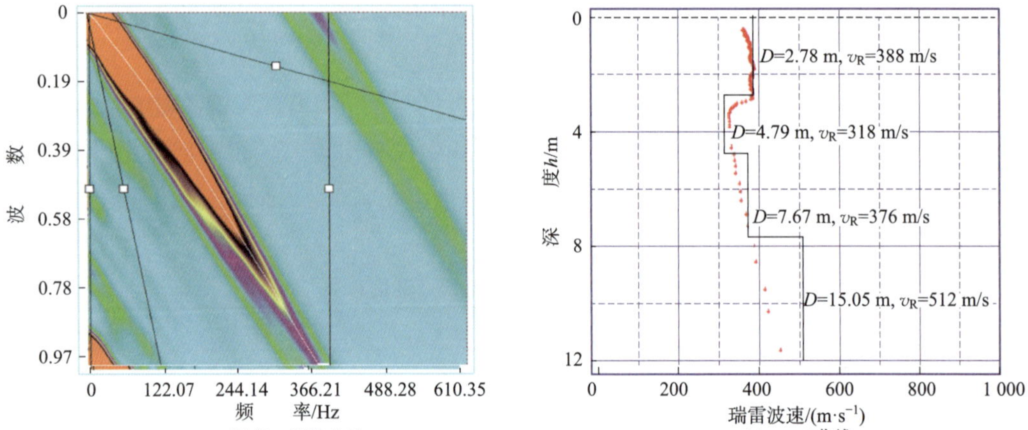

(a)频率—波数曲线 (b) v_R—h曲线

图 5-8 含低速区地层瑞雷波频谱特征

表 5-3　含低速区地层波速信息

层　号	泊 松 比	瑞雷波速/(m·s^{-1})	横波波速/(m·s^{-1})	纵波波速/(m·s^{-1})	厚　度/m
1	0.35	388	415	864	0～2.78
2	0.36	318	340	726	2.78～4.79
3	0.35	376	402	838	4.79～7.67
4	0.29	512	553	1 017	7.67 以下

3. 含高速区地层

含高速区地层的瑞雷波频谱特征及波速信息见图 5-9 和表 5-4，瑞雷波同样易激发出高阶模式，致使基阶波和高阶波相互叠加，发生耦合作用，并在 $v_R—h$ 曲线中出现“之”字形回折；地层波速在第 2 层中出现明显的波速增高现象。因此，当岩溶地层中出现类似瑞雷波频谱特征时，表明该处地层相对坚硬，强度较高，可能存在硬质岩层或溶蚀孤石等。

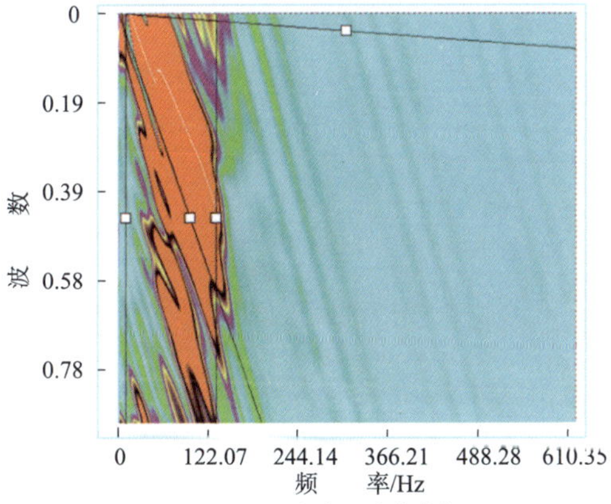

(a)频率—波数曲线

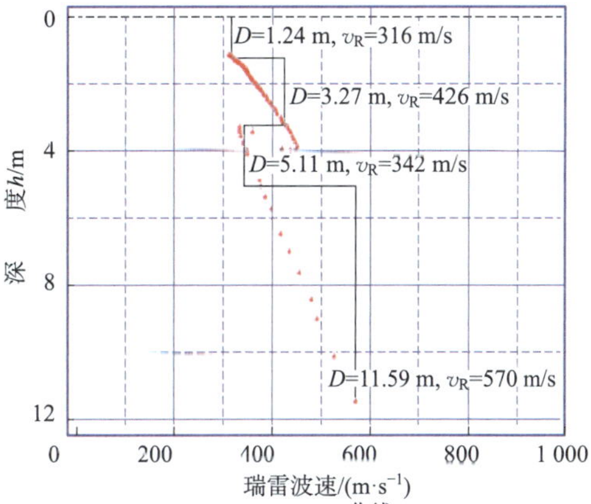

(b) $v_R—h$曲线

图 5-9　含高速区地层的瑞雷波频谱特征

表 5-4　含高速区地层波速信息

层　号	泊 松 比	瑞雷波速/(m·s^{-1})	横波波速/(m·s^{-1})	纵波波速/(m·s^{-1})	厚　度/m
1	0.36	316	337	721	0～1.24
2	0.32	426	458	890	1.24～3.27
3	0.36	342	365	781	3.27～5.11
4	0.27	570	617	1 100	5.11 以下

5.1.3　地质雷达法

5.1.3.1　检测原理

1. 基本理论

地质雷达(ground penetrating radar，简称 GPR)可通过在岩土体表面的发射天线向岩土体内部发射高频电磁波，频率范围一般介于(1～1 000) MHz之间。当岩土体内部含有地质异常区时(如岩层分界面、岩溶发育区、断层破碎带及裂隙、岩溶富水区等)，由于这些地质异常区与原有岩土介质一般存在电性差异，从而形成电性差异分界面，而高频电磁波会在该电性差异分界面上发生反射，形成反射波并反射到岩土体表面，由接收天线接收。因此，根据电磁波在岩土体介质中的传播时间(也称双程走时)、幅度及波形等，便可以准确推断出岩土体内部电性质异常区的位置、形态与范围，如图 5-10 所示。

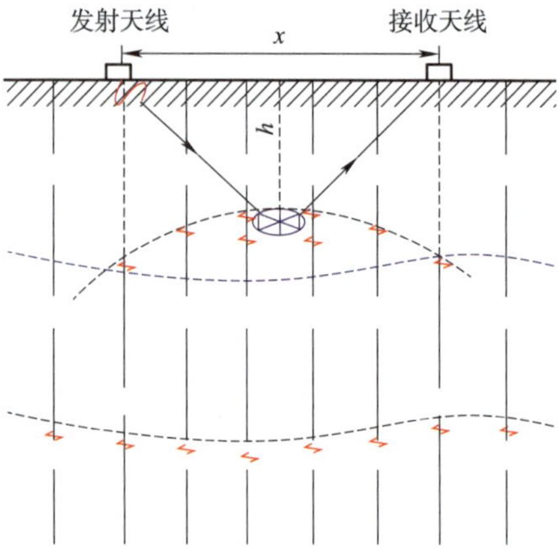

图 5-10　地质雷达探测原理

根据电磁波双程走时特点，其传播时间可由式(5-17)得出。

$$t=\frac{\sqrt{4h^2+x^2}}{v} \tag{5-17}$$

$$v=\frac{c}{\sqrt{\varepsilon}} \tag{5-18}$$

当 $h \gg x$ 时，则岩土体异常区所在的地层深度可简化为

$$h \approx \frac{ct}{2\sqrt{\varepsilon}} \tag{5-19}$$

式中，h 为异常区的埋深；x 为发射天线与接收天线的距离；v 为电磁波在岩土体介质中的传播速度；ε 为介质的相对介电常数；c 为电磁波在真空中的传播速度。

由式(5-17)～式(5-19)可知，岩土体介质相对介电常数的大小对计算电磁波在介质中的传播速度和测定异常区所在深度有着决定性的意义，是地质雷达探测的重要技术参数。常见介质电性质参数见表 5-5。

2. 电磁波传播特征

电磁波在介质中的传播特征与地震反射波类似，当遇到不同电磁波阻抗界面时，同样会出现电磁波的反射与透射现象。根据电磁波的反射与透射定理，电磁波的反射与透射系数可用式(5-20)表示。

$$\begin{cases} R=\dfrac{\sqrt{\varepsilon_2}-\sqrt{\varepsilon_1}}{\sqrt{\varepsilon_1}+\sqrt{\varepsilon_2}} \\ T=\dfrac{2\sqrt{\varepsilon_1}}{\sqrt{\varepsilon_1}+\sqrt{\varepsilon_2}} \end{cases} \tag{5-20}$$

式中，ε_1，ε_2为反射界面两侧的相对介电常数。

表 5-5　常用介质电性质参数

介质类型	相对介电常数	电磁波波速/(m·μs⁻¹)
空　气	1	300
黏　土	3～40	47～173
砂　岩	2～6	112～212
石　英	4.3	145
页　岩	4～16	75～150
灰　岩	7～9	100～113
白 云 岩	7～8	106～113
水	81	33

由式(5-20)可知,电磁波反射的强弱主要取决于界面两侧介质相对介电常数的差异程度。相对介电常数差异越大,电磁波反射系数的绝对值越大,异常区就越明显。通常,就岩溶异常区而言,岩土体的相对介电常数 ε_1 介于 3～10,若其内部存在空溶洞(ε_2 取 1)或富水岩溶(ε_2 取 81)时,则 ε_1 与 ε_2 差异较大,岩溶区域就易于探测。

但岩土介质并非电磁波传播的理想介质,电磁波在岩土层传播时,电磁场强度会迅速衰减,使得地质雷达探测深度受限。电磁波强度一般表现为随传播距离增加呈现指数性衰减,其衰减规律可表示为

$$E(r,t)=E_0\mathrm{e}^{-\beta r}\cos(\omega t-\alpha r) \tag{5-21}$$

式中,E_0 为初始电磁场强度;α 为相位系数;β 为衰减系数;r 为传播距离;ω 为角频率。

3. 地质雷达分辨率

地质雷达的分辨率是指地质雷达能够清楚识别出异常区的最小尺寸,一般分为垂直分辨率和水平分辨率。垂直分辨率是地质雷达垂直方向上可区分的最薄层次,理论上可采用电磁波主频波长的 1/8 作为垂直分辨率的极限,但实际工程应用中,受到外界干扰,一般把波长的 1/4 作为其下限;水平分辨率指地质雷达沿测线移动时,其所能分辨异常区的最小横向尺寸,可由第一菲涅尔带直径确定。地质雷达的垂直分辨率与水平分辨率可表示为

$$d_{垂直}=\frac{\lambda}{4}=\frac{c}{4f\sqrt{\varepsilon}} \tag{5-22}$$

$$d_{水平}=\sqrt{\frac{\lambda h}{2}}=\sqrt{\frac{ch}{2f\sqrt{\varepsilon}}} \tag{5-23}$$

由式(5-22)和式(5-23)可知,地质雷达的垂直分辨率和水平分辨率均与电磁波的频率有关,即电磁波频率 f 越高,$d_{垂直}$ 与 $d_{水平}$ 就越小,则分辨能力越强。同时,水平分辨率 $d_{水平}$ 不仅与电磁波的频率有关,还随异常区深度 h 的增加而变大,即水平分辨能力降低。表 5-6 为常用天线分辨率对比情况。

表 5-6　不同频率雷达天线探测参数

天线频率/MHz	探测深度/m	横向探测尺寸/m	探测目标
100	8.0～30.0	1.48	岩土体不良地质
200	3.0～8.0	0.85	岩土体不良地质
400	1.0～4.0	0.42	结构检测或小型不良地质
900	1.0～1.2	0.20	建构筑物结构检测
1 600	0.6～0.8	0.13	建构筑物结构检测

5.1.3.2　现场检测方法

1. 检测方式

地质雷达的现场检测方式是通过地质雷达天线在工作区表面移动，来获取岩土体内部的地质剖面信息。地质雷达的检测模式可分为连续测量模式、点测模式和测量轮模式 3 种，连续测量模式指雷达天线按照设定好的发射频率和功率，连续不断地向目标地层中发射电磁入射波，同时连续不断地接收反射波；点测模式指采用人工逐点激发的方式，人工激发一次，就发射并接收一次电磁波。当前岩土工程地质雷达探测主要采用连续测量模式和点测模式。

连续测量模式的优点是能连续不断地对电磁信号进行采集，并在时窗剖面上形成直观的信号剖面图，可适时地对连续剖面进行观察。连续测量模式对探测场地的开阔度有一定要求，对空间狭小的场地，连续测量模式并不适用。

点测模式的优点是根据探测人员自身的判断，选择激发与否。当测点的数量较大时，在时窗剖面上会形成一条连续的信号剖面。对于狭小的现场探测空间，点测模式非常适用，可弥补连续测量模式的不足。

一般地，连续测量模式与点测模式配合使用，而测量轮模式主要在场地平整区域使用。

2. 参数选取

地质雷达现场检测时，需要根据现场实际条件，合理确定雷达的主要参数，如雷达天线的中心频率、采样视窗、采样间隔等，这些参数的合理选取，对提高地质雷达检测精度和准确性有重要意义。

雷达天线中心频率的选取，需兼顾目标异常体的深度与尺寸，在满足分辨率和场地条件的要求下，尽量使用分辨率较低的雷达天线。当空间分辨率为 x 时，雷达天线的中心频率 f 可由式(5-24)确定。

$$f=\frac{150}{x\sqrt{\varepsilon}} \tag{5-24}$$

采样时窗选取时，主要取决于最大探测深度 h_{max} 与电磁波在岩土介质中的波速 v。时窗大小可由式(5-25)估算。

$$\omega=1.3\times\frac{2h_{max}}{v} \tag{5-25}$$

采样间隔可由尼奎斯特采样定理推算，为使记录波形更为完整，通常将采样率取雷达天线中心频率的 6 倍计算。由此，当天线的中心频率为 f 时，采样时窗为

$$\Delta t=\frac{1\ 000}{6f} \tag{5-26}$$

3. 数据采集

地质雷达数据的现场采集主要注意以下几方面。

(1)根据测试场区岩土体的实际情况，选取相应频率的雷达天线或天线组合，并调整相关测试参数。

(2)应结合测试场区地形情况，布置雷达测线，一般采用直线形、井字形或网格形。

(3)数据采集时，应尽量避免现场带电设备对雷达数据的干扰。

(4)移动天线时，应尽量紧贴岩土表面，移动速度保持匀速缓慢。

5.1.3.3　典型异常区地质雷达图谱特征

1. 岩土分界面

岩土分界面雷达图谱特征如图 5-11 所示，电磁波由土层进入岩层时，其波形一般振幅增大，产生强反射信号。当岩土分界面相对均匀、起伏不大时，电磁波同相轴相对连续；当岩土分界面不均匀、起伏较大时，电磁波同相轴不连续，且随岩土分界面起伏变化。此外，由于土层介电常数易受降雨等因素影响，变化范围一般较大，当其介电常数大于下部岩层介电常数时，电磁波产生负反射；当其介电常数小于下部岩层介电常数时，电磁波产生正反射；当其介电常数等于或接近于下部岩层介电常数时，电磁波阻抗差异不明显，电磁波波形变化不大，无明显反射现象。

2. 断层构造

断层构造雷达图谱特征如图 5-12 所示，发育区域内电磁波波形相对杂乱，反射波频率发生变化，存在明显的强反射区域，电磁反射波同相轴不连续，存在明显的错断现象。当断层处岩体较为破碎时，岩体的孔隙率和含水率相对较大，断层区域介质的电特征差异明显，致使电磁波进入该区域后，其反射波振幅增大，整体波形较为紊乱，有时还伴有绕射现象；当断层处岩体较为完整时，雷达反射波在该区域多呈现出同相轴错断现象。

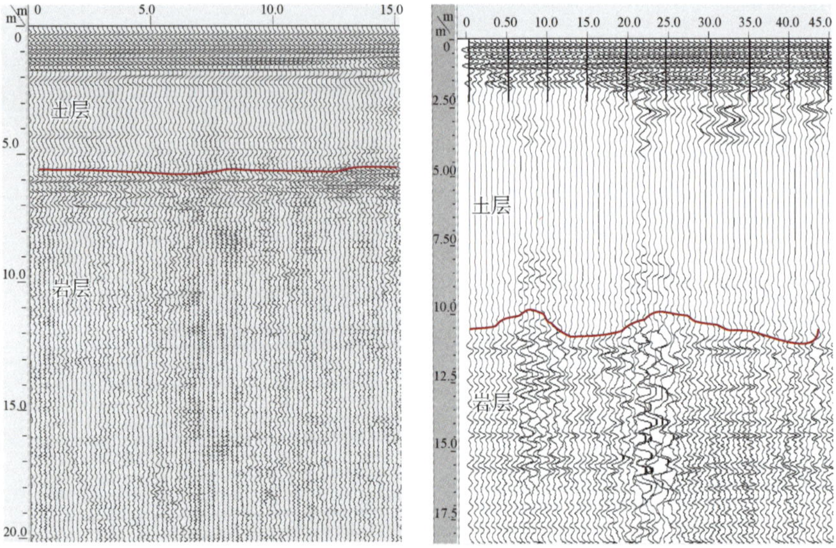

(a) 均匀地层分界面　　(b) 起伏地层分界面

图 5-11　岩土分界面雷达图谱特征

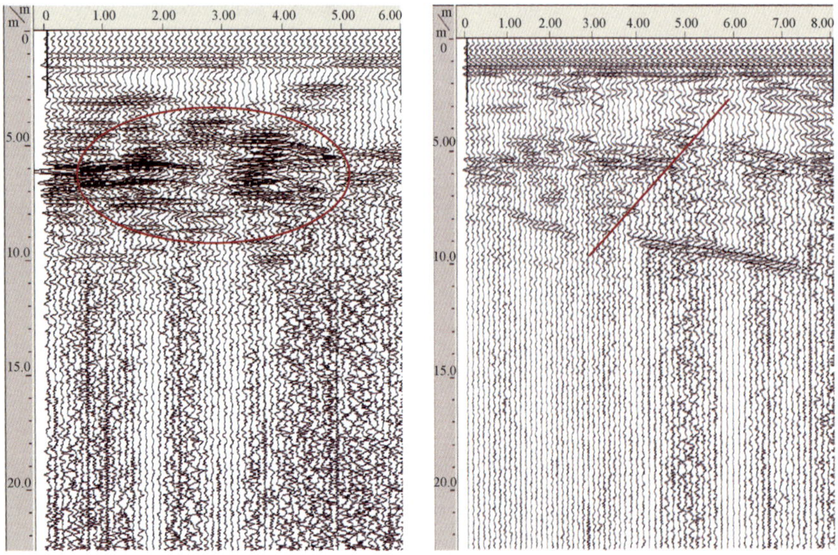

(a) 断层破碎带　　(b) 断层错断

图 5-12　断层构造雷达图谱特征

3. 岩溶发育区

岩溶发育区雷达图谱特征如图 5-13 所示，雷达反射波波形具有明显的区域分布差异特征，其外部轮廓处反射波波形一般振幅较大，内部区域因受所含介质的电性特征影响，各类岩溶的雷达反射波波形有一定的差异。当岩溶发育区为溶蚀破碎带时，其雷达反射波的外部轮廓相对模糊，内部反射波形相对杂乱，局部存在强反射区域；当岩溶发育区为洞穴型岩溶时，其雷达反射波的外部轮廓相对清晰，且表现为负反射特征，而其内部有明显的强反射区域，振幅较大，同相轴相对连续，频率由低频向高频转化；当岩溶发育区为充填型岩溶时，其雷达反射波的外部轮廓相对模糊，多表现为正反射特征，内部存在强反射区域，波形相对杂乱，同相轴不连续；当岩溶发育区为富水型岩溶时，其雷达反射波的外部轮廓相对清晰，且表现为正反射特征，其内部存在明显的强反射区域，振动幅值较大，同相轴相对连续，频率由高频向低频转化。

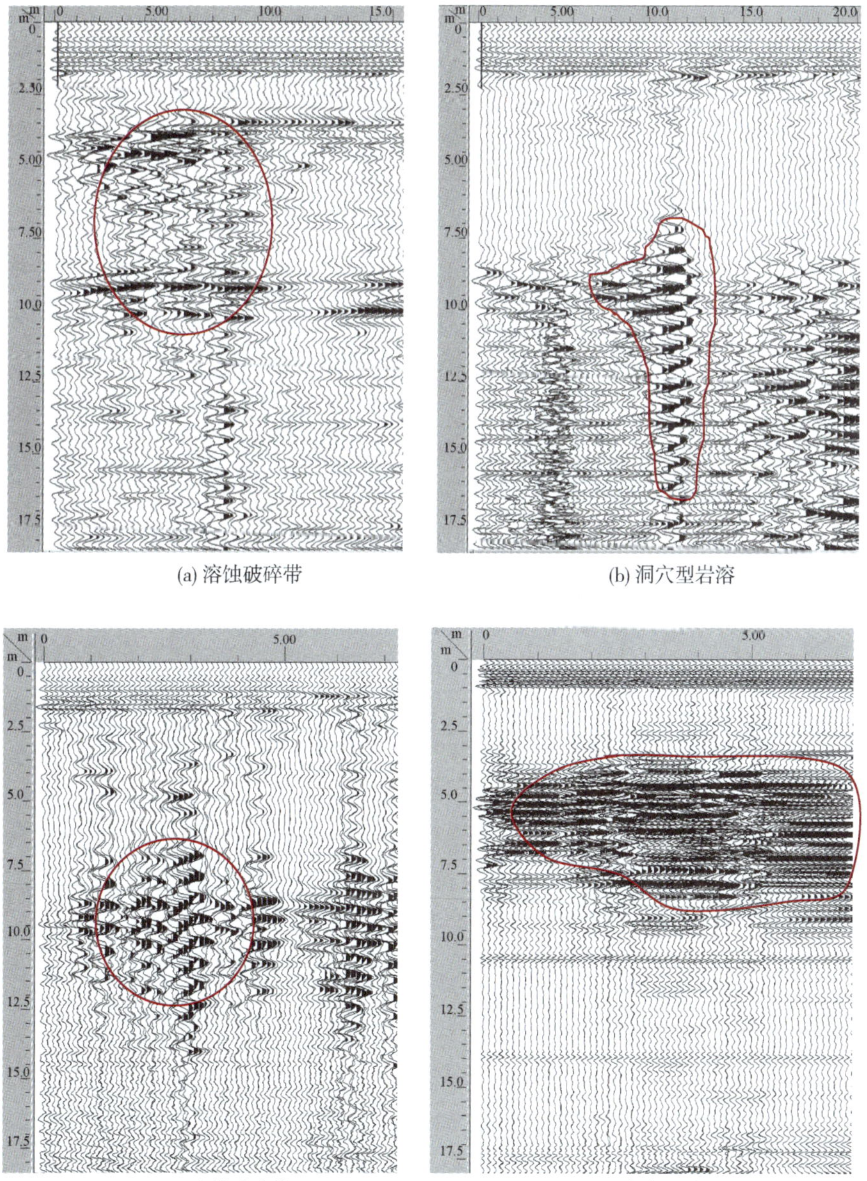

(a) 溶蚀破碎带　　(b) 洞穴型岩溶

(c) 充填破碎带　　(d) 富水区域

图 5-13　岩溶发育区雷达图谱特征

5.2 潜在异常区综合识别

1. 岩溶异常区识别效果

由于不同的检测方法，具有各自不同的技术特点。因此，在实际岩土工程检测中，不同检测技术对异常区的识别效果存在明显的差异性。如浅层地震反射波技术的检测深度一般为 50～100 m，分辨率相对较低，对层状结构面具有明显的识别优势，但对小型体状物的识别效果一般；瑞雷波技术的检测深度一般为 10～25 m，分辨率相对一般，虽然可对岩土体进行波速扫描分析，但对波速异常区介质性质的识别相对模糊；地质雷达技术的检测深度为 15～30 m，分辨率相对较高，对相对介电常数变化较大的异常区域，其识别效果较有优势，但对相对介电常数变化不明显的区域，其识别效果相对较差。

通过分析岩溶路基边坡内部常见异常体的类型与特点，以及地震反射波法、瑞雷波法和地质雷达法对异常体识别效果的优劣比较，将 3 种检测技术对不同异常体的识别效果划分为 4 个等级，即优、良、中、差，并用 A、B、C、D 表示，见表 5-7。

表 5-7 常见异常区识别效果对比

常见异常区	异常区识别效果		
	地震反射波法	瑞雷波法	地质雷达法
地层分界面	A	A	B
断层构造	A	D	A
溶蚀破碎带	B	B	B
软弱岩层	B	A	C
岩溶(洞穴型)	C	C	A
岩溶(充填型)	D	B	B
岩溶(富水型)	D	C	A

2. 综合检测识别体系

在对岩溶路基边坡内部岩土异常区进行检测时，单一的地球物理检测手段，检测结果一般具有多解性(图 5-14)。因此，采用单一检测技术时常难以保证识别结果的准确性，需借助多种检测手段相互补充，以求达到取长补短的效果，得到相对单一准确的识别结果(图 5-15)。

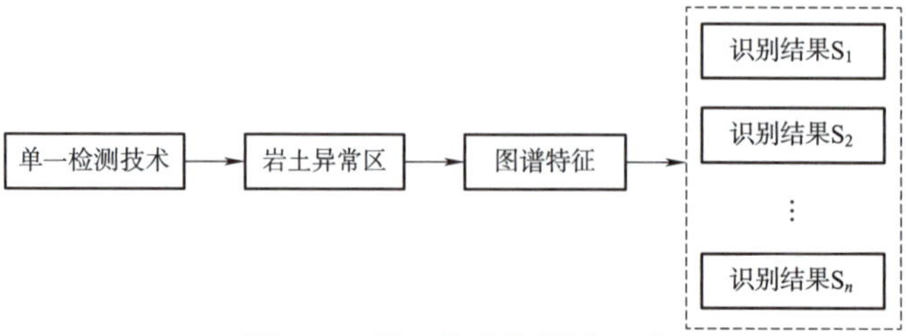

图 5-14 单一技术的检测识别

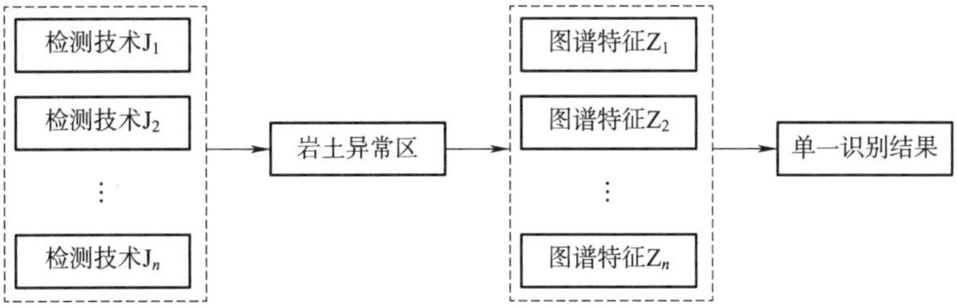

图 5-15　多种技术的检测识别

针对岩溶路基边坡潜在异常区的特点，通过地质分析和现场调查，运用地震反射波检测技术、瑞雷波检测技术和地质雷达检测技术等手段，实现对边坡地层信息综合识别，建立岩溶路基边坡综合检测体系，如图 5-16 所示。具体的识别项目包括：地层分界面、断层构造、溶蚀破碎带、软弱岩层、洞穴型岩溶、充填型岩溶和富水型岩溶等，以及确定出这些异常区的位置、规模和形态特征等。此外，对一些检测结果存在疑问的岩土异常区域，可通过补充其他检测手段或钻探取芯等方式进行识别，从而为路基边坡工程的建设和防灾提供更为详细的岩溶地质信息资料。

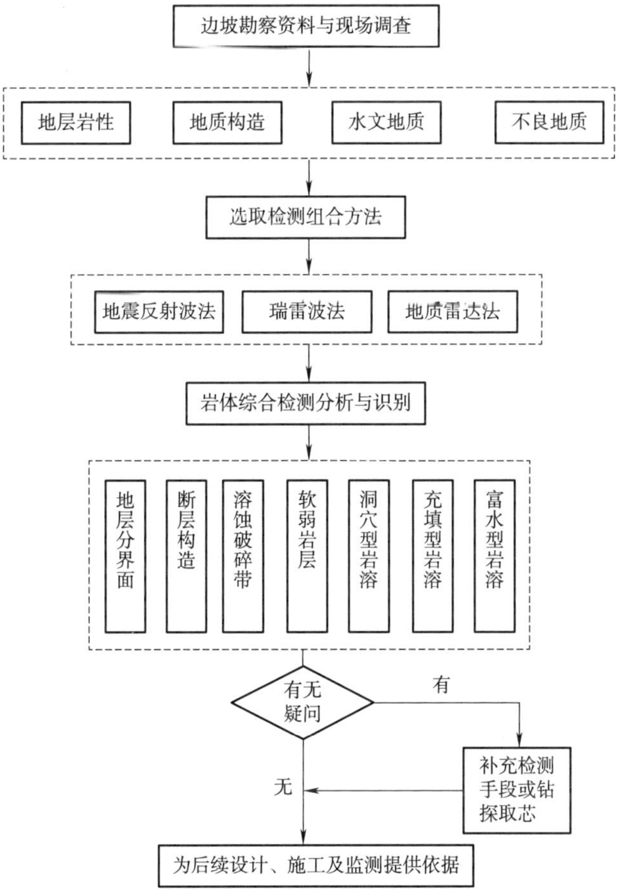

图 5-16　岩溶路基边坡综合检测体系

3. 潜在异常体分级评判

针对岩溶区坡体可能存在的异常体情况，结合勘察设计资料与现场调查资料、地震反射波特征、瑞雷波特征以及地质雷达图谱特征等指标因素，建立用于对地层分界面、断层构造、溶蚀破碎带(或溶蚀裂隙带)、软弱岩层、洞穴型岩溶、充填型岩溶和富水型岩溶的分级识别评判方法，见表5-8～表5-14。

表5-8 地层分界面分级判断

地层分界面	需考虑的指标			
	勘察与现场调查资料	地震反射波特征	瑞雷波特征	地质雷达图谱特征
界面明显	有地质分层信息	有明显线状正峰强反射波面	波速增大明显	有明显强反射波面
界面较明显		有较明显线状正峰强反射波面	波速增大较明显	有较明显强反射波面
界面不明显	无地质分层信息	线状正峰强反射波面不明显	波速增大不明显	强反射波面不明显
无分界面		无线状正峰强反射波面	无波速增大现象	无强反射波面

表5-9 断层构造分级判断

断层构造	需考虑的指标			
	勘察与现场调查资料	地震反射波特征	瑞雷波特征	地质雷达图谱特征
存　　在	有断层构造信息	有明显反射波同相轴错断现象	波速间断明显	有明显反射波同相轴错断现象
存在可能较大		有较明显反射波同相轴错断现象	波速间断较明显	有较明显反射波同相轴错断现象
存在可能较小	无断层构造信息	反射波同相轴错断不明显	波速间断不明显	反射波同相轴错断现象不明显
不 存 在		无反射波同相轴错断现象	无波速间断现象	无反射波同相轴错断现象

表5-10 溶蚀破碎带分级判断

溶蚀破碎带	需考虑的指标			
	勘察与现场调查资料	地震反射波特征	瑞雷波特征	地质雷达图谱特征
存　　在	有明确溶蚀破碎带信息	有明显负峰强反射，呈片状分布，内部波形杂乱	波速降低明显，有条带状分布特征，有“之”字形回折	有明显强反射，呈片状分布，内部波形杂乱
存在可能较大		有较明显负峰强反射，呈片状分布，内部波形较杂乱	波速降低较明显，波速分布呈条带状，有较显著的“之”字形回折	有较明显强反射，呈片状分布，内部波形较杂乱
存在可能较小	无明确溶蚀破碎带信息	负峰强反射不明显，片状分布不明显	波速降低不明显，无显著的“之”字形回折	强反射不明显，片状分布不明显
不 存 在		无负峰强反射	波速无变化	无强反射

注：溶蚀裂隙带与溶蚀破碎带类似，但其图谱特征反应相对弱一些。

表 5-11　软弱岩层分级判断

软弱岩层	需考虑的指标			
	勘察与现场调查资料	地震反射波特征	瑞雷波特征	地质雷达图谱特征
存　在	有明确软弱岩层信息	有明显负峰强反射波面，呈条带状分布	有“之”字形回折，波速降低明显，呈条带状分布	有明显强反射波面，呈条带状分布
存在可能较大		有较明显负峰强反射波面，呈条带状分布	有“之”字形回折，波速降低较明显，呈条带状分布	有较明显强反射波面，呈条带状分布
存在可能较小	无软弱岩层信息	负峰强反射波面不明显，条带状分布不明显	无显著“之”字形回折，波速降低不明显	强反射波面不明显，条带状分布不明显
不 存 在		无负峰强反射波面	波速无变化	无强反射波面

表 5-12　洞穴型岩溶分级判断

洞穴型岩溶	需考虑的指标			
	勘察与现场调查资料	地震反射波特征	瑞雷波特征	地质雷达图谱特征
存　在	有明显岩溶洞穴发育迹象	有明显负峰强反射区，外部轮廓清晰	波速降低明显，呈片状区域分布特征	有明显负峰强反射弧面，外部轮廓清晰，内部同相轴连续
存在可能较大		有较明显负峰强反射区，外部轮廓较清晰	波速降低较明显，呈片状区域分布特征	有较明显负峰强反射弧面，外部轮廓较清晰，内部同相轴较连续
存在可能较小	无岩溶洞穴发育迹象	负峰强反射区不明显	波速降低不明显	负峰强反射弧面不明显
不 存 在		无负峰强反射区	波速无变化	无负峰强反射弧面

表 5-13　充填型岩溶分级判断

充填型岩溶	需考虑的指标			
	勘察与现场调查资料	地震反射波特征	瑞雷波特征	地质雷达图谱特征
存　在	有明显岩溶充填迹象	有明显负峰强反射区，外部轮廓模糊，内部波形杂乱	波速降低明显，呈片状区域分布特征	有明显负峰强反射弧面，外部轮廓模糊，内部波形杂乱
存在可能较大		有较明显负峰强反射区，外部轮廓较模糊，内部波形较杂乱	波速降低较明显，呈片状区域分布特征	有较明显负峰强反射弧面，外部轮廓较模糊，内部波形较杂乱
存在可能较小	无岩溶充填迹象	负峰强反射区不明显	波速降低不明显	负峰强反射弧面不明显
不 存 在		无负峰强反射区	波速无变化	无负峰强反射弧面

表 5-14　富水型岩溶分级判断

富水型岩溶	需考虑的指标			
	勘察与现场调查资料	地震反射波特征	瑞雷波特征	地质雷达图谱特征
存　　在	有明显岩溶富水迹象	有明显负峰强反射区，外部轮廓清晰	波速降低明显，呈片状区域分布特征	有明显正峰强反射弧面，外部轮廓清晰，内部同相轴连续
存在可能较大		有较明显负峰强反射区，外部轮廓较清晰	波速降低较明显，呈片状区域分布特征	有较明显正峰强反射弧面，外部轮廓较清晰，内部同相轴较连续
存在可能较小	无岩溶富水迹象	负峰强反射区不明显	波速降低不明显	正峰强反射弧面不明显
不 存 在		无负峰强反射区	波速无变化	无正峰强反射弧面

5.3　综合检测及质量分级应用

5.3.1　综合检测方案设计

1. 现场概况

为准确识别岩溶路基边坡内部异常体，以某边坡为例，开展综合检测及质量分级试验。试验区属于中低山岩溶地貌，主要地层岩性为灰岩，产状 310°∠16°，原山体自然坡度为13°～32°，起伏较大，地表多被岩溶化覆土层覆盖，土层薄厚不均，山顶有植被生长，两侧山腰为小型梯田，山体局部表层少量岩体出露，且多呈现出溶蚀特征，并伴生有青苔，如图 5-17 所示。

图 5-17　边坡现场

2. 试验设备

试验设备主要选用 MiniSeis24 型综合工程探测仪和 SIR-2000 型地质雷达，如图 5-18

和图 5-19 所示。前者用于坡体的地震波检测，其中包括地震反射波检测和瑞雷波检测；后者用于坡体的地质雷达电磁波检测。

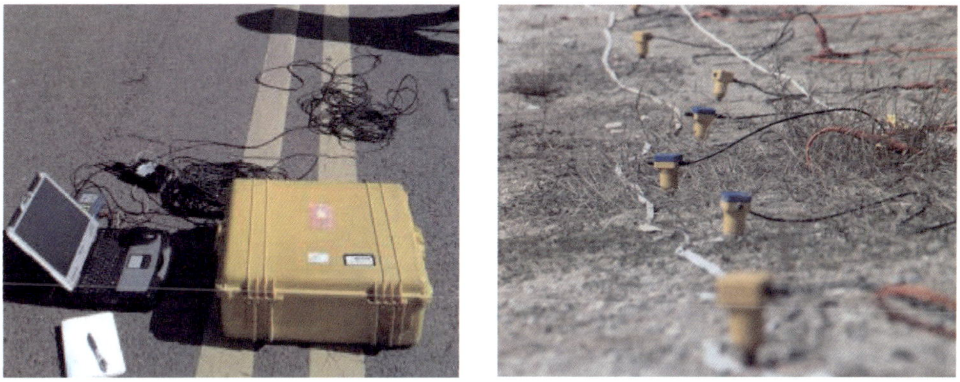

(a) 探测仪主机　　　　(b) 检　波　器

图 5-18　地震波检测设备

(a) 地质雷达主机　　　　(b) 地质雷达天线

图 5-19　地质雷达电磁波检测设备

3. 测线布置

勘测试验区域主要包括坡面检测区和坡后检测区。其中，坡面检测区的测线分布在坡底、坡顶以及各级坡体之间的平台上，分别为 AB、CD、EF、GH 和 IJ 共 5 条，测线长度分别为 158 m、118 m、86 m、51 m 和 24 m；坡后检测区的测线分布在坡顶后部，分别为 II_1、JJ_1、KK_1、LL_1、MM_1 共 5 条，间隔 6 m。测线长度均为 40 m，如图 5-20 所示。

5.3.2　检测结果

通过对边坡岩溶特征的综合检测识别，共检测出异常区 28 个，岩溶发育密度在 0.034～0.075 个/m 之间（图 5-20，表 5-15），包括洞穴型岩溶 3 个、充填型岩溶 6 个、富水型岩溶 1 个、溶蚀破碎带 7 个、溶蚀裂隙 11 个。此外，经检测得出的边坡波速信息显示，开挖面处岩土层平均纵波波速在 688～2 186 m/s 之间（图 5-21），其中外层（覆土）平均纵波波速为 688 m/s，中间层（破碎灰岩）平均纵波波速为 1 262 m/s，内层（灰岩）平均纵波波速为 2 186 m/s。

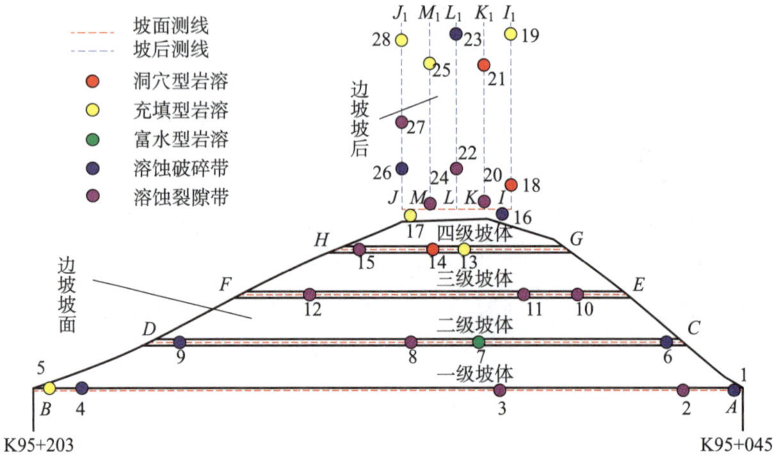

图 5-20　边坡测线平面布置及岩溶灾害分布

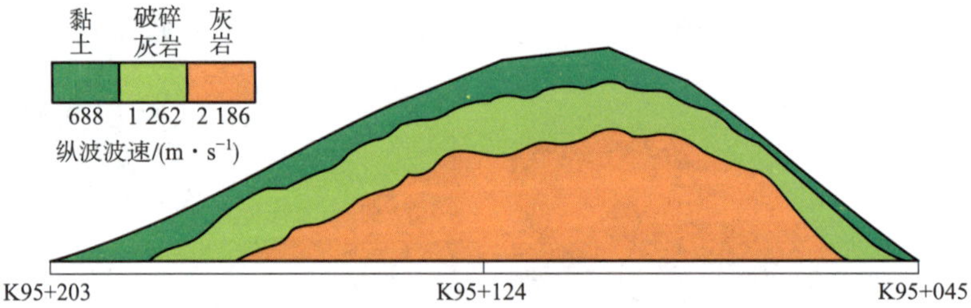

图 5-21　边坡各地层平均纵波波速分布

表 5-15　边坡异常区统计

区　域	测　线	编　号	水平位置/m	深度位置/m	异常区类型	水平密度/(个 · m^{-1})
坡面区域	*AB*(158 m)	1	3～6	7～10	溶蚀破碎带	0.038
		2	15～20	8～12	溶蚀裂隙带(含水)	
		3	63～66	6～10	溶蚀裂隙带(含水)	
		4	141～145	11～15	溶蚀破碎带	
		5	150～154	4～9	充填型岩溶	
	CD(118 m)	6	5～11	5～9	溶蚀破碎带	0.034
		7	42～47	4～9	富水型岩溶	
		8	57～62	5～10	溶蚀裂隙带(含水)	
		9	107～111	7～11	溶蚀破碎带	

续上表

区　域	测　线	编　号	水平位置/m	深度位置/m	异常区类型	水平密度/(个·m^{-1})
坡面区域	EF(86 m)	10	10～14	7～11	溶蚀裂隙带	0.035
		11	21～25	8～12	溶蚀裂隙带(含水)	
		12	64～67	4～9	溶蚀裂隙带	
	GH(51 m)	13	19～25	3～9	充填型岩溶	0.059
		14	33～37	2～6	洞穴型岩溶	
		15	44～47	3～8	溶蚀裂隙带	
	IJ(24 m)	16	2～5	4～7	溶蚀破碎带	0.083
		17	18～21	4～8	充填型岩溶	
坡后区域	II_1(40 m)	18	7～10	5～8	洞穴型岩溶	0.050
		19	35～38	6～9	充填型岩溶	
	JJ_1(40 m)	20	2～5	5～9	溶蚀裂隙带	0.050
		21	30～33	5～8	洞穴型岩溶	
	KK_1(40 m)	22	8～12	4～6	溶蚀裂隙带	0.050
		23	35～38	7～11	溶蚀破碎带	
	LL_1(40 m)	24	2～5	5～9	溶蚀裂隙带	0.050
		25	30～33	8～13	充填型岩溶	
	MM_1(40 m)	26	10～13	5～9	溶蚀破碎带	0.075
		27	17～21	4～8	溶蚀裂隙带	
		28	32～35	6～10	充填型岩溶	

边坡岩溶发育整体呈现出“上密下疏，外强内弱”的特征。其中，三、四级坡体处岩体较为破碎，节理裂隙发育，岩溶发育比较强烈，主要岩溶特征为洞穴型岩溶、充填型岩溶和溶蚀破碎带等；一、二级边坡坡体破碎程度相较于三、四级坡体稍弱，岩溶发育一般，仅在开挖山体两侧浅埋处存在明显的溶蚀现象，山体中部岩溶发育较弱，局部有小范围岩溶富水现象。

5.3.3　岩溶化边坡质量分级

对一般边坡，其岩体基本质量等级可由《工程岩体分级标准》(GB 50218—2014)确定，其计算公式为

$$\mathrm{BQ}=100+3R_c+250K_v \tag{5-27}$$

式中，BQ 为一般岩体质量分值；R_c 为岩石单轴饱和抗压强度；K_v 为岩体完整性系数。当 $R_c>90K_v+30$ 时，应以 $R_c=90K_v+30$ 和 K_v 代入式(5-27)计算；当 $K_v>0.04R_c+0.4$ 时，应以 $K_v=0.04R_c+0.4$ 和 R_c 代入式(5-27)计算。岩体基本质量分级标准见表 5-16。

表 5-16　岩体基本质量分级

BQ 值	BQ>550	550≥BQ>450	450≥BQ>350	350≥BQ>250	BQ≤250
质量级别	Ⅰ	Ⅱ	Ⅲ	Ⅳ	Ⅴ

而对于岩溶路基边坡，在进行岩体基本质量划分时，还应考虑岩溶发育作用对坡体的不利影响。根据李苍松等人提出的岩溶区岩体质量分级的修正方法，其修正公式为

$$KBQ=BQ(1-C_{KD}) \tag{5-28}$$

$$C_{KD}=\alpha C_{KDX}+(1-\alpha)C_{KDL} \tag{5-29}$$

式中，KBQ 为岩溶区岩体的质量分值；C_{KD}为岩溶发育程度修正系数；C_{KDX}为岩溶发育程度定性评价系数；C_{KDL}为岩溶发育程度定量评价系数；α 为权重分配系数，一般取 0.3～0.5。C_{KDX}与 C_{KDL}的建议值见表 5-17。

表 5-17　C_{KDX}与 C_{KDL}的取值建议范围

岩溶发育程度	强发育	发育	较发育	弱发育	不发育
C_{KDX} 值	0.8～1.0	0.4～0.8	0.1～0.4	0.05～0.1	0～0.05
C_{KDL} 值	0.8～1.0	0.4～0.8	0.2～0.4	0.1～0.2	0～0.1

采用上述方法对试验的岩溶路基边坡岩体质量分值进行计算，已知：R_c为 55.82 MPa，完整性灰岩纵波波速为 4 200 m/s，α 值取 0.5，由此可得试验边坡的基本质量分值修正前为 229～321，相应的岩体质量等级为Ⅳ～Ⅴ级，整体上更接近于Ⅳ级；而其基本质量分值修正后为 137～273，相应的岩体质量等级为Ⅳ～Ⅴ级，但整体上更接近于Ⅴ级，见表 5-18。

表 5-18　试验岩溶边坡基本质量分值修正

地层	纵波波速/($m\cdot s^{-1}$)	完整性系数	修正前基本质量		修正后基本质量			
			分值	等级	C_{KDX}	C_{KDL}	分值	等级
上覆土层	688	—	—	—	—	—	—	—
破碎灰岩	1 262	0.093 8	229	Ⅴ	0.4	0.4	137	Ⅴ
灰岩	2 186	0.270 9	321	Ⅳ	0.1	0.2	273	Ⅳ

第6章　施工期岩溶路基边坡变形特征及灾变预警

为全面掌控岩溶路基边坡施工期的变形规律，并及时对其进行预警，预判灾变失稳状态，设计了岩溶路基边坡施工期变形监测方案对坡面变形和深层位移进行监测，利用相关数学预测理论对边坡的变形进行预测，根据实际应用中存在的问题对相关数学模型加以改进和优化，以此开展对岩溶路基边坡变形特征及灾变预警的研究。

6.1　变形监测点布设及变形监测

6.1.1　监测点布设相关理论

岩溶路基边坡监测点位的选取与布设应能代表并准确地反映边坡的变形状况。由于边坡不同部位的监测数值存在着时序差别，且边坡结构差异性越大，变形时序差异性越明显，尤其对岩溶发育程度强烈的路基边坡工程表现更突出。因此，对岩溶路基边坡监测时，监测点应设在能真正代表边坡变形状态的关键位置。

现阶段对于边坡关键监测点位的选取，主要有工程类比法和专家经验法。虽然这些方法在工程实践中得到了一定的应用，但常需依靠丰富的工程经验，不仅主观性强，且缺少一定的理论研究和定量分析，常造成工程中监测点位的选取依据不足，准确性较差。因此，亟须从理论上对岩溶路基边坡监测点布设进行优化，以求达到精确监测的目标。

根据李坚等人提出的基于误差分析原理的边坡监测点优化布设方法，假设岩溶路基边坡的稳定状态 F 与其位移监测值 x 存在如下关系：

$$F=f(x) \tag{6-1}$$

若在岩溶路基边坡上设置 $m(m\rightarrow\infty)$ 个监测点，测得第 i 个监测点 $x=x_i$ 时，则监测值 x_i 反映的边坡稳定状态为

$$F_i=f(x_i) \tag{6-2}$$

在工程中常以 $x=\max\{x_1,x_2,x_3,\cdots,x_m\}$ 来判断岩溶路基边坡的实际状态，因此监测值与实际值存在测量误差 Δx，即岩溶路基边坡的实际变形值应为 $x=x_i+\Delta x$，则岩溶路基边坡的实际稳定状态 F' 为

$$F' = f(x_i + \Delta x) \tag{6-3}$$

对式(6-3)采用泰勒公式展开，可得：

$$F' = f(x_i) + f'(x_i)\Delta x + f''(x_i)\frac{\Delta x^2}{2!} + \cdots + f^{(n)}(x_i)\frac{\Delta x^n}{n!} + o(\alpha) \tag{6-4}$$

取式(6-4)中泰勒展开式的一次项，可得：

$$F' = f(x_i) + f'(x_i)\Delta x + o(\alpha) \tag{6-5}$$

由此可知由测量绝对误差引起的岩溶路基边坡稳定状态变化量为

$$\Delta F = F' - F_i \approx f'(x_i)\Delta x \tag{6-6}$$

相关资料表明，岩溶路基边坡的稳定状态 F 受多种孕灾因子的影响，具体可分为内部孕灾因子 N 和外部孕灾因子 W 两大类，它们均与边坡的稳定状态 F 有关，采用函数表达为

$$F = g(N, W) \tag{6-7}$$

假设将岩溶路基边坡划分为 $m(m \to \infty)$ 个剖面进行其稳定状态分析，取内外孕灾因子 $(N, W) = \max\{(N_1, W_1), (N_2, W_2), \cdots, (N_m, W_m)\}$，也即影响最严重的剖面来判断边坡状态。当岩溶路基边坡稳定状态为 F 时，内外孕灾因子的判断可能为(N_i, W_i)，而实际内外孕灾因子为$(N_i + \Delta N, W_i + \Delta W)$。同样根据泰勒公式将式(6-7)在$(N_i, W_i)$处展开并取一次项，可得内外孕灾因子判断偏差引起的岩溶路基边坡状态变化为

$$\Delta F \approx g_N(N_i, W_i)\Delta N + g_W(N_i, W_i)\Delta W \tag{6-8}$$

联合式(6-6)与式(6-8)，可得：

$$f'(x_i)\Delta x = g_N(N_i, W_i)\Delta N + g_W(N_i, W_i)\Delta W \tag{6-9}$$

令 $\Delta F_N = g_N(N_i, W_i)\Delta N$，$\Delta F_W = g_W(N_i, W_i)\Delta W$，则

$$f'(x_i)\Delta x = \Delta F_N + \Delta F_W = g_N(N_i, W_i)\Delta N + g_W(N_i, W_i)\Delta W \tag{6-10}$$

式中，ΔN，ΔW 为内外孕灾因子实际值与判断值的差；ΔF_N，ΔF_W 为对内外孕灾因子判断偏差引起的边坡状态的差异值。当边坡处于某一状态时，其外部孕灾因子往往易确定，如荷载、降雨和温度等，也即 W_i 偏离 $W_i + \Delta W$ 较小，ΔW 趋近于 0，ΔF_W 也趋近于 0；而内部孕灾因子由于隐伏于边坡内部，如岩性特征、地质水文条件和岩溶发育情况等，常难以把握，且空间差异性大，造成 N_i 偏离 $N_i + \Delta N$ 较为严重，即 ΔN 值较大。因此，式(6-10)可改写为

$$f'(x_i)\Delta x = g_N(N_i, W_i)\Delta N \tag{6-11}$$

由式(6-11)可知，当 $f'(x_i)$ 与 $g_N(N_i, W_i)$ 不变时，Δx 与 ΔN 成正比，也即当岩溶路基边坡某空间区域，内部孕灾因子 N 对边坡的影响程度越大，该区域变形监测值 x 越大，则该区域所对应的稳定状态 F 也就越接近实际。因此，针对岩溶路基边坡内部孕灾因子特点，其监测点位应着重布设在岩溶发育较强、水文地质条件较差的区域，即岩溶覆土较厚、溶蚀破碎、岩洞发育、坡体开裂及断层、软弱夹层等区域，以保证岩溶路基边坡监测的准确性。

6.1.2　现场监测方案设计

以第 5 章试验边坡为例，此岩溶路基边坡的一、二级坡体受岩溶影响较弱，岩体强度差异性较小、岩性相对均一；而三、四级坡体受岩溶和自然风化作用的共同影响，坡体存在岩溶化覆土区、溶蚀破碎区及溶洞等岩溶异常体，且岩体强度差异性较大。因此，根据岩溶路基边坡监测点的布设原则，对试验边坡变形监测点位布设采用“上密下疏”的形式，如图 6-1 所示。考虑到试验边坡属于缓倾顺层边坡，监测项目以坡面的表面位移和深层水平位移为主（图 6-2），并辅以边坡巡视，监测从 3 月开始。

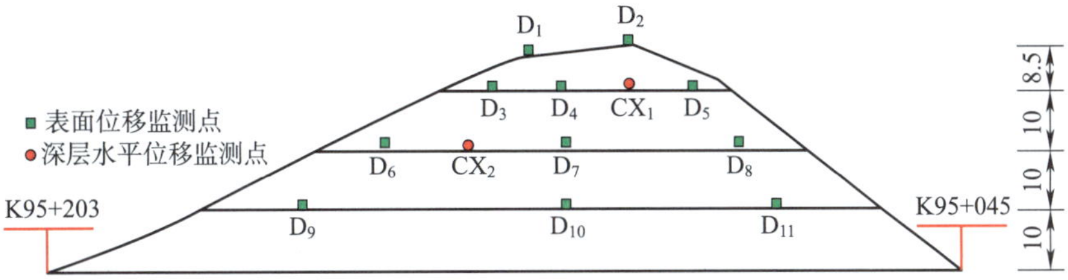

图 6-1　试验边坡变形监测点布设（单位：m）

(a) 表面位移监测

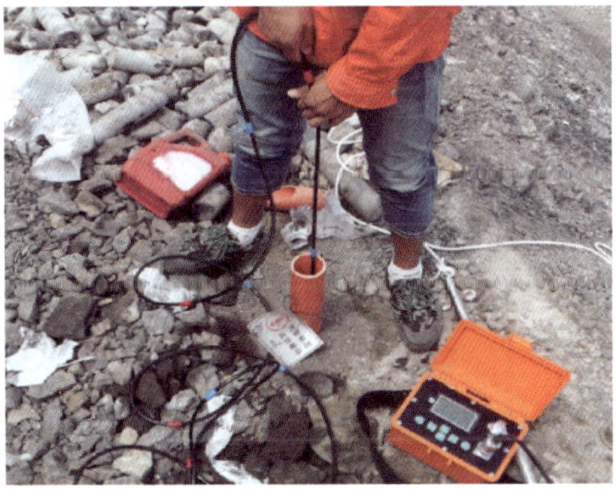

(b) 深层水平位移监测

图 6-2　试验边坡变形监测

为降低边坡开挖对监测点位的破坏，在布设边坡监测点位时，采用随边坡施工进度逐级布设的形式（表 6-1），可有效避免边坡监测与施工的相互干扰。

表 6-1　监测点位布置时间

监测项目	监测位置	编　　号	监测时间/周	边坡开挖情况
表面位移	四级边坡	D_1	10	已挖至第四级中下部
		D_2	10	已挖至第四级中下部
		D_{1B}	18	已挖至第一级中下部
		D_{2B}	18	已挖至第一级中下部

续上表

监测项目	监测位置	编　号	监测时间/周	边坡开挖情况
表面位移	三级边坡	D_3	26	已挖至第三级中下部
		D_4	26	已挖至第三级中下部
		D_5	26	已挖至第三级中下部
	二级边坡	D_6	22	已挖至第二级中下部
		D_7	22	已挖至第二级中下部
		D_8	22	已挖至第二级中下部
	一级边坡	D_9	17	已挖至第一级中下部
		D_{10}	17	已挖至第一级中下部
		D_{11}	17	已挖至第一级中下部
深层水平位移	三级边坡	CX_1	22	已挖至第一级中下部
	二级边坡	CX_2	30	已挖至第一级中下部

6.1.3 变形数据分析

选用近30周的边坡施工期变形监测数据进行分析，并将数据转化成以“周”为时距的等时距数列。其中，表6-2为边坡累积变形及现场灾害情况，各监测点的变形关联度对比见表6-3。

表6-2 试验边坡累计变形及现场灾害情况

监测位置	监测时间/周	高　度/m	编　号	累计变形量/mm	备　注
四级坡体	8	30～38	D_1	217.0	坡体开裂，有失稳趋势
			D_2	278.4	坡体开裂，有失稳趋势
	15	30～36	D_{1B}	35.0	削坡后趋稳
			D_{2B}	36.5	削坡后趋稳
三级坡体	23	20～30	D_3	86.6	坡体局部开裂
			D_4	60.1	前期变形较大，后期趋稳
			D_5	60.7	前期变形较大，后期趋稳
二级坡体	20	10～20	D_6	37.9	坡体无明显异常
			D_7	29.9	坡体无明显异常
			D_8	33.8	坡体无明显异常
一级坡体	15	0～10	D_9	21.9	坡体无明显异常
			D_{10}	15.2	坡体无明显异常
			D_{11}	15.7	坡体无明显异常

表 6-3　各监测点的变形关联度对比

关联点位	灰色绝对关联	灰色相对关联	灰色综合关联
D_1&D_2	0.899 5	0.997 1	0.948 3
D_{1B}&D_{2B}	0.841 1	0.967 7	0.904 4
D_3&D_4	0.754 9	0.943 2	0.849 1
D_3&D_5	0.673 8	0.903 2	0.788 5
D_4&D_5	0.840 9	0.954 8	0.897 9
D_6&D_7	0.688 6	0.956 9	0.822 8
D_6&D_8	0.649 1	0.947 6	0.798 4
D_7&D_8	0.895 3	0.997 2	0.946 3
D_9&D_{10}	0.841 1	0.994 1	0.917 6
D_9&D_{11}	0.799 1	0.980 2	0.889 7
D_{10}&D_{11}	0.938 4	0.985 9	0.962 2

通过分析表 6-2 和表 6-3 可知，试验路基边坡各监测点存在一定的变形差异，主要表现在：一是边坡变形的空间差异；二是边坡变形的时间差异。

1. 空间差异特征

在竖直方向上，通过对试验边坡累积变形量分析，可得出其变形量自上而下整体呈现逐级降低的趋势，其中三、四级边坡变形较为明显，四级坡体于监测第 6 周测得的初始监测点累积变形量为 217.0～278.4 mm，二级边坡于 15 周测得的累积变形量为 60.1～86.6 mm，同时深层水平位移数据还显示三级坡体下部 6～9 m 处可能存在滑动区。而一、二级坡体变形量相对较小，监测到 10 周时一、二级坡体累积变形量仅分别为 15.2～21.9 mm 和 29.9～37.9 mm，深层水平位移数据也表明一、二级坡体无明显的滑动，整体较为稳定。

在水平方向上，通过计算各级坡体监测点的变形关联度（表 6-3）可知，除四级坡体监测点外（仅两个监测点），一、二、三级坡体左侧监测点与中间和右侧监测点的变形关联度在 0.649 1～0.841 1 之间，而右侧监测点与中间监测点的变形关联度在 0.840 9～0.997 2 之间，说明试验边坡中左侧坡体的变形关联性低于中右侧坡体的变形关联性，也即中右侧坡体整体性较好。分析同级边坡监测点累积变形量可知，试验边坡左侧累积变形量普遍大于中间和右侧监测点的累积变形量，说明试验边坡左侧坡体变形相对于中右侧坡体变形更大。综上可知，水平方向上应重点加强边坡左侧坡体的监测工作。

2. 时间差异特征

由表 6-2 和表 6-3 可知，试验边坡总体上变形较为强烈的时段主要发生在 4—9 月份，此时正是试验边坡重点施工阶段和区域降雨多发期，而 9 月份后，试验边坡所受的外部影响因素逐渐减弱，边坡累积变形量增速减小，边坡表现出收敛特征，边坡变形整体趋于稳定。同时，在试验边坡施工的中前期，为消除四级坡体开裂下滑和三级坡体变形加速增长等不利影响，工程人员于施工后13周对试验边坡坡顶进行了一次削坡治理和局部加固，由治理后三、四级边坡变形监测数据可知，边坡变形量增速大幅降低，并趋于稳定，此次治理效果较好。综上可知，试验边坡变形的时间差异特征易受外界因素的影响。

6.2 边坡变形预测方法

6.2.1 边坡变形预测模型

灰色模型简称GM模型，是灰色系统理论的基本模型，也是灰色控制理论的基础。以灰色模块为基础，以微分法拟合而成。当对边坡变形数据进行灰色建模时，需对原始数据进行生成处理，常用的方法主要包括累加生成和累减生成，使生成数据序列变成有规律的序列。数据生成的目的：一是为建模提供中间信息；二是弱化原随机数列的随机性。

在灰色模型中GM(1,1)模型最为常用，其主要依据最小二乘法准则，相应的预测值可认为是预测曲线的最优曲线延伸。由于边坡变形的原始监测数据具有一定的随机性，为使杂乱无章的监测数据整理成有序数列，需进行相应的累加处理。

假设岩溶路基边坡变形的原始数列为

$$x^{(0)}=\{x^{(0)}(1),x^{(0)}(2),\cdots,x^{(0)}(n)\} \tag{6-12}$$

式中，n为边坡变形监测时间数列的个数。

将式(6-12)做一次累加生成处理，可得到边坡变形新的数列。

$$x^{(1)}=\{x^{(1)}(1),x^{(1)}(2),\cdots,x^{(1)}(n)\} \tag{6-13}$$

式中，$x^{(1)}(k)=\sum_{i=1}^{k}x^{(0)}(i)$。

当利用微分方程反映边坡变形随时间的变化规律时，则有一阶微分方程：

$$\frac{\mathrm{d}x}{\mathrm{d}t}+ax=b \tag{6-14}$$

而对岩溶路基边坡变形数列$x^{(1)}=\{x^{(1)}(1),x^{(1)}(2),\cdots,x^{(1)}(n)\}$来说，其导数为

$$\frac{\mathrm{d}x}{\mathrm{d}t}\approx x^{(1)}(k)-x^{(1)}(k-1)=x^{(0)}(k) \tag{6-15}$$

则灰色微分方程为

$$x^{(0)}(k)+az^{(1)}(k)=b \tag{6-16}$$

式中，$z^{(1)}(k)=\alpha x^{(1)}(k)+(1-\alpha)x^{(1)}(k-1)$($\alpha\in[0,1]$，为灰色模型权重系数，一般取0.5)；$a$，$b$均为与边坡变形特征有关的待定参数。

令$z^{(1)}=\{z^{(1)}(2),z^{(1)}(3),\cdots,z^{(1)}(n)\}$，记$\bar{\boldsymbol{a}}=(a,b)^{\mathrm{T}}$，则通过式(6-16)的最小二乘法孤残数列得出：

$$\bar{\boldsymbol{a}}=(a,b)^{\mathrm{T}}=(\boldsymbol{B}^{\mathrm{T}}\boldsymbol{B})^{-1}\boldsymbol{B}^{\mathrm{T}}\boldsymbol{y} \tag{6-17}$$

$$\boldsymbol{B}=\begin{pmatrix} -z^{(1)}(2) & 1 \\ -z^{(1)}(3) & 1 \\ \vdots & \vdots \\ -z^{(1)}(n) & 1 \end{pmatrix},\boldsymbol{y}=\begin{pmatrix} x^{(0)}(2) \\ x^{(0)}(3) \\ \vdots \\ x^{(0)}(n) \end{pmatrix}$$

边坡变形数据 GM(1,1)模型的白化方程为

$$\frac{\mathrm{d}x^{(1)}}{\mathrm{d}t}+ax^{(1)}=b \tag{6-18}$$

通过对式(6-18)进行求解，其结果即为边坡变形累加数据的时间响应函数。

$$x^{(1)}(t)=\left[x^{(1)}(0)-\frac{b}{a}\right]\mathrm{e}^{-at}+\frac{b}{a} \tag{6-19}$$

则相对应的边坡变形累加数据的时间响应序列为

$$\hat{x}^{(1)}(k+1)=\left[x^{(1)}(0)-\frac{b}{a}\right]\mathrm{e}^{-ak}+\frac{b}{a} \tag{6-20}$$

取 $x^{(1)}(0)=x^{(0)}(1)$，则有

$$\hat{x}^{(1)}(k+1)=\left[x^{(0)}(1)-\frac{b}{a}\right]\mathrm{e}^{-ak}+\frac{b}{a} \tag{6-21}$$

由此可得，边坡变形原始数据的时间响应序列为

$$\hat{x}^{(0)}(k+1)=\left[x^{(0)}(1)-\frac{b}{a}\right](1-\mathrm{e}^{a})\mathrm{e}^{-ak} \tag{6-22}$$

6.2.2　边坡变形模型精度

对于边坡变形数据，常采用平均相对误差法、灰色关联度法、后验差比值法和小误差概率法对 GM(1,1)模型精度进行综合评估检验。

1. 平均相对误差法

由 GM(1,1)建模可得拟合数列为

$$\hat{x}^{(0)}=\{\hat{x}^{(0)}(1),\hat{x}^{(0)}(2),\cdots,\hat{x}^{(0)}(n)\} \tag{6-23}$$

根据残差公式 $e^{(0)}(k)=x^{(0)}(k)-\hat{x}^{(0)}(k)$，可得 GM(1,1)模型的残差数列为

$$e=\{e(1),e(2),\cdots,e(n)\} \tag{6-24}$$

则灰色模型平均相对误差为

$$\bar{e}_x=\frac{1}{n}\sum_{k=1}^{n}\left|\frac{e^{(0)}(k)}{x^{(0)}(k)}\right| \tag{6-25}$$

2. 灰色关联度法

采用灰色综合关联度作为灰色模型精度的检验标准之一，它是灰色绝对关联度与灰色相对关联度的加权平均。

灰色绝对关联度计算公式为

$$\varepsilon_{jd}=\frac{1+|s_0|+|s_i|}{1+|s_0|+|s_i|+|s_i-s_0|} \tag{6-26}$$

式中，$|s_i-s_0|=\left|\sum_{k}^{n-1}[x_i^0(k)-x_0^0(k)]+\frac{1}{2}[x_i^0(n)-x_0^0(n)]\right|$；$|s_0|=\left|\sum_{k}^{n-1}x_0^0(k)+\frac{1}{2}x_0^0(n)\right|$；$|s_i|=\left|\sum_{k}^{n-1}x_i^0(k)+\frac{1}{2}x_i^0(n)\right|$；$x_i^0(k)$，$x_0^0(k)$为拟合数列与原始数列的绝对始点零像化数列。

灰色相对关联度计算公式为

$$\varepsilon_{xd}=\frac{1+|s_0'|+|s_i'|}{1+|s_0'|+|s_i'|+|s_i'-s_0'|} \tag{6-27}$$

式中，$|s_i'-s_0'|=\left|\sum_{k}^{n-1}[x_i'^0(k)-x_0'^0(k)]+\frac{1}{2}[x_i'^0(n)-x_0'^0(n)]\right|$；$|s_0'|=\left|\sum_{k}^{n-1}x_0'^0(k)+\frac{1}{2}x_0'^0(n)\right|$；$|s_i'|=\left|\sum_{k}^{n-1}x_i'^0(k)+\frac{1}{2}x_i'^0(n)\right|$；$x_i'^0(k)$，$x_0'^0(k)$为拟合数列与原始数列的相对始点零像化数列。

灰色综合关联度计算公式为

$$\varepsilon_{zh}=\alpha\varepsilon_{jd}+(1-\alpha)\varepsilon_{xd} \tag{6-28}$$

式中，α为灰色综合关联度分配系数，一般常取0.5。

3. 后验差比值法与小误差概率法

记s_1^2与s_2^2分别为边坡变形数列$x^{(0)}$及残差数列e的方差，则：

$$\begin{cases} s_1^2=\dfrac{1}{n}\sum\limits_{k=1}^{n}[x^{(0)}(k)-\bar{x}^{(0)}(k)]^2 \\ s_2^2=\dfrac{1}{n}\sum\limits_{k=1}^{n}[e(k)-\bar{e}(k)]^2 \end{cases} \tag{6-29}$$

式中，$\bar{x}^{(0)}(k)=\frac{1}{n}\sum\limits_{k=1}^{n}x^{(0)}(k)$；$\bar{e}(k)=\frac{1}{n}\sum\limits_{k=1}^{n}e(k)$。

则灰色模型的后验差比值C和小误差概率P分别为

$$\begin{cases} C=\dfrac{s_2}{s_1} \\ P=P\{|e(k)-\bar{e}|<0.6745s_1\} \end{cases} \tag{6-30}$$

综之，通过采用平均相对误差法、灰色关联度法、后验差比值法以及小误差概率法对灰色模型精度进行综合检验，可以建立出灰色模型精度等级划分表(表6-4)，有利于灰色模型的综合评定。

表 6-4　模型精度等级

等　级	评　价	平均相对误差	灰色关联度	后验差比值	小误差概率
Ⅰ	优	(0,5%]	[0.90,1)	(0,0.35]	[95%,100%]
Ⅱ	良　好	(5%,10%]	[0.80,0.90)	(0.35,0.50]	[80%,95%)
Ⅲ	合　格	(10%,15%]	[0.70,0.80)	(0.50,0.65]	[70%,80%)
Ⅳ	不合格	(15%,+∞)	(0,0.70)	(0.65,+∞)	(0,70%)

6.2.3　边坡变形状态分析

通过对边坡变形数据的灰色建模,可以发现边坡变形累加数据的时间响应函数为指数函数,对式(6-19)进行一阶求导可得:

$$x'^{(1)}(t)=-a\left[x^{(1)}(0)-\frac{b}{a}\right]\mathrm{e}^{-at} \tag{6-31}$$

当 $x'^{(1)}(t)>0$ 时,式(6-19)为增函数,其成立条件为

$$\begin{cases} a>0 \\ x^{(1)}(0)<\dfrac{b}{a} \end{cases} \tag{6-32}$$

或

$$\begin{cases} a<0 \\ x^{(1)}(0)>\dfrac{b}{a} \end{cases} \tag{6-33}$$

当 $x'^{(1)}(t)<0$ 时,式(6-19)为减函数,其成立条件为

$$\begin{cases} a>0 \\ x^{(1)}(0)>\dfrac{b}{a} \end{cases} \tag{6-34}$$

或

$$\begin{cases} a<0 \\ x^{(1)}(0)<\dfrac{b}{a} \end{cases} \tag{6-35}$$

式(6-19)的二阶导数为

$$x''^{(1)}(t)=a^2\left[x^{(1)}(0)-\frac{b}{a}\right]\mathrm{e}^{-at} \tag{6-36}$$

当 $x''^{(1)}(t)>0$ 时,式(6-19)为增函数,其成立条件为

$$x^{(1)}(0)>\frac{b}{a} \tag{6-37}$$

当 $x''^{(1)}(t)<0$ 时,式(6-19)为减函数,其成立条件为

$$x^{(1)}(0)<\frac{b}{a} \tag{6-38}$$

一般地，边坡随时间的累积变形特征无论表现为发散型还是收敛型，其时间—变形函数均为增函数，即时间—变形函数的一阶导数均大于零(图 6-3)。当 $a>0$ 时，必然有 $x^{(1)}(0)<\frac{b}{a}$，则 $x''^{(1)}(t)<0$，$x^{(1)}(t)$表现为收敛型特征；当 $a<0$ 时，必然有 $x^{(1)}(0)>\frac{b}{a}$，则 $x''^{(1)}(t)>0$，$x^{(1)}(t)$表现为发散型特征。由此可见，在灰色模型中边坡的变形状态与 a 的正负有着直接的关系。

6.2.4 边坡变形预测改进

对于单一变形状态或趋势的边坡来说，其 a 值相对固定。因此，工程上常用二次拟合法对其 GM(1,1)模型进行改进，即先将式(6-21)改写为

$$\hat{x}^{(1)}(k+1)=A\mathrm{e}^{-ak}+B \tag{6-39}$$

再令 $\hat{x}^{(1)}(k+1)=x^{(1)}(k+1)$，则有

$$\begin{cases} x^{(1)}(1)=A\mathrm{e}^{0}+B \\ x^{(1)}(2)=A\mathrm{e}^{-a}+B \\ \quad\vdots \\ x^{(1)}(n)=A\mathrm{e}^{-a(n-1)}+B \end{cases} \tag{6-40}$$

当式(6-40)采用矩阵形式表示时，可写为

$$x^{(1)}=\boldsymbol{G}\begin{pmatrix} A \\ B \end{pmatrix} \tag{6-41}$$

式中，$\boldsymbol{G}=\begin{pmatrix} \mathrm{e}^{0} & 1 \\ \mathrm{e}^{-a} & 1 \\ \vdots & 1 \\ \mathrm{e}^{-a(n-1)} & 1 \end{pmatrix}$。

对 A、B 采用最小二乘法估算，可得

$$\begin{pmatrix} A \\ B \end{pmatrix}=(\boldsymbol{G}^{\mathrm{T}}\boldsymbol{G})^{-1}\boldsymbol{G}^{\mathrm{T}}x^{(1)} \tag{6-42}$$

但需要指出的是，无论是灰色模型，还是其改进模型，抑或是其他边坡变形分析预测方法，均不可避免地会受到预测误差的影响，实测值常会在预测曲线的上下摆动(图 6-4)，体现出边坡变形的非平稳性特征。灰色预测曲线作为一条较为平滑的曲线，只能刻画出事物在某一发展阶段上的总体趋势，而无法反映出事物在该发展阶段总体趋势上的随机波动性，这也是灰色模型存在预测误差的原因所在。因而，基于灰色理论的预测值与实测值的绝对误差公式，实测值实际上可以写为灰色预测值加绝对误差的形式，即

$$x(k+1)=\hat{x}^{(1)}(k+1)+e^{(1)}(k+1) \tag{6-43}$$

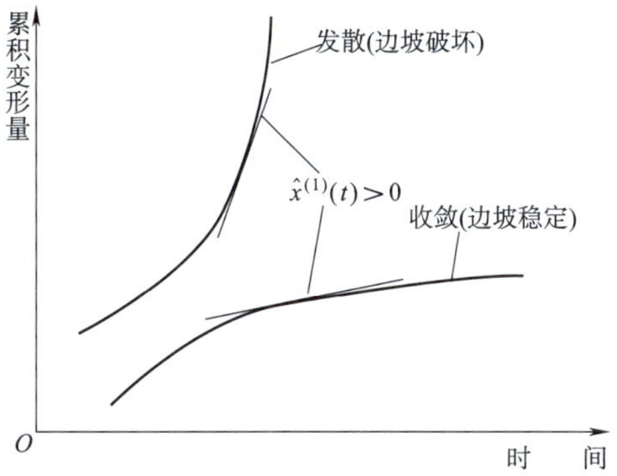

图 6-3　时间—变形函数的一阶导数

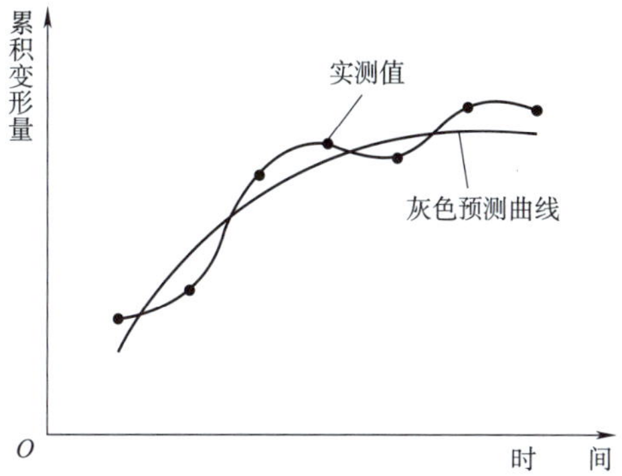

图 6-4　实测值与拟合曲线对比

由式(6-43)可以认为实测值是由两部分组成，即灰色预测部分(确定部分)和预测误差部分(不确定部分)，灰色预测部分体现了边坡变形的总体趋势，而预测误差部分则体现了边坡变形的波动性，如图 6-5 所示。

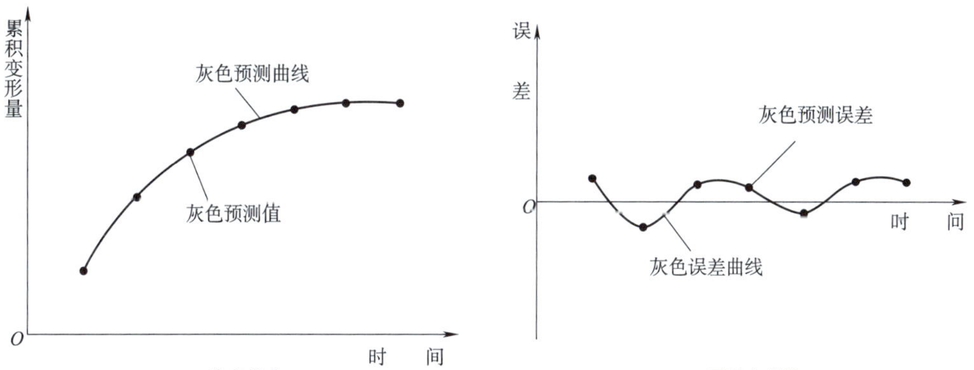

(a) 确定部分　　(b) 不确定部分

图 6-5　实测值组成形式

由于灰色模型具有“小样本”“贫信息”等特点，因此其预测误差 $e^{(1)}$ 也具有小样本的特征。由于灰色模型的建立是根据最小二乘法计算得出，所以灰色预测误差 $e^{(1)}$ 必然服从正态分布，即

$$e^{(1)} \sim N(\mu, \sigma^2) \tag{6-44}$$

再设 $\overline{e}^{(1)}$ 为 μ 的无偏估计，则有

$$\frac{\overline{e}^{(1)}-\mu}{\sigma/\sqrt{n}} \sim N(0,1) \tag{6-45}$$

而对于边坡变形灰色模型的样本误差，其 σ^2 值常常为未知，考虑到 S^2 是 σ^2 的无偏估计，则式(6-45)可改写为

$$\frac{\bar{e}^{(1)}-\mu}{S/\sqrt{n}} \sim t(n-1) \tag{6-46}$$

式中，$S=\sqrt{\frac{1}{n-1}\sum_{k=1}^{n}\left[e^{(1)}(k)-\bar{e}^{(1)}\right]^{2}}$，当取置信水平 $1-\alpha$ 时，则有

$$P\left(-t_{\alpha/2}(n-1)<\frac{\bar{e}^{(1)}-\mu}{S/\sqrt{n}}<t_{\alpha/2}(n-1)\right)=1-\alpha \tag{6-47}$$

由此可得 μ 的一个置信水平为 $1-\alpha$ 的置信区间，即

$$\mu \in\left(\bar{e}^{(1)}-\frac{S}{\sqrt{n}} t_{\alpha/2}(n-1), \bar{e}^{(1)}+\frac{S}{\sqrt{n}} t_{\alpha/2}(n-1)\right) \tag{6-48}$$

令 $e_{上限}^{(1)}=\bar{e}^{(1)}+\frac{S}{\sqrt{n}} t_{\alpha/2}(n-1)$，$e_{下限}^{(1)}=\bar{e}^{(1)}-\frac{S}{\sqrt{n}} t_{\alpha/2}(n-1)$，并代入式(6-43)，则可得到置信水平为 $1-\alpha$ 的灰色上、下限预测模型，见式(6-49)和图 6-6。

$$\begin{cases}\hat{x}^{(1)}(k+1)_{上限}=\hat{x}^{(1)}(k+1)+\bar{e}^{(1)}+\sqrt{\frac{1}{(n-1)n}\sum_{k=1}^{n}\left[e^{(1)}(k)-\bar{e}^{(1)}\right]^{2}}\, t_{\alpha/2}(n-1) \\ \hat{x}^{(1)}(k+1)_{下限}=\hat{x}^{(1)}(k+1)+\bar{e}^{(1)}-\sqrt{\frac{1}{(n-1)n}\sum_{k=1}^{n}\left[e^{(1)}(k)-\bar{e}^{(1)}\right]^{2}}\, t_{\alpha/2}(n-1)\end{cases} \tag{6-49}$$

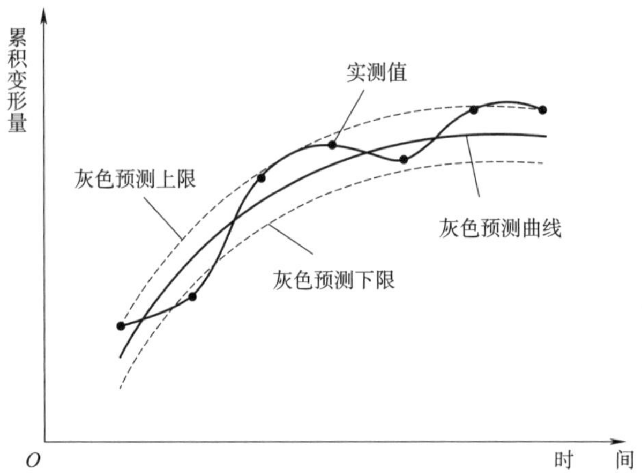

图 6-6　灰色上、下限模型预测曲线与实测值对比

由式(6-49)和图 6-6 可知，灰色上、下限模型改变了原灰色模型点预测的形式，考虑了预测误差可能对灰色模型的影响，使灰色预测有了一定的预测区间宽度。此外，对于较长的监测数据，为了进一步提高灰色上、下限模型预测的精度，可以适当地根据数据的变化特征，对其进行分段建模研究。

6.3　边坡突变特征

1. 突变理论含义

在自然界中许多现象或系统的变化过程常常呈现出连续性、渐变性和平滑性的特征，因此这些现象或系统大多可以利用微积分方法加以分析和预测。但同时，自然界中也还存在一些具有突变性和飞跃性的现象或系统，造成该类现象或系统变化的不连续性，无法采用微积分方法来解决。突变理论正是基于对自然界中存在的突变和飞跃现象的研究，而建立起来解决非连续性问题的数学理论。具体来说，突变理论是关于奇点的理论，它是以拓扑学为工具，以结构稳定性理论为基础，建立相关系统的突变模型(表 6-5)，以此来讨论模型的“不稳定奇点”问题，从而判断和预测在系统演化过程中，一些控制变量的连续逐渐变化是否会最终导致系统状态的突然改变，即系统是否会从一种状态形式突变或跃迁到另外一种状态形式，如结构突然破坏、岩土体突然开裂、边坡工程突然失稳崩塌等，这些问题均可以利用突变理论进行建模分析。

表 6-5　几种常见的突变模型

突变类型	控制变量个数	状态变量个数	势函数
折叠型	1	1	x^3+ux
尖点型	2	1	x^4+ux^2+vx
燕尾型	3	1	$x^5+ux^3+vx^2+wx$
蝴蝶型	4	1	$x^5+tx^4+ux^3+vx^2+wx$
双曲脐型	3	2	$x^3+y^3+wxy-ux-vx$
椭圆脐型	3	2	$\frac{1}{3}x^3-xy^2+w(x^2+y^2)-ux+vy$
抛物脐型	4	2	$y^4+x^2y+wx^2+ty^2-ux-vy$

2. 尖点突变模型

现阶段，突变理论在实际工程应用中，较常采用折叠型、尖点型和燕尾型三种突变模型进行分析，其中尖点突变模型又因其具有临界面容易构造、几何形态较为直观等优点而应用最为广泛。研究还发现，尖点突变模型具有 5 个典型的性质特征，即

(1)双模态：当系统在同一控制参数作用下，可能会出现两种不同的状态，即从一种模态跃变到另一种模态。

(2)不可达性：系统在某些状态变量上不可能实现真正意义上的稳定平衡，这就意味着系统有不稳定的平衡位置，这些位置是不可微的，且稍纵即逝。

(3)突跳性：这是最常观察到的，也是最容易让人联想到突变理论的特征，控制参量有微

小的变化就会引起状态变量巨大的变化，从而导致系统从一个局部极小值的临界点突跳到另一个局部极小值的临界点。

(4)发散性：对于连续平滑的变化，控制参数微小的扰动仅引起状态变量的微小增量，但在退化点邻域内，参量的微小变化将导致状态变量很大的变化，这种不稳定性称作发散性。

(5)滞后性：任何一个物理系统不能严格的逆相重复某种变化过程时，就会出现滞后现象；物理过程并非严格可逆，平衡曲面两状态间的转换和逆转换时控制参数变化路径不同。

具体到尖点突变模型的应用，首先应构造出势函数在尖点突变模型中的一般形式，即

$$V(x)=x^4+ux^2+vx \tag{6-50}$$

式中，x 为状态变量；u，v 为控制变量。

因此可知式(6-50)的相空间为三维形式，如图 6-7 所示。设 $V'(x)=0$，则有

$$4x^3+2ux+v=0 \tag{6-51}$$

由式(6-51)可以得出平衡曲面 M，该平衡曲面的折叠或尖拐点集称作奇点集 S，可由$V''(x)=0$ 得出(图 6-8)，即

$$12x^2+2u=0 \tag{6-52}$$

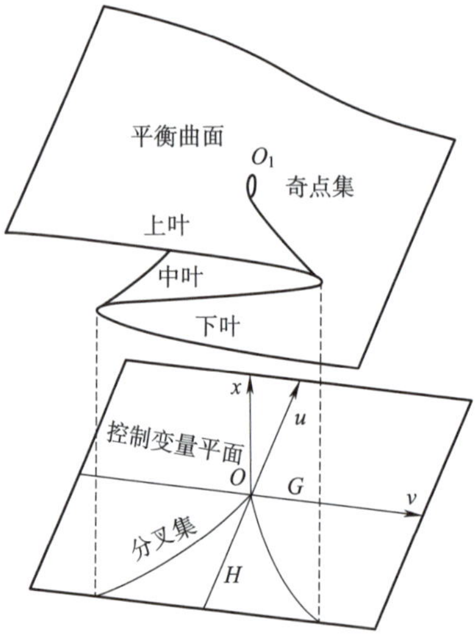

图 6-7　尖点突变模型的平衡曲面与分叉集

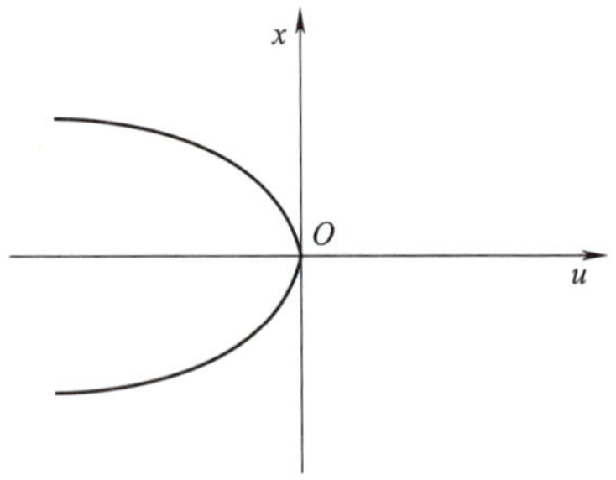

图 6-8　奇点集中 x 随 u 的变化形式

而奇点集 S 在 vOu 平面的投影称作分叉集 B，可由式(6-51)的判别式 $\Delta=0$ 得出。因式(6-51)为三次式，则其实根判别式可写为

$$\Delta=8u^3+27v^2 \tag{6-53}$$

根据式(6-53)可知，当 $\Delta>0$ 时，式(6-51)中 x 有一个实根和一对共轭虚根；当 $\Delta=0$ 时，

式(6-51)中 x 有三个实根，其中两个相等；当 $\Delta<0$ 时，式(6-51)中 x 有三个不相等的实根。

同时，由 $\Delta=0$ 还可知，尖点突变模型的分叉集在控制变量平面内为一半立方抛物线，且在中部(0,0)处存在一个尖点。由图6-7可知，分叉集 B 将控制变量平面分割成两个区域，可分别记为 G 和 H。当控制变量 u 与 v 在 G 区域内时，即 $\Delta>0$，V 为稳定平衡；当控制变量 u 与 v 在分叉集 B 上时，即 $\Delta=0$，V 处于稳定平衡与不稳定平衡的临界状态；当控制变量 u 与 v 在 H 区域内时，即 $\Delta<0$，由于该区域对应着平衡曲面的上、中、下三个区域，其中上叶与下叶为稳定平衡，中叶为不稳定平衡，因此 V 为不稳定平衡的条件为 $V''(x)<0$。

3. 边坡变形突变分析

边坡变形数据一般多为离散数据，在进行边坡变形突变分析时，常对边坡变形数据进行一次累加平滑化处理，以此作为突变分析的初始数据，而后将累加序列通过泰勒公式展开成幂级数形式。

$$x^{(1)}(t)=A_0+A_1t+A_2t^2+A_3t^3+\cdots+A_nt^n \tag{6-54}$$

对式(6-54)截取5次项后得出：

$$x^{(1)}(t)=A_0+A_1t+A_2t^2+A_3t^3+A_4t^4+A_5t^5 \tag{6-55}$$

由式(6-55)可知，随着时间 t 的变化将有：

$$\begin{cases} x^{(1)}(t_1)=A_0+A_1t_1+A_2t_1^2+A_3t_1^3+A_4t_1^4+A_5t_1^5 \\ x^{(1)}(t_2)=A_0+A_1t_2+A_2t_2^2+A_3t_2^3+A_4t_2^4+A_5t_2^5 \\ \qquad\vdots \\ x^{(1)}(t_n)=A_0+A_1t_n+A_2t_n^2+A_3t_n^3+A_4t_n^4+A_5t_n^5 \end{cases} \tag{6-56}$$

则式(6-56)的矩阵形式为

$$x^{(1)}=\boldsymbol{C}(A_0\quad A_1\quad A_2\quad A_3\quad A_4\quad A_5)^{\mathrm{T}} \tag{6-57}$$

式中，$\boldsymbol{C}=\begin{pmatrix} 1 & t_1 & t_1^2 & t_1^3 & t_1^4 & t_1^5 \\ 1 & t_2 & t_2^2 & t_2^3 & t_2^4 & t_2^5 \\ \vdots & \vdots & \vdots & \vdots & \vdots & \vdots \\ 1 & t_n & t_n^2 & t_n^3 & t_n^4 & t_n^5 \end{pmatrix}$。

根据最小二乘法，可得：

$$(A_0\quad A_1\quad A_2\quad A_3\quad A_4\quad A_5)^{\mathrm{T}}=(\boldsymbol{C}^{\mathrm{T}}\boldsymbol{C})^{-1}\boldsymbol{C}^{\mathrm{T}}x^{(1)} \tag{6-58}$$

由尖点突变理论可知，一般截取泰勒级数到4次方项就能保证模型的精度。于是，对式(6-55)求导后可得：

$$x=x^{(0)}(t)=A_1+2A_2t+3A_3t^2+4A_4t^3+5A_5t^4 \tag{6-59}$$

令

$$\begin{cases} a_0=A_1 \\ a_1=2A_2 \\ a_2=3A_3 \\ a_3=4A_4 \\ a_4=5A_5 \end{cases} \tag{6-60}$$

则式(6-59)可改写为

$$x=a_0+a_1t+a_2t^2+a_3t^3+a_4t^4 \tag{6-61}$$

另外，为了消去式(6-61)中的3次项，可令

$$\begin{cases} t=T_x-q \\ q=\dfrac{a_3}{4a_4} \end{cases} \tag{6-62}$$

将式(6-62)代入式(6-61)，可得：

$$\begin{aligned} x=&a_4q^4-a_3q^3+a_2q^2-a_1q+a_0+(-4a_4q^3+3a_3q^2-2a_2q+a_1)T_x+ \\ &(6a_4q^2-3a_3q+a_2)T_x^2+a_4T_x^4 \end{aligned} \tag{6-63}$$

将式(6-63)改写为

$$x=b_0+b_1T_x+b_2T_x^2+b_4T_x^4 \tag{6-64}$$

则有

$$\begin{cases} b_0=a_4q^4-a_3q^3+a_2q^2-a_1q+a_0 \\ b_1=-4a_4q^3+3a_3q^2-2a_2q+a_1 \\ b_2=6a_4q^2-3a_3q+a_2 \\ b_4=a_4 \end{cases} \tag{6-65}$$

然后对式(6-64)再做变量替换，即令

$$T_x=\begin{cases} \left(\dfrac{1}{b_4}\right)^{\frac{1}{4}}T & b_4>0 \\ \left(-\dfrac{1}{b_4}\right)^{\frac{1}{4}}T & b_4<0 \end{cases} \tag{6-66}$$

$$u_t=\begin{cases} b_2\left(\dfrac{1}{b_4}\right)^{\frac{1}{2}} & b_4>0 \\ -b_2\left(-\dfrac{1}{b_4}\right)^{\frac{1}{2}} & b_4<0 \end{cases} \tag{6-67}$$

$$v_t=\begin{cases} b_1\left(\dfrac{1}{b_4}\right)^{\frac{1}{4}} & b_4>0 \\ -b_1\left(-\dfrac{1}{b_4}\right)^{\frac{1}{4}} & b_4<0 \end{cases} \tag{6-68}$$

则式(6-64)可写为

$$x=\begin{cases} T^4+u_t T^2+v_t T+b_0 & b_4>0 \\ -T^4-u_t T^2-v_t T+b_0 & b_4<0 \end{cases} \tag{6-69}$$

式中,T 为状态变量(间接的时间状态变量);b_0 为参数(不影响对突变的分析);u_t,v_t 为控制变量。同时由 $\frac{dx}{dT}=0$ 和 $\frac{d^2x}{dT^2}=0$,可分别得出式(6-69)的平衡曲面方程与奇点集方程为

$$4T^3+2u_t T+v_t=0 \tag{6-70}$$

$$12T^2+2u_t=0 \tag{6-71}$$

由式(6-70)可知,其判别式为

$$\Delta_t=8u_t^3+27v_t^2 \tag{6-72}$$

将式(6-60)、式(6-62)和式(6-65)代入式(6-67)与式(6-68),所得结果代入式(6-72),可分别得:

$$u_t=\begin{cases} \left(3A_3-\frac{6A_4^2}{5A_5}\right)\left(\frac{1}{5A_5}\right)^{\frac{1}{2}} & A_5>0 \\ \left(\frac{6A_4^2}{5A_5}-3A_3\right)\left(-\frac{1}{5A_5}\right)^{\frac{1}{2}} & A_5<0 \end{cases} \tag{6-73}$$

$$v_t=\begin{cases} \frac{8A_4^3-30A_3A_4A_5+50A_2A_5^2}{25A_5^2}\left(\frac{1}{5A_5}\right)^{\frac{1}{4}} & A_5>0 \\ -\frac{8A_4^3-30A_3A_4A_5+50A_2A_5^2}{25A_5^2}\left(-\frac{1}{5A_5}\right)^{\frac{1}{4}} & A_5<0 \end{cases} \tag{6-74}$$

$$\Delta_t=\begin{cases} 8\times\left[\left(3A_3-\frac{6A_4^2}{5A_5}\right)\left(\frac{1}{5A_5}\right)^{\frac{1}{2}}\right]^3+27\times\left[\frac{8A_4^3-30A_3A_4A_5+50A_2A_5^2}{25A_5^2}\left(\frac{1}{5A_5}\right)^{\frac{1}{4}}\right]^2 & A_5>0 \\ 8\times\left[\left(\frac{6A_4^2}{5A_5}-3A_3\right)\left(-\frac{1}{5A_5}\right)^{\frac{1}{2}}\right]^3+27\times\left[-\frac{8A_4^3-30A_3A_4A_5+50A_2A_5^2}{25A_5^2}\left(-\frac{1}{5A_5}\right)^{\frac{1}{4}}\right]^2 & A_5<0 \end{cases} \tag{6-75}$$

由尖点突变理论可知,边坡状态有两种可能发生突变的情况:

(1)$\Delta_t=0$;

(2)$\Delta_t<0$ 且 $12T^2+2u_t<0$。

在情况(1)条件下,有 $12T^2+2u_t=0$。当 $u_t=0$ 时,则有 $v_t=0$,式(6-70)有三重零根,即:$T_1=T_2=T_3=0$;当 $u_t<0$ 时,式(6-70)有三个实根,其中两个相等,即

$$\begin{cases} T_1=2\left(-\frac{u_t}{6}\right)^{\frac{1}{2}} \\ T_2=T_3=-\left(-\frac{u_t}{6}\right)^{\frac{1}{2}} \end{cases} \tag{6-76}$$

当控制变量跨越分叉集时,状态变量 T 发生突跳(图 6-9),突跳的差值为

$$\Delta T=3\left(-\frac{u_t}{6}\right)^{\frac{1}{2}} \tag{6-77}$$

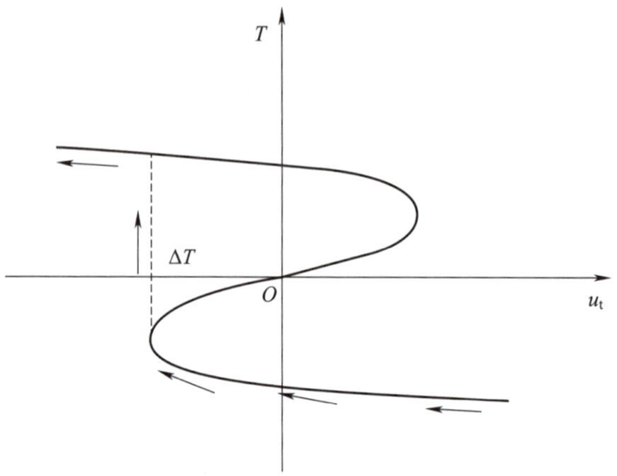

图 6-9　状态变量 T 的突跳形式

由此可得，与状态变量差值相对应的边坡变形突变前后的时间差，也即边坡变形的临界状态与突变失稳状态的时间之差为

$$\begin{cases} \Delta t=\dfrac{\sqrt{36A_4^2-90A_3A_5}}{10A_5} & A_5>0 \\ \Delta t=\dfrac{\sqrt{36A_4^2-90A_3A_5}}{-10A_5} & A_5<0 \end{cases} \tag{6-78}$$

而在情况(2)条件下，即 $\Delta_t<0$ 且 $12T^2+2u_t<0$，边坡控制变量在分叉集内，通过分析可知，边坡变形的实际突变时间一般应小于 Δt 与临界状态的历时之和，即

$$\begin{cases} t_{突变}<\dfrac{2\sqrt{36A_4^2-90A_3A_5}-3A_4}{15A_5} & A_5>0 \\ t_{突变}<\dfrac{2\sqrt{36A_4^2-90A_3A_5}+3A_4}{-15A_5} & A_5<0 \end{cases} \tag{6-79}$$

4. 突变模型优化改进

由边坡变形尖点突变模型可知，边坡变形状态是否发生突变，与边坡变形数据有着直接的关系，但在实际应用中，边坡施工变形数据往往离散性较大、非平稳性较强，即使对其进行一次累加处理有时也很难消除，直接影响尖点突变模型势函数的建立，这就可能造成突变模型预测的不准确。此外该突变模型无法判断边坡突变的方向性，即只能对边坡作出失稳判断，这主要是由于边坡变形数列是参照变形零点得出的，并认为变形零点为稳定点，则突变点必然为失稳点，但实际工程中某些处于失稳或稳定性较差的边坡，经过治理与加固或受到其他有利于边坡稳定性因素的影响，边坡完全有可能向稳定状态转变。因此，仅利用 Δ 值来判断边坡是否失稳是不合理的。

基于上述边坡变形尖点突变模型存在的不足，提出虚实灰色趋势—尖点突变模型(简称虚实—突变模型)，其实质就是基于边坡变形趋势的相对变化思想，由此建立边坡变形虚实灰色趋势的相对势函数，进而解答边坡变形突变问题。边坡变形虚实—突变模型的建立步骤如下所述。

(1)设有边坡变形数列 $X^{(1)}=\{x^{(1)}(1),x^{(1)}(2),\cdots,x^{(1)}(n)\}$，从第 i 个边坡变形数列开始出现明显的趋势改变，由此可将边坡变形数列分为前后两组(其中重合一个数据，保持数据的连续性)，即 $X_{\mathrm{q}}^{(1)}$ 与 $X_{\mathrm{h}}^{(1)}$ 分别为

$$X_{\mathrm{q}}^{(1)}=\{x^{(1)}(1),x^{(1)}(2),\cdots,x^{(1)}(i-1)\} \tag{6-80}$$

$$X_{\mathrm{h}}^{(1)}=\{x^{(1)}(i-1),x^{(1)}(i),\cdots,x^{(1)}(n)\} \tag{6-81}$$

(2)分别对两组数据进行灰色建模，各自得出全数列的拟合数列和预测数列。其中，$X_{\mathrm{q}}^{(1)}$ 的拟合数列和预测数列为

$$\begin{cases}\hat{X}_{qn}^{(1)}=\{\hat{x}^{(1)}(1),\hat{x}^{(1)}(2),\cdots,\hat{x}^{(1)}(i-1)\}\\ \widetilde{X}_{qy}^{(1)}=\{\widetilde{x}^{(1)}(i),\widetilde{x}^{(1)}(i+1),\cdots,\widetilde{x}^{(1)}(n)\}\end{cases} \tag{6-82}$$

而 $X_{\mathrm{h}}^{(1)}$ 的拟合数列和预测数列为

$$\begin{cases}\widetilde{X}_{hy}^{(1)}-\{\widetilde{x}^{(1)}(1),\widetilde{x}^{(1)}(2),\cdots,\widetilde{x}^{(1)}(i-1)\}\\ \hat{X}_{hn}^{(1)}=\{\hat{x}^{(1)}(i),\hat{x}^{(1)}(i+1),\cdots,\hat{x}^{(1)}(n)\}\end{cases} \tag{6-83}$$

令实趋势灰数列 $\hat{X}_{\mathrm{s}}^{(1)}=\{\hat{X}_{qn}^{(1)},\hat{X}_{hn}^{(1)}\}$，则有

$$\hat{X}_{\mathrm{s}}^{(1)}=\{x^{(1)}(1),\hat{x}^{(1)}(2),\cdots,\hat{x}^{(1)}(n)\} \tag{6-84}$$

令虚趋势灰数列 $\widetilde{X}_{\mathrm{x}}^{(1)}=\{\widetilde{X}_{qy}^{(1)},\widetilde{X}_{hy}^{(1)}\}$，则有

$$\widetilde{X}_{\mathrm{x}}^{(1)}=\{\widetilde{x}^{(1)}(1),\widetilde{x}^{(1)}(2),\cdots,\widetilde{x}^{(1)}(n)\} \tag{6-85}$$

由此虚实灰趋势差值数列为

$$X_{\mathrm{c}}^{(1)}=\hat{X}_{\mathrm{s}}^{(1)}-\widetilde{X}_{\mathrm{x}}^{(1)}=\{\hat{x}^{(1)}(1)-\widetilde{x}^{(1)}(1),\hat{x}^{(1)}(2)-\widetilde{x}^{(1)}(2),\cdots,\hat{x}^{(1)}(n)-\widetilde{x}^{(1)}(n)\} \tag{6-86}$$

(3)从 $X_{\mathrm{c}}^{(1)}$ 中第 i 个数据附近选出一组数列长度为 6 的差值数列进行泰勒幂级数展开，构造出边坡变形虚实灰趋势的相对势函数。再根据尖点突变模型进行边坡变形趋势突变分析，并计算出前后趋势变化的临界时间与突变时间(因与前述尖点突变理论步骤相同，此处不再赘述)。

6.4　边坡变形预测及灾变预警试验

1. 边坡变形预测

为了更好地保证对试验边坡各监测点变形数据的拟合预测精度，在分析试验边坡各监

测点变形数据特征的基础上，对各监测点数据变化趋势进行分段划分，见表 6-6。同时，利用灰色上、下限模型对各监测点数据进行分段拟合预测，分别得出各段的灰色拟合预测数据、灰色上限数据与灰色下限数据，并与灰色总体法拟合预测进行对比，如图 6-10 所示。其中，灰色分段长度不小于 4；灰色上、下限模型的置信水平 $1-\alpha$ 取 99%。

表 6-6　各坡段监测点变形趋势划分

坡　段	编　号	数据长度	灰色拟合分段数	灰色分段点序号
四级边坡	D_1	10	2	4
	D_2	10	2	4
	D_{1B}	17	2	9
	D_{2B}	17	2	8
三级边坡	D_3	26	4	4,9,20
	D_4	26	3	8,14
	D_5	26	3	6,13
二级边坡	D_6	22	3	6,15
	D_7	22	3	6,12
	D_8	22	3	6,12
一级边坡	D_9	17	2	8
	D_{10}	17	2	9
	D_{11}	17	2	9

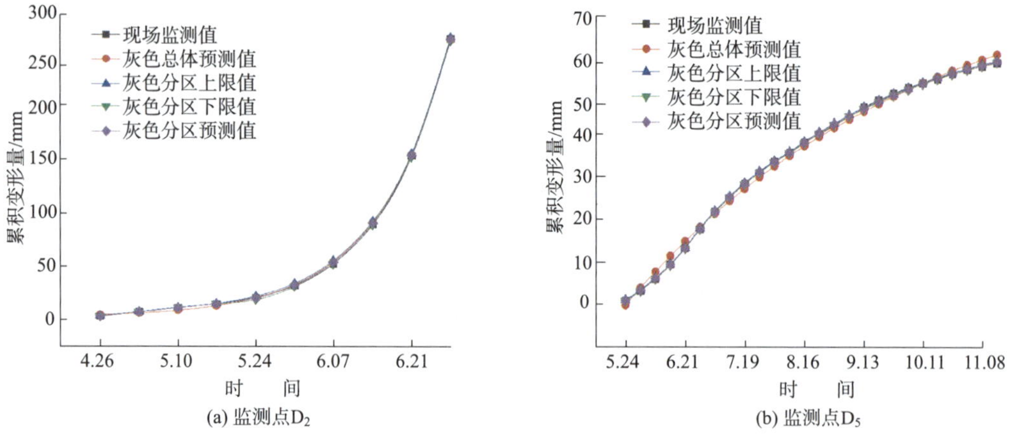

(a) 监测点D_2　　(b) 监测点D_5

图 6-10　部分监测点变形数据拟合对比

同时，根据数据拟合结果，利用平均相对误差法、灰色关联度法、后验差比值法及小误差概率法对表 6-6 中两种灰色拟合方法进行综合精度分析，并采用精度最低评价准则对各监测点数据的拟合精度进行评估，见表 6-7。

表 6-7 灰色分段拟合法与灰色总体拟合法精度对比

编 号	拟合方法	平均相对误差	灰色关联度	后验差比值	小误差概率	精度等级
D_1	总体	21.36%	0.958 6	0.091 0	100%	不合格
	分段	8.07%	0.997 8	0.076 6	100%	良 好
D_{1B}	总体	12.15%	0.783 2	0.354 9	94.12%	合 格
	分段	6.74%	0.945 2	0.198 6	100%	良 好
D_2	总体	19.54%	0.907 7	0.046 1	100%	不合格
	分段	4.21%	0.997 5	0.021 5	100%	优
D_{2B}	总体	16.39%	0.779 7	0.456 0	94.12%	不合格
	分段	9.19%	0.984 5	0.264 4	100%	良 好
D_3	总体	62.62%	0.544 2	1.162 9	34.62%	不合格
	分段	7.71%	0.994 2	0.244 6	96.15%	良 好
D_4	总体	33.72%	0.590 5	0.716 7	73.08%	不合格
	分段	7.48%	0.992 3	0.160 7	100%	良 好
D_5	总体	23.76%	0.661 7	0.602 1	80.77%	不合格
	分段	7.77%	0.936 5	0.178 8	100%	良好
D_6	总体	17.10%	0.696 0	0.597 1	81.82%	不合格
	分段	4.30%	0.979 4	0.155 0	100%	良 好
D_7	总体	13.07%	0.718 6	0.413 8	86.36%	合 格
	分段	4.39%	0.973 1	0.159 2	100%	优
D_8	总体	15.41%	0.678 3	0.553 8	81.82	不合格
	分段	5.39%	0.967 2	0.183 7	100%	良 好
D_9	总体	16.79%	0.714 9	0.524 8	70.59%	不合格
	分段	5.65%	0.976 7	0.183 2	100%	良 好
D_{10}	总体	18.24%	0.727 8	0.539 8	82.35%	不合格
	分段	8.90%	0.984 3	0.301 9	100%	良 好
D_{11}	总体	10.59%	0.825 5	0.325 4	100%	合 格
	分段	5.42%	0.963 4	0.162 3	100%	良 好

各监测点的灰色分段法拟合精度等级均高于灰色总体法拟合精度等级。就具体指标来看，灰色分段法的平均相对误差为4.21%～9.19%，灰色关联度为0.936 5～0.997 8，后验差比值为0.021 5～0.301 9，小误差概率为96.15%～100%；而灰色总体法的平均相对误差为10.59%～62.62%，灰色关联度为0.544 2～0.958 6，后验差比值为0.046 1～1.162 9，小误差概率为34.62%～100%。因此，采用灰色分段法进行边坡变形拟合预测，相对于灰色总体法拟合预测更为合理。

2. 边坡变形突变特征

针对试验边坡施工期的变形灾变研究，主要是以原有的尖点突变模型和虚实—突变模型为理论基础，分析两种方法在边坡变形突变研究中 Δ 值变化特征（图 6-11），以及相应的临界时间与突变时间，并综合对比两种方法在试验边坡变形突变研究中的优劣。

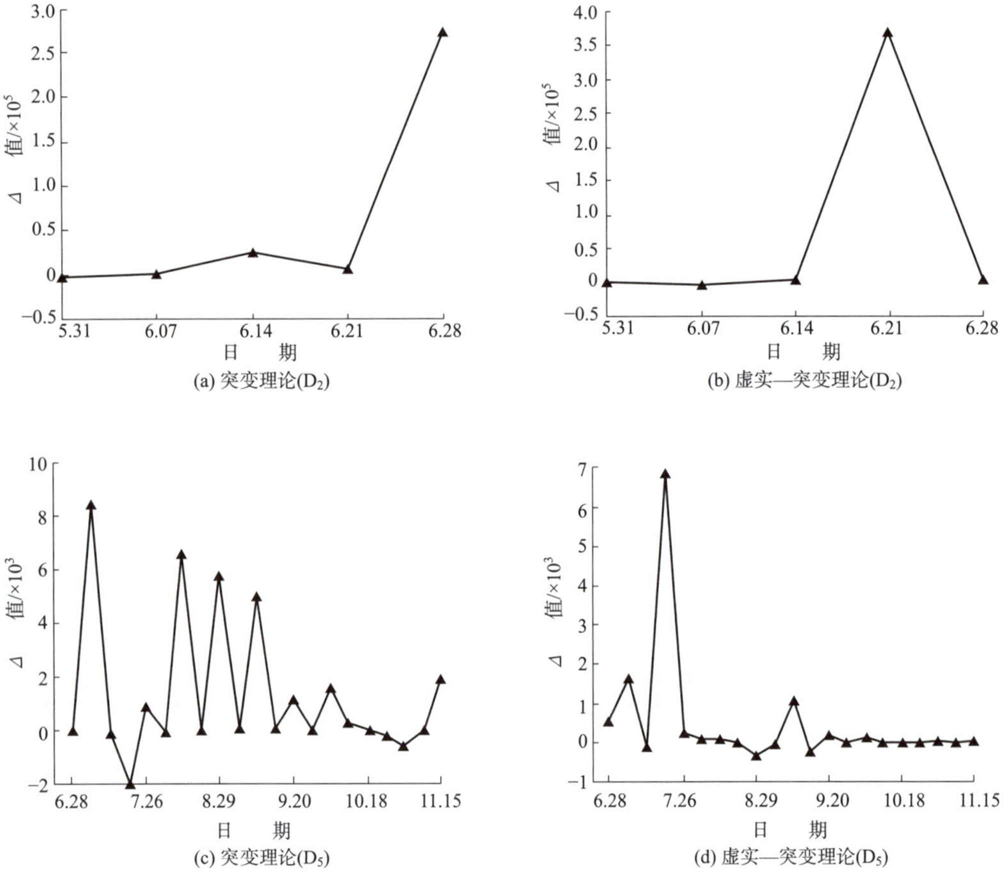

(a) 突变理论(D_2)　(b) 虚实—突变理论(D_2)

(c) 突变理论(D_5)　(d) 虚实—突变理论(D_5)

图 6-11　Δ 值的时间变化曲线

需要说明的是，在建立虚实—突变理论与突变理论的势函数模型时，建模数据长度设为 6，而由于各监测点数据长度均大于 6，因此采用数据代谢替换的方法，对各监测点进行全时段突变分析。

通过分析两种方法求得的 Δ 值随时间的变化曲线可知，采用突变理论计算的 Δ 值随时间变化的波动性较强，说明控制变量 u_t 与 v_t 随时间变化强烈，这反映出边坡施工变形的不平稳特征；采用虚实—突变理论得出的 Δ 值随时间变化的波动性较弱，说明虚实—突变理论有效地将边坡施工变形数据进行了平稳化处理，滤除了部分干扰，使得对边坡施工变形突变分析更具针对性。

同时，由突变理论可知，当 $\Delta<0$ 时，边坡将会发生失稳破坏，而对于一些监测点（如 D_9、D_{10}、D_{11}），其 Δ 值均多次出现 $\Delta<0$ 的情况，但实际上边坡在监测点 D_9、D_{10} 和 D_{11} 附近坡体变形是趋于稳定的，并未出现明显失稳现象，显然此处由突变模型进行预测与实际不符；而虚实趋势—突变模型则能很好地解释这一现象，对于虚实—突变模型来说，当 $\Delta<0$ 时，边坡变形趋势或状态发生了突变，即边坡由一种变形状态或趋势突变为另一种变形状态或趋势，如收敛→发散（记为 S-F 型突变）、发散→收敛（记为 F-S 型突变）、收敛→收敛（记为 S-S 型突变）、发散→发散（记为 F-F 型突变）。仅就试验边坡来说，其变形状态的突变主要表现为S-F 型、F-S 型和 S-S 型三种形式（表 6-8），其中 S-F 型突变易于引发试验边坡坡体开裂破坏的产生。

表 6-8　各监测点变形突变时间对比

编　号	趋势拐点/周	突变理论		虚实—突变理论					现场情况
		临界时间/周	突变时间/周	临界时间/周	突变时间/周	突前状态	方向	突后状态	
D_1	4	<5.06	<11.04	<4.44	<8.61	收敛	向差	发散	第 8.4 周坡体出现开裂
D_2	4	<4.77	<10.08	<4.61	<8.24	收敛	向差	发散	第 8.1 周坡体出现开裂
D_{1B}	9	<8.32	<11.32	<8.40	<11.46	收敛	向好	收敛	坡体无异常
D_{2B}	8	<8.21	<10.65	<7.39	<10.44	收敛	向好	收敛	坡体无异常
D_3	4	<3.41	<6.71	<4.64	<7.38	收敛	向差	发散	第 6.4 周坡体出现开裂
	9	<8.37	<11.31	<8.43	<11.50	发散	向好	收敛	坡体无异常
	20	<19.52	<22.07	<19.23	<22.06	收敛	向好	收敛	坡体无异常
D_4	8	<7.60	<10.78	<7.42	<10.50	发散	向好	收敛	坡体无异常
	14	<14.47	<17.14	<14.60	<17.51	收敛	向差	收敛	坡体无异常
D_5	6	<5.76	<9.03	<7.42	<10.50	发散	向好	收敛	坡体无异常
	13	<14.47	<17.14	<14.60	<17.51	收敛	向差	收敛	坡体无异常
D_6	6	<6.35	<9.50	<6.40	<9.44	发散	向好	收敛	坡体无异常
	15	<14.19	<17.32	<14.31	<17.23	收敛	向好	收敛	坡体无异常
D_7	6	<5.36	<8.25	<5.35	<8.33	发散	向好	收敛	坡体无异常
	12	<11.44	<14.04	<11.31	<14.24	收敛	向好	收敛	坡体无异常
D_8	6	<5.62	<8.97	<5.38	<8.40	发散	向好	收敛	坡体无异常
	12	<11.52	<14.35	<11.33	<14.30	收敛	向好	收敛	坡体无异常
D_9	8	<7.33	<10.08	<7.36	<10.36	收敛	向好	收敛	坡体无异常
D_{10}	9	<7.46	<10.33	<8.39	<11.44	收敛	向好	收敛	坡体无异常
D_{11}	9	<8.09	<11.72	<8.45	<11.59	收敛	向好	收敛	坡体无异常

注：表中各监测点临界时间与突变时间均以各自监测开始时间为初始零点计算得出。

由表 6-8 还可知，利用虚实—突变理论和原突变理论分别得出的临界时间和突变时间差别并不太大，并且虚实—突变理论相对于原突变理论来说，增加了对突变前后边坡施工变形状态的分析，从而降低了对边坡施工变形突变判断的盲目性。因此，在对边坡进行变形突变预警分析时，虚实—突变理论更为符合边坡施工变形破坏的实际情况。

3. 边坡灾变预警控制

工程上对于边坡变形的预警控制主要包括变形速率控制和累计变形量控制两方面。在实际应用中，一般多采用变形速率与累计变形量相结合的双控形式来控制边坡变形。根据 Broadbent 提出的边坡滑落极限变形速率的经验公式，可知：

$$v_c = k^2 v_0 \tag{6-87}$$

式中，v_c为边坡变形破坏段（发散段）的最终滑落速率；v_0为边坡变形破坏段（发散段）的初始变形速率；k 为常数，一般介于 4.6～10.4 之间。

通过分析边坡各监测点变形数据，可以看出监测点 D_1 与 D_2 在破坏段的初始变形速率分别为 5.6 mm/周和 6.4 mm/周，则由式(6-87)可知监测点 D_1 与 D_2 处边坡发生滑落的最终速率分别在 118.5～605.7 mm/周和 135.4～692.2 mm/周之间。

根据灰色上、下限分段预测模型对监测点 D_1 与 D_2 破坏段的预测，得到 D_1 与 D_2 破坏段的变形速率预测模型分别为

$$v_{D_1} = 6.617\,0 \cdot e^{0.451\,1t} \tag{6-88}$$

$$v_{D_2} = 5.644\,7 \cdot e^{0.543\,7t} \tag{6-89}$$

令 v_{D_1} 与 v_{D_2} 分别等于 v_c，则由此可以得出监测点 D_1 与 D_2 处边坡发生滑落的总时间分别为

$$t_{D_1总} = t_{D_1破} + 4 \tag{6-90}$$

$$t_{D_2总} = t_{D_2破} + 4 \tag{6-91}$$

$$t_{D_1破} = 2.216\,8 \cdot \ln \frac{k^2 v_{0D_1}}{6.617\,0} \tag{6-92}$$

$$t_{D_2破} = 1.839\,2 \cdot \ln \frac{k^2 v_{0D_2}}{5.644\,7} \tag{6-93}$$

由此可得，监测点 D_1 处边坡发生滑落的时间在 10.4～14.0 周之间，比其开裂时间晚 2.0～5.6 周；监测点 D_2 处边坡发生滑落的时间在 9.8～12.8 周之间，比其开裂时间晚 1.7～4.7 周。因此，可以推断出试验边坡灾变失稳的过程主要为：坡体施工扰动→边坡变形启动→坡体开裂破坏→坡体滑落失稳。

同时，根据灰色上、下限分段预测模型对监测点 D_1 与 D_2 破坏段的累计变形预测公式，即

$$x_{D_1} = 14.668\,5 \cdot e^{0.451\,1t} - 2.783\,5 \tag{6-94}$$

$$x_{D_2} = 10.382\,1 \cdot e^{0.543\,7t} + 4.583\,2 \tag{6-95}$$

将式(6-92)和式(6-93)分别代入式(6-94)与式(6-95)，可知监测点 D_1 处边坡发生滑落破坏时的累计变形量为 260.4～1 332.2 mm，监测点 D_2 处边坡发生滑落破坏时的累计变形量为 247.7～1 246.8 mm。

综之，结合试验岩溶路基边坡自身的施工变形特征，分别取监测点 D_1 与 D_2 滑落破坏时下限的平均变形速率与平均累计变形量，作为其灾变变形的临界控制预警值，即认为试验边坡发生灾变的临界变形速率为 127.0 mm/周，临界累计变形量为 254.1 mm。

第7章　岩溶路基边坡施工危险性动态评价

岩溶路基边坡与一般边坡相比，地质结构特征复杂，且易受外部条件变化的影响，以至于在对其进行施工建设时，存在极大的灾变失稳危险。利用模糊评价理论，建立多因素影响的岩溶路基边坡施工期危险性评价体系，以试验岩溶路基边坡为例，对其相关指标权重进行分配，并结合试验边坡施工期各指标隶属度变化情况，对其3—11月份施工危险性等级进行综合模糊评价，为类似工程的开展提供一定的技术参考。

7.1　危险性评价基本理论

7.1.1　危险定义

危险作为一个相对抽象的概念，在不同行业对它的理解也不尽相同，危险的含义在工程中则常常表现出不确定性、可度量性以及后果不良性等特点。但总的来看，危险为不利事件发生的可能性，包括危险主体和危险源。其中，危险主体为危险的承受体；危险源为在一定条件下对危险主体造成不利影响的不确定因素。因此，对于岩溶路基边坡的施工危险性而言，可以将其理解为在特定的设计标准、施工技术、地质条件和水文条件等因素影响下，造成其发生灾变失稳效应的不确定性。

7.1.2　危险源识别依据及方法

由于在客观世界中，因与果之间不仅具有关联性，而且还可以被所认知与了解。因此，在生活、学习和工作中，一方面常可以从事情的原因得到事情的结果；另一方面也可以从事情的结果为出发点，找出事情产生的原因，这恰恰是进行危险源识别的现实依据。目前，在工程项目中常用的危险源识别方法主要有以下几种：

1. 智 爆 法

智爆法属于专家调查法中的一种，它是通过组织相关领域内具有丰富专业理论和实践经验的专家，对工程危险进行识别分析和预测评估的方法。智爆法一般要求参会人数为5～10人，通常以小组内会议的形式进行实现，即与会专家通过相互启发、激励与补充，尽可能多的发表意见与见解，畅所欲言，集思广益，不仅有利于产生新的思想和观点，也便于问题的解决。

2. 德尔菲法

德尔菲法作为另一种形式的专家调查法，通常采用匿名方式进行，即专家组内各成员一般不进行交流，仅根据个人的想法与认知对工程中危险源进行识别，而后汇集出一份总的危险源清单表，有关人员再将汇总表分别发于各位专家学者，请他们相互比较自己与别人的不同意见，进而增加或完善自己的判断意见，如此反复数次之后，就会形成比较一致的专家结论。其实质就是集中许多专家意见来弱化单人的意见，使最终意见更接近于客观实际。

3. 分解分析法

分解分析法是以图解的形式加以分析，将一些大的危险源进行层层分解，逐个分解成各种小的危险源，这种层层分解的方法可使项目管理人员对各种危险因素有更为全面的了解，有利于管理人员从最小分解单位逐步进行危险识别。

4. 检查表法

检查表法是根据相关人员的工程经验和对有关工程的了解程度，将工程中存在的危险进行列表分析。在实际操作过程中，可以将具体工程中的实际情况与检查表直接进行对比研究，进而识别出有关危险源。检查表法操作相对简单易行，但检查表并不能涵盖项目中存在的所有危险源，具有一定的工程局限性。因此，在采用检查表法时，应尽可能多的找出工程危险源。

5. 情景分析法

情景分析法是通过图表或曲线描述项目中某个危险因素变化时，其对整个项目的影响情况，由此来为工程项目管理者提供相互比较研究的思路。

6. 项目工作分解结构法

项目工作分解结构法（work breakdown structure，简称 WBS），是把一个项目按一定的原则进行分解，即项目分解成任务，任务再分解成一项项工作，再把一项项工作进行分解，直到无法分解为止。工作分解结构以可交付成果为导向对项目危险进行分组，其归纳和定义了项目的整个危险范围，每下降一层代表对项目危险的更详细定义。

7. 敏感性分析法

敏感性分析法多用于项目危险性的估计，来测定项目变量的变化引起项目危险后果的大小。敏感性分析法属于单变量分析，即保持其他因素不变，只研究一个因素对项目性能的影响。由此便可以识别出哪些因素是危险因素，需要项目管理者做进一步的危险性分析。

需要指出的是，上述方法均有自身的缺陷，并不是十分完善。因此，为了弥补或降低单一方法的不足，在对具体工程的危险源进行识别时，可根据工程的实际情况，将多种识别方法结合使用，以求达到取长补短的效果。

7.1.3 危险性评估方法

危险性评估方法又称危险性估算方法，是在有效辨识工程项目危险的基础上，根据工程项目的自身特点，针对工程项目中某一个或多个特定危险源进行评估，估测此类危险发生的概率大小。

工程危险的有效评估，有利于危险对策的正确制定和危险控制的合理选择，是工程项目管理研究中的关键环节之一。常用的工程危险性评估分析方法主要可以分为定性评估、定量评估和综合评估三种类型。

1. 定性评估

危险的定性评估主要是以分析危险的产生机理与作用机制为基础，并通过对危险事件发生可能性的估测，来表示危险的高低。

其中，专家调查打分法、层次分析法和失效模式及后果分析法均属于危险的定性评估方法范畴。

2. 定量评估

危险的定量评估主要是指通过对相关数据的量化分析，来描述和推断某一危险事件发生的可能性。

其中，蒙特卡罗模拟法、控制区间模型法和风险图法均属于危险的定量评估方法范畴。

3. 综合评估

危险的综合评估主要是将定性评估与定量评估相结合，对危险事件进行综合性分析与估测。

其中，事故树法、影响图法、原因—结果分析法、风险评价矩阵法、专家信心指数法以及模糊综合评判法均属于危险的综合评估方法范畴。

7.1.4 危险性等级划分

危险性等级主要是通过危险事件发生的可能性或概率大小进行划分，就现有文献资料来看，多数研究者在具体工程应用中，通常采用“4 层级”或“5 层级”的危险等级标准，来对工程危险事件的概率大小进行标定。但需要注意的是，危险等级不宜划分的过多或过少，过多或过少的等级划分均不利于评价者对危险事件的有效把控，从而影响危险性评估结果的准确性。

7.2　危险性综合评价模型

7.2.1　危险因素分析

岩溶路基边坡的灾变失稳受多方面因素的影响，这些因素不仅复杂多变，而且还具有一定的模糊特征，一定程度上也增大了人们对岩溶路基边坡施工危险性评估的难度。因此，如何准确识别危险源和建立相应的危险评价指标，对于岩溶路基边坡施工危险性评价工作来说就显得十分重要。

通过对岩溶路基边坡展开现场调查、检测与监测分析以及数值模拟计算等方面的研究工作，将岩溶路基边坡施工危险性评价指标因子划分为两个层级。其中，一级评价因子划分为 5 个，包括现场环境条件、区域水文条件、边坡变形情况、施工开挖情况和施工控制措施等；二级评价因子则是对一级评价因子的进一步细化，共划分为 16 个，分别包括属于现场环境条件范畴的岩体质量等级、岩溶发育状况、地震烈度等级和地形坡度特征，属于区域水文条件范畴的地表水状况、地下水状况、年均降雨量和强降雨持续时间，属于边坡变形情况范畴的累计变形量和变形速率，属于施工开挖情况的开挖方式、开挖深度和开挖坡度，属于施工控制措施范畴的支护加固措施、防排水措施和应急响应措施。

1. 现场环境条件

在各类边坡工程中，对于现场环境条件的充分掌握，是此类工程活动能够顺利进行的基础。但同时由于不同边坡工程对于现场环境条件的研究重点有所差异，因此考虑到岩溶路基边坡现场环境条件因素的自身特点，将其细分为岩体质量等级、岩溶发育状况、地震烈度等级和地形坡度特征等四类。岩体质量等级是对边坡岩土体的岩性、结构及强度等特征的综合体现，是影响岩溶路基边坡稳定的重要因素；岩溶发育状况是对碳酸岩坡体地质状况的有效补充，坡体岩溶发育越强烈越易发生灾变失稳；地震烈度等级是反映研究区域内地震破坏强度的指标，其对于岩溶路基边坡灾变效应的发生具有潜在的危害性；地形坡度特征可以反映出研究区域内的地形起伏变化情况，一般来说地形起伏越大，越易引发岩溶路基边坡的灾变失稳。

2. 区域水文条件

人工边坡或天然边坡失稳现象的发生，或多或少受到水作用的影响。一方面水的冲刷与侵蚀作用，会使边坡岩土体自身强度及层间结构面的黏结力降低，进而可能诱发边坡灾变失稳；另一方面水在坡体的裂隙或溶腔内贮存、流动时，也会产生动、静水压力，从而改变坡体的受力特征，将不利于边坡的稳定。因此，充分掌握岩溶路基边坡的区域水文条件，对于评价边坡施工危险性是十分必要的。

同时，在研究岩溶路基边坡区域水文条件时，主要是考虑研究区内的地表水情况、地下水情况、年均降雨量和降雨持续时间等四方面，可分别体现出岩溶路基边坡所处的内外水环境特征，以及区域内水的补给和降雨情况等，对于研究岩溶路基边坡区域水文条件具有重要意义。

3. 边坡变形情况

岩溶路基边坡的坡体变形情况，其实就是在各种内外条件作用下边坡状态特征的外在表现，它能够实时地反映出边坡的状态变化，是进行边坡灾变危险性研究的重要因素之一。

现阶段，人们对边坡变形状态的分析，主要是通过研究坡体的累计变形量和变形速率来实现的。当边坡坡体的累计变形量和变形速率过大或超过一定范围时，必然增大边坡灾变失稳发生的概率。

4. 施工开挖情况

岩溶路基边坡的施工开挖属于对其自身稳定性的一种外在人为活动扰动，且其影响主要表现为两方面：一方面边坡的开挖改变了原有边坡的形态特征，主要体现在边坡的开挖深度与开挖坡度上，一般认为边坡开挖深度越深或开挖坡度越陡，则越易引发边坡灾变失稳；另一方面体现在边坡的开挖方式上，不同的边坡施工开挖方式对边坡灾变失稳的影响有着明显的差异，就常用的边坡施工开挖方式来说，人工开挖对边坡灾变失稳的影响要小于机械开挖对边坡灾变失稳的影响，机械开挖对边坡灾变失稳的影响要小于爆破开挖对边坡灾变失稳的影响。

5. 施工控制措施

岩溶路基边坡的施工控制措施包括主动控制措施和被动控制措施两种类型，主动控制措施是通过积极地治理与防护来消除或减弱岩溶路基边坡潜在的灾变失稳效应，比如对岩溶路基边坡进行支护加固处理和设置防排水系统等；被动控制措施则通常是在岩溶路基边坡出现失稳迹象时，所采取的降低灾变失稳危险的应急措施。

7.2.2 危险性评价指标集

岩溶路基边坡施工危险性评价指标集，是指由影响岩溶路基边坡施工稳定的各类评价因素指标所组成的集合。根据岩溶路基边坡施工危险性评价指标层级划分(图 7-1)，第一层级的评价指标集 U 的通式可记为

$$U=\{U_1,U_2,\cdots,U_m\} \tag{7-1}$$

式中，$U_i(i=1,2,\cdots,m)$代表第一层级第 i 个评价指标。令 $m=5$，则 $U_1\sim U_5$ 分别代表现场环境条件、区域水文条件、边坡变形情况、施工开挖情况和施工控制措施。

对于岩溶路基边坡施工危险性评价第二层级评价指标集 u_{ij} 的通式可写为

$$u_{ij}=\{u_{i1},u_{i2},\cdots,u_{in_i}\} \tag{7-2}$$

式中，$U_1=\{u_{11},u_{12},u_{13},u_{14}\}$，$u_{11}\sim u_{14}$分别代表岩体质量等级、岩溶发育状况、地震烈度等级和地形坡度特征；$U_2=\{u_{21},u_{22},u_{23},u_{24}\}$，$u_{21}\sim u_{24}$分别代表地表水状况、地下水状况、年均降雨量和强降雨持续时间；$U_3=\{u_{31},u_{32}\}$，u_{31}和u_{32}分别代表累计变形量和变形速率；$U_4=\{u_{41},u_{42},u_{43}\}$，$u_{41}\sim u_{43}$分别代表开挖方式、开挖深度和开挖坡度；$U_5=\{u_{51},u_{52},u_{53}\}$，$u_{51}\sim u_{53}$分别代表支护加固措施、防排水措施和应急响应措施。

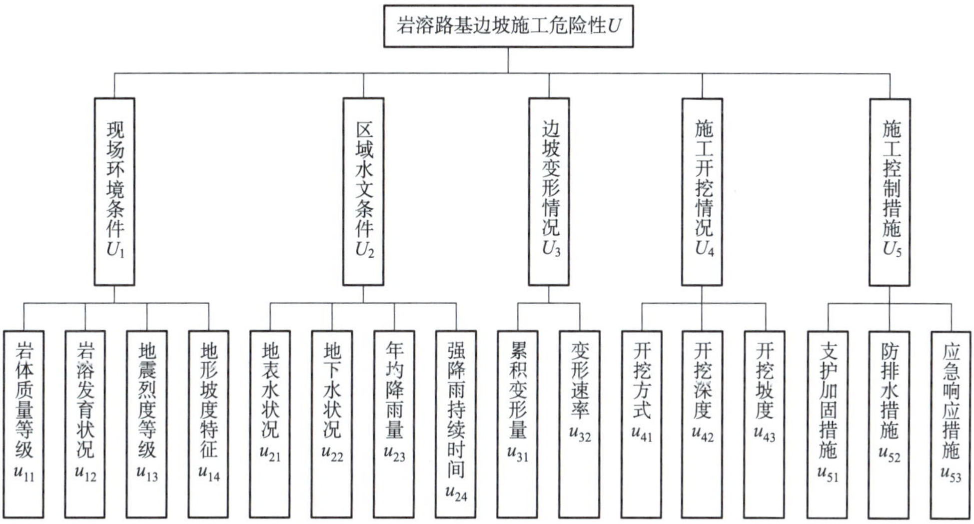

图 7-1　危险性评价指标体系

7.2.3　危险性评价评语集

岩溶路基边坡施工危险性评价评语集，就是相关评价者根据现有评价规则，对评价对象给出的各种总的评价结果所组成的集合，即

$$V=\{V_1,V_2,\cdots,V_l\} \tag{7-3}$$

式中，V 为评语集；$V_i(i=1,\ 2,\cdots,l)$为对第 i 种可能的总评价。

为了相对全面地反映出岩溶路基边坡的施工危险程度，在参考有关资料的基础上，针对其施工危险性建立起“5 级”评语集，即

$$V=\{V_1,V_2,V_3,V_4,V_5\}=\{\text{Ⅰ},\text{Ⅱ},\text{Ⅲ},\text{Ⅳ},\text{Ⅴ}\} \tag{7-4}$$

式中，Ⅰ级危险等级表示边坡存在很低的灾变可能性，属于很稳定状态；Ⅱ级危险等级表示边坡存在较低的灾变可能性，属于较稳定状态；Ⅲ级危险等级表示边坡存在中等灾变可能性，属于欠稳定状态；Ⅳ级危险等级表示边坡存在较高的灾变可能性，属于不稳定状态；Ⅴ级危险等级表示边坡存在很高的灾变可能性，属于极不稳定状态。具体有关岩溶路基边坡施工危险性评价标准见表 7-1。

表 7-1 岩溶路基边坡施工危险性评价标准体系

一级指标	二级指标	危险性评价标准				
		很 低	较 低	中 等	较 高	很 高
U_1	u_{11}	$Q<2$	$2\leqslant Q<3$	$3\leqslant Q<4$	$4\leqslant Q<5$	$Q\geqslant 5$
	u_{12}	不发育	弱发育	较发育	发 育	强发育
	u_{13}	$S<3$	$3\leqslant S<5$	$5\leqslant S<7$	$7\leqslant S<8$	$S\geqslant 8$
	u_{14}	地形平坦	地形略有起伏	地形较起伏	地形有起伏	地形有剧烈起伏
U_2	u_{21}	无地表水,常年干旱	存在短期地表径流	存在季节性溪流	存在支流水系	存在干流水系
	u_{22}	无地下水,坡体干燥	含微量地下水,坡体湿润	地下水含量一般,坡体潮湿	地下水含量较丰富,坡体渗水	地下水含量丰富,坡体涌水
	u_{23}	$a<200$	$200\leqslant a<400$	$400\leqslant a<800$	$800\leqslant a<1\ 200$	$a\geqslant 1\ 200$
	u_{24}	$T<6$	$6\leqslant T<12$	$12\leqslant T<18$	$18\leqslant T<24$	$T\geqslant 24$
U_3	u_{31}	$F_x<10$	$10\leqslant F_x<20$	$20\leqslant F_x<30$	$30\leqslant F_x<40$	$F_x\geqslant 40$
	u_{32}	$F_v<5$	$5\leqslant F_v<15$	$15\leqslant F_v<25$	$25\leqslant F_v<35$	$F_v\geqslant 35$
U_4	u_{41}	自然或未开挖	人工开挖	机械开挖	分坡段爆破	全坡段爆破
	u_{42}	$h<5$	$5\leqslant h<15$	$15\leqslant h<25$	$25\leqslant h<35$	$h\geqslant 35$
	u_{43}	$\varphi<20$	$20\leqslant\varphi<30$	$30\leqslant\varphi<40$	$40\leqslant\varphi<50$	$\varphi\geqslant 50$
U_5	u_{51}	加固治理措施合理	加固治理措施较合理	加固治理措施一般	加固治理措施不合理	无加固治理措施
	u_{52}	防排水措施合理	防排水措施较合理	防排水措施一般	防排水措施不合理	无防排水措施
	u_{53}	应急响应措施合理	应急响应措施较合理	应急响应措施一般	应急响应措施不合理	无应急响应措施

注:a 为年均降雨量 u_{23},mm;T 为强降雨持续时间 u_{24},h;F_x 为累计变形量与临界累计变形量的百分比,%;F_v 为变形速率与临界变形速率的百分比,%;h 为开挖深度 u_{42},m;φ 开挖坡度 u_{43},(°)。

7.2.4 危险性指标权重集

在岩溶路基边坡施工危险性评价指标集中,各评价指标的重要程度存在着差异。因此,为了合理反映出各评价指标的重要性程度,需要对各评价指标赋予相应的权重值。而由各评价指标权重值所组成的集合,即为指标权重集。

当设第一层评价指标 U_i 对应的权重为 A_i 时,则第一层指标权重集可写为

$$A=\{A_1,A_2,\cdots,A_m\} \tag{7-5}$$

当设第二层评价指标 U_{ij} 对应的权重为 A_{ij} 时,则第二层级指标权重集可记为

$$A_{ij}=\{a_{i1},a_{i2},\cdots,a_{in_i}\} \tag{7-6}$$

7.2.5　模糊关系矩阵

在综合模糊评判体系中，模糊关系矩阵是表示评价指标集和评语集之间模糊关系的矩阵，它可以反映出每个评价指标对评语集每一等级标准的隶属程度。同时，各评价指标方案所对应隶属度向量是模糊关系矩阵的最小构成单元。

建立的岩溶路基边坡施工危险性评价体系，对于第二层评价指标 u_{ij}，其隶属度向量可记为

$$\boldsymbol{R}_{ij}=(r_{ij1},r_{ij2},\cdots,r_{ijl}) \tag{7-7}$$

对于第一层评价指标 U_i，其相应的隶属度矩阵可写为

$$\boldsymbol{R}_i=\begin{pmatrix} r_{i11} & r_{i12} & \cdots & r_{i1l} \\ r_{i21} & r_{i21} & \cdots & r_{i2l} \\ \vdots & \vdots & & \vdots \\ r_{in_i1} & r_{in_i2} & \cdots & r_{in_il} \end{pmatrix} \tag{7-8}$$

而对于整个危险性评价体系 U 来说，其模糊关系矩阵可写为

$$\boldsymbol{R}=\begin{pmatrix} \boldsymbol{R}_1 \\ \boldsymbol{R}_2 \\ \vdots \\ \boldsymbol{R}_m \end{pmatrix}=\begin{pmatrix} r_{111} & r_{112} & \cdots & r_{11l} \\ r_{121} & r_{122} & \cdots & r_{12l} \\ \vdots & \vdots & & \vdots \\ r_{mn_m1} & r_{mn_m2} & \cdots & r_{mn_ml} \end{pmatrix} \tag{7-9}$$

7.2.6　综合评价分析

根据综合模糊评价理论，其评价结果的最终得出，首先需要对各评价指标的权重集合 A 与模糊关系矩阵 $\boldsymbol{R}$ 进行模糊计算，即

$$B=A\cdot\boldsymbol{R}=(a_{i1},a_{i2},\cdots,a_{in_i})\cdot\begin{pmatrix} r_{111} & r_{112} & \cdots & r_{11l} \\ r_{121} & r_{122} & \cdots & r_{12l} \\ \vdots & \vdots & & \vdots \\ r_{mn_m1} & r_{mn_m2} & \cdots & r_{mn_ml} \end{pmatrix}=(b_1,b_2,\cdots,b_l) \tag{7-10}$$

然后，对综合评判集 B 进行归一化处理，即

$$\widetilde{B}=\left(\frac{b_1}{\sum_{i=1}^{l}b_i},\frac{b_2}{\sum_{i=1}^{l}b_i},\cdots,\frac{b_l}{\sum_{i=1}^{l}b_i}\right)=(\widetilde{b}_1,\widetilde{b}_2,\cdots,\widetilde{b}_l) \tag{7-11}$$

最后，根据最大单元隶属度原则，则有

$$\widetilde{b}_{i0}=\max\{\widetilde{b}_1,\widetilde{b}_2,\cdots,\widetilde{b}_l\} \tag{7-12}$$

因此，$\widetilde{b}_{i0}$ 值所对应的危险性等级，即为岩溶路基边坡施工危险性的综合评价结果。

7.3 危险性指标权重

由于影响岩溶路基边坡发生失稳灾害的因素很多，并且各类因素的影响程度也有所不同。因此，在分析岩溶路基边坡灾变失稳时，首先应对导致边坡灾变失稳的影响因素进行主次关系的区分，并给每个影响因素指标赋予相应的权重，使其大小能够反映各个因素在危险性评价中的地位。一般地，权重取值越大，则该因素诱发灾变失稳的影响越大。目前，工程上用于权重的确定方法主要以专家估测确权法、层次分析确权法及其综合改进方法为主。

7.3.1 专家估测确权法

专家估测确权法是寻求相关领域的专家来确定评价指标的权重，而后通过不断修改以得到满意的结果。具体步骤如下：

(1)从相关领域专家库中选择多位经验丰富的专家，并相对独立地向各专家发出调查问卷，询问各个评价指标的权重值。

(2)整理各专家反馈的每个评价指标的权重参考值，并对每个评价指标权重值进行均值化处理。

(3)把均值化后的权重结果及相关补充资料与数据返回给各专家，要求各专家在新资料的基础上再给出每个评价指标的新权重。

如此反复多次，直至各评价指标权数与其均值的离差不超过事先给定的标准为止。此时，各专家给出的评价指标权重也基本趋于一致，并采用各指标的均值作为该指标因素的权重值，见表 7-2。

表 7-2 专家估测确权

专家	评价指标权重						$\sum_{j=1}^{n} a_{ij}$
	u_1	u_2	…	u_j	…	u_n	
专家 1	a_{11}	a_{12}	…	a_{1j}	…	a_{1n}	1
专家 2	a_{21}	a_{22}	…	a_{2j}	…	a_{2n}	1
⋮	⋮	⋮		⋮		⋮	1
专家 i	a_{i1}	a_{i2}	…	a_{ij}	…	a_{in}	1
⋮	⋮	⋮		⋮		⋮	1
专家 m	a_{m1}	a_{m2}	…	a_{mj}	…	a_{mn}	1
$a_j = \frac{1}{m}\sum_{i=1}^{n} a_{ij}$	a_1	a_2	…	a_j	…	a_n	1

7.3.2　层次分析确权法

层次分析确权法又称作 AHP 法，是通过对评价指标进行逐层构建判断矩阵，来确定各评价指标因素的权重取值的方法。具体步骤如下：

1. 构建各层判断矩阵

通过构建针对上一层次某因素而言的判断矩阵，以表示出本层次与之有关的各因素之间的相对重要性。构建判断矩阵时，需要将本层次任意两个元素进行比较，确定出哪个重要，重要多少，并根据 1～9 标度法赋值原则（表 7-3）对判断矩阵进行赋值。

表 7-3　重要性标度含义

标　度	含　义
1	表示元素 u_i 与 u_j 相比，具有同等重要性
3	表示元素 u_i 与 u_j 相比，前者比后者稍重要
5	表示元素 u_i 与 u_j 相比，前者比后者明显重要
7	表示元素 u_i 与 u_j 相比，前者比后者强烈重要
9	表示元素 u_i 与 u_j 相比，前者比后者极端重要
2,4,6,8	表示上述相邻判断的中间值，即标度 1～3,3～5,5～7,7～9 的中值
倒数	若元素 u_i 与 u_j 的重要性之比为 u_{ij}，则元素 u_j 与 u_i 的重要性之比为 $u_{ji}=1/u_{ij}$

经 1～9 标度法赋值后，对于某一层次各评价指标的判断矩阵 **P** 可表示为

$$\boldsymbol{P}=\begin{pmatrix} u_{11} & u_{12} & \cdots & u_{1n} \\ u_{21} & u_{22} & \cdots & u_{2n} \\ \vdots & \vdots & & \vdots \\ u_{n1} & u_{n2} & \cdots & u_{nn} \end{pmatrix} \tag{7-13}$$

2. 计算重要性排序

所谓计算重要性排序，就是通过求解判断矩阵的特征向量来作为某一层次各评价指标因素重要程度的排序，也即权数分配。目前，求解判断矩阵的方法主要包括方根法与和积法，由于这两种方法计算结果差别不大，本节以和积法为例进行计算。

首先，将构建出的判断矩阵的每一列进行归一化处理，即

$$\bar{u}_{ij}=\frac{u_{ij}}{\sum_{i=1}^{n} u_{ij}} \tag{7-14}$$

然后，将每一列进行了正规化的判断矩阵按行相加，可得

$$\bar{w}_i=\sum_{j=1}^{n} \bar{u}_{ij} \tag{7-15}$$

最后，将向量 $\bar{\boldsymbol{\omega}}=(\bar{w}_1,\bar{w}_2,\cdots,\bar{w}_n)^{\mathrm{T}}$ 作正规化处理，即

$$w_i=\frac{\bar{w}_i}{\sum_{i=1}^{n}\bar{w}_i} \tag{7-16}$$

由此便得到判断矩阵的特征向量 $\boldsymbol{\omega}=(w_1,w_2,\cdots,w_n)^{\mathrm{T}}$，其数值也就是所对应层次中各评价指标的权重值。

3. 一致性检验分析

一致性检验就是验证各评价指标权重值分配的合理性，其验证公式记为

$$\mathrm{CR}=\frac{\mathrm{CI}}{\mathrm{RI}} \tag{7-17}$$

式中，CR 为判断矩阵的随机一致性比率；RI 为判断矩阵的平均一致性指标（表 7-4 为 1～9 阶判断矩阵的 RI 值）；CI 为判断矩阵的一致性指标，其值可由式（7-18）～式（7-20）得出，其中 $\lambda_{\max}$ 为判断矩阵的最大特征根。

表 7-4　1～9 阶 RI 值

n	1	2	3	4	5	6	7	8	9
RI 值	0	0	0.58	0.90	1.12	1.24	1.32	1.41	1.45

$$\mathrm{CI}=\frac{1}{n-1}(\lambda_{\max}-n) \tag{7-18}$$

$$\lambda_{\max}=\frac{1}{n}\sum_{i=1}^{n}\frac{\mathrm{PW}_i}{w_i} \tag{7-19}$$

$$\mathrm{PW}=\begin{pmatrix} u_{11} & u_{12} & \cdots & u_{1n} \\ u_{21} & u_{22} & \cdots & u_{2n} \\ \vdots & \vdots & & \vdots \\ u_{n1} & u_{n2} & \cdots & u_{nn} \end{pmatrix}\cdot\begin{pmatrix} w_1 \\ w_2 \\ \vdots \\ w_n \end{pmatrix} \tag{7-20}$$

一般地，当 CR＜0.1 时，判断矩阵满足一致性，说明各评价指标权重值分配合理；当 CR≥0.1 时，判断矩阵不满足一致性，需要对判断矩阵进行调整，直至满足一致性要求为止。

4. 最终权重确定

由层次分析确权法可知，最下层次各评价指标的最终权重值是各层次之间相应评价指标的权数分配值的乘积。如对于两级层次评价体系来说，设一级层次的第 i 评价指标的权重分配值为 w_i，而与其对应的二级层次的第 j 评价指标权重分配值为 w_j，则对于整个评价体系来说，评价指标的最终权重可写为

$$a_{ij}=w_i\cdot w_j \tag{7-21}$$

7.3.3　专家-AHP 综合确权法

专家-AHP 综合确权法是基于专家估测法和层次分析法的改进方法，该方法一方面有利于指标权重的量化分析，另一方面可以弱化单个专家对相关问题认识的局限性和主观性。基本步骤如下：

(1)根据有关问题从专家库中选取相关领域专家，并编入专家小组，集中组织专家进行现场讨论，发表各自意见。

(2)要求各专家在听取其他专家意见的基础上，结合自身意见，利用层次分析法得出各自的指标权重。

(3)对各专家给出的指标权重值进行均值化处理，将所得结果反馈给专家组，并组织专家组进行满意度投票。

(4)若专家组满意度低于 80%，则要求专家组再次讨论，并按流程(图 7-2)再次给出指标权重，直至专家组满意度不低于 80%为止，此时所得指标权重即为最终权重。

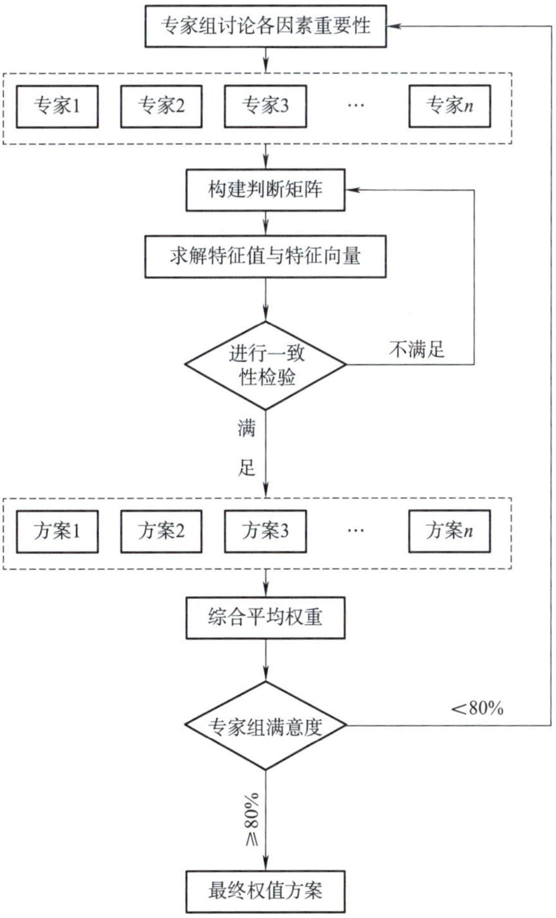

图 7-2　专家-AHP 综合确权法流程

由此，在计算指标的最终权重时，若第 k 位专家通过层次分析法求取的指标权重集为

$$A_k=\{a_{i1k},a_{i2k},\cdots,a_{in_ik}\} \tag{7-22}$$

则对于由 N 位专家构成的专家组来说，其最终权重集可写为

$$\bar{A}=\left\{\frac{1}{N}\sum_{k=1}^{N}a_{i1k},\frac{1}{N}\sum_{k=1}^{N}a_{i2k},\cdots,\frac{1}{N}\sum_{k=1}^{N}a_{in_ik}\right\} \tag{7-23}$$

7.4 危险性指标隶属度

危险性评价指标的隶属度一般具有一定的模糊性，它的确定可以通过模糊统计法、专家经验法和模糊分布法求取。目前，模糊分布法在工程中应用最为广泛，其衍生出分布形态主要包括矩形分布、梯形分布、k 次抛物线形分布、T 形分布、正态分布、哥西分布、岭形分布以及 S 形分布等。因此，基于岩溶边坡施工危险性评价指标的特点，本节将危险性评价指标中的定量评价指标采用岭形分布建立隶属度函数，来求取定量指标的隶属度；将评价指标中的定性指标采用梯形分布建立隶属度函数，来求取定性指标的隶属度。

1. 定量评价指标

在岩溶路基边坡施工危险性评价体系中，岩体质量等级、地震烈度等级、年均降雨量、强降雨持续时间、累计变形量、变形速率、开挖深度和开挖坡度等 8 个评价指标属于定量指标，根据表 7-1 的评价标准，通过岭形分布形式可分别得出其隶属度函数为

$$U_{\mathrm{I}}(x)\begin{cases}1 & 当\ x<a\\ \dfrac{1}{2}-\dfrac{1}{2}\sin\dfrac{\pi}{b-a}\left(x-\dfrac{a+b}{a}\right) & 当\ a\leqslant x\leqslant b\\ 0 & 当\ x>b\end{cases} \tag{7-24}$$

$$U_{\mathrm{II}}(x)\begin{cases}0 & 当\ x<a\\ \dfrac{1}{2}+\dfrac{1}{2}\sin\dfrac{\pi}{b-a}\left(x-\dfrac{a+b}{2}\right) & 当\ a\leqslant x\leqslant b\\ 1 & 当\ b<x<c\\ \dfrac{1}{2}-\dfrac{1}{2}\sin\dfrac{\pi}{d-c}\left(x-\dfrac{c+d}{2}\right) & 当\ c\leqslant x\leqslant d\\ 0 & 当\ x>d\end{cases} \tag{7-25}$$

$$U_{\mathrm{III}}(x)\begin{cases}0 & \text{当 } x<c \\ \dfrac{1}{2}+\dfrac{1}{2}\sin\dfrac{\pi}{d-c}\left(x-\dfrac{c+d}{2}\right) & \text{当 } c\leqslant x\leqslant d \\ 1 & \text{当 } d<x<e \\ \dfrac{1}{2}-\dfrac{1}{2}\sin\dfrac{\pi}{f-e}\left(x-\dfrac{e+f}{2}\right) & \text{当 } e\leqslant x\leqslant f \\ 0 & \text{当 } x>f\end{cases} \tag{7-26}$$

$$U_{\mathrm{IV}}(x)\begin{cases}0 & \text{当 } x<e \\ \dfrac{1}{2}+\dfrac{1}{2}\sin\dfrac{\pi}{f-e}\left(x-\dfrac{e+f}{2}\right) & \text{当 } e\leqslant x\leqslant f \\ 1 & \text{当 } f<x<g \\ \dfrac{1}{2}-\dfrac{1}{2}\sin\dfrac{\pi}{h-g}\left(x-\dfrac{g+h}{2}\right) & \text{当 } g\leqslant x\leqslant h \\ 0 & \text{当 } x>h\end{cases} \tag{7-27}$$

$$U_{\mathrm{V}}(x)\begin{cases}0 & \text{当 } x<g \\ \dfrac{1}{2}+\dfrac{1}{2}\sin\dfrac{\pi}{h-g}\left(x-\dfrac{g+h}{a}\right) & \text{当 } g\leqslant x\leqslant h \\ 1 & \text{当 } x>h\end{cases} \tag{7-28}$$

式中，$a\sim h$ 具体取值可根据岩体质量等级、地震烈度等级、年均降雨量、强降雨持续时间、累计变形量、变形速率、开挖深度和开挖坡度等 8 个指标的实际评价标准参数进行确定。

2. 定性评价指标

在岩溶路基边坡施工危险性评价体系中，岩溶发育状况、地形坡度特征、地表水状况、地下水状况、开挖方式、支护加固措施、防排水措施和应急响应措施等 8 个评价指标属于定性评价指标范畴。对于这些定性评价指标，同样需要对其等级进行必要的量化处理，主要采用打分法，首先设满分 100 分，当打分大于 90 分时，对应Ⅰ级评语；当打分在 70～90 分时，对应Ⅱ级评语；当打分在 50～70 分时，对应Ⅲ级评语；当打分在 30～50 分时，对应Ⅳ级评语；当打分小于 30 分时，对应Ⅴ级评语，而后通过梯形分布形式得出定性评价指标的隶属度函数为

$$U_{\mathrm{I}}(x)=\begin{cases}0 & \text{当 } x<85 \\ \dfrac{x-85}{5} & \text{当 } 85\leqslant x\leqslant 90 \\ 1 & \text{当 } x>90\end{cases} \tag{7-29}$$

$$U_{\text{II}}(x)=\begin{cases}0 & \text{当 } x<65\\ \dfrac{x-65}{10} & \text{当 } 65<x\leqslant 75\\ 1 & \text{当 } 75<x\leqslant 85\\ \dfrac{90-x}{5} & \text{当 } 85<x\leqslant 90\\ 0 & \text{当 } x\geqslant 90\end{cases} \tag{7-30}$$

$$U_{\text{III}}(x)=\begin{cases}0 & \text{当 } x<45\\ \dfrac{x-45}{10} & \text{当 } 45<x\leqslant 55\\ 1 & \text{当 } 55<x\leqslant 65\\ \dfrac{75-x}{10} & \text{当 } 65<x\leqslant 75\\ 0 & \text{当 } x\geqslant 75\end{cases} \tag{7-31}$$

$$U_{\text{IV}}(x)=\begin{cases}0 & \text{当 } x<30\\ \dfrac{x-30}{5} & \text{当 } 30<x\leqslant 35\\ 1 & \text{当 } 35<x\leqslant 45\\ \dfrac{55-x}{10} & \text{当 } 45<x\leqslant 55\\ 0 & \text{当 } x\geqslant 55\end{cases} \tag{7-32}$$

$$U_{\text{V}}(x)=\begin{cases}1 & \text{当 } x<30\\ \dfrac{35-x}{5} & \text{当 } 30\leqslant x\leqslant 45\\ 0 & \text{当 } x>45\end{cases} \tag{7-33}$$

7.5 危险性动态评价应用

1. 危险性指标权重值

根据专家-AHP 综合确权方法，试验边坡工程选取五位相关领域专家，专家编号分别记为 A、B、C、D、E。同时，要求在对试验岩溶路基边坡施工危险性评价指标权重进行综合确权时，专家组满意度必须达到 80%以上。

(1)专家 A、B、C、D、E 构建的针对一级指标 U_i 权重的判断矩阵分别为

$$\boldsymbol{P}_{\mathrm{A}U_i}=\begin{pmatrix}1&2&1&3&1\\1/2&1&1&2&1\\1&1&1&1&1/2\\1/3&1/2&1&1&1/2\\1&1&2&2&0\end{pmatrix};\boldsymbol{P}_{\mathrm{B}U_i}=\begin{pmatrix}1&2&1&3&1\\1/2&1&1&2&1/2\\1&1&1&2&1\\1/3&1/2&1/2&1&1/2\\1&2&1&2&1\end{pmatrix};$$

$$\boldsymbol{P}_{\mathrm{C}U_i}=\begin{pmatrix}1&2&2&3&1/2\\1/2&1&1/2&1&1/2\\1/2&2&1&2&1\\1/3&1&1/2&1&1/2\\2&2&1&2&1\end{pmatrix};\boldsymbol{P}_{\mathrm{D}U_i}=\begin{pmatrix}1&2&1&3&1\\1/2&1&1&2&1\\1&1&1&2&1/2\\1/3&1/2&1/2&1&1/2\\1&1&2&2&1\end{pmatrix};$$

$$\boldsymbol{P}_{\mathrm{E}U_i}=\begin{pmatrix}1&2&2&3&1\\1/2&1&1&2&1/2\\1/2&1&1&2&1\\1/3&1/2&1/2&1&1/2\\1&2&1&2&1\end{pmatrix}$$

(2)专家 A、B、C、D、E 构建的针对一级指标 U_1 下二级指标 u_{1j} 权重的判断矩阵分别为

$$\boldsymbol{P}_{\mathrm{A}u_{1j}}=\begin{pmatrix}1&2&4&4\\1/2&1&3&3\\1/4&1/3&1&1\\1/4&1/3&1&1\end{pmatrix};\boldsymbol{P}_{\mathrm{B}u_{1j}}=\begin{pmatrix}1&2&3&3\\1/2&1&3&3\\1/3&1/3&1&1\\1/3&1/3&1&1\end{pmatrix};\boldsymbol{P}_{\mathrm{C}u_{1j}}=\begin{pmatrix}1&2&4&3\\1/2&1&3&2\\1/4&1/3&1&1/2\\1/3&1/2&2&1\end{pmatrix};$$

$$\boldsymbol{P}_{\mathrm{D}u_{1j}}=\begin{pmatrix}1&2&3&2\\1/2&1&2&2\\1/3&1/2&1&1/2\\1/2&1/2&2&1\end{pmatrix};\boldsymbol{P}_{\mathrm{E}u_{1j}}=\begin{pmatrix}1&1&4&3\\1&1&2&2\\1/4&1/2&1&1/2\\1/3&1/2&2&1\end{pmatrix}$$

(3)专家 A、B、C、D、E 构建的针对一级指标 U_2 下二级指标 u_{2j} 权重的判断矩阵分别为

$$\boldsymbol{P}_{\mathrm{A}u_{2j}}=\begin{pmatrix}1&1/2&1/3&1/3\\2&1&1&1/2\\3&1&1&1\\3&2&1&1\end{pmatrix};\boldsymbol{P}_{\mathrm{B}u_{2j}}=\begin{pmatrix}1&1/3&1/3&1/3\\3&1&1&1\\3&1&1&1\\3&1&1&1\end{pmatrix};\boldsymbol{P}_{\mathrm{C}u_{2j}}=\begin{pmatrix}1&1/3&1/3&1/3\\3&1&1&1/2\\3&1&1&1\\3&2&1&1\end{pmatrix};$$

$$\boldsymbol{P}_{\mathrm{D}u_{2j}}=\begin{pmatrix}1&1/3&1/2&1/3\\3&1&1&1/2\\2&1&1&1/2\\3&2&2&1\end{pmatrix};\boldsymbol{P}_{\mathrm{E}u_{2j}}=\begin{pmatrix}1&1/3&1/3&1/4\\3&1&1&1/2\\3&1&1&1\\4&2&1&1\end{pmatrix}$$

(4)专家 A、B、C、D、E 构建的针对一级指标 U_3 下二级指标 u_{3j} 权重的判断矩阵分别为

$$\boldsymbol{P}_{\mathrm{A}u_{3j}}=\begin{pmatrix}1&1\\1&1\end{pmatrix};\boldsymbol{P}_{\mathrm{B}u_{3j}}=\begin{pmatrix}1&1\\1&1\end{pmatrix};\boldsymbol{P}_{\mathrm{C}u_{3j}}=\begin{pmatrix}1&1\\1&1\end{pmatrix};\boldsymbol{P}_{\mathrm{D}u_{3j}}=\begin{pmatrix}1&1\\1&1\end{pmatrix};\boldsymbol{P}_{\mathrm{E}u_{3j}}=\begin{pmatrix}1&1\\1&1\end{pmatrix}$$

(5)专家 A、B、C、D、E 构建的针对一级指标 U_4 下二级指标 u_{4j} 权重的判断矩阵分别为

$$\boldsymbol{P}_{\mathrm{A}u_{4j}}=\begin{pmatrix}1&1/2&1/2\\2&1&1\\2&1&1\end{pmatrix};\boldsymbol{P}_{\mathrm{B}u_{4j}}=\begin{pmatrix}1&1/2&1/2\\2&1&1\\2&1&1\end{pmatrix};\boldsymbol{P}_{\mathrm{C}u_{4j}}=\begin{pmatrix}1&1/3&1/3\\3&1&1\\3&1&1\end{pmatrix};$$

$$\boldsymbol{P}_{\mathrm{D}u_{4j}}=\begin{pmatrix}1&1/4&1/3\\4&1&1\\3&1&1\end{pmatrix};\boldsymbol{P}_{\mathrm{E}u_{4j}}=\begin{pmatrix}1&1/3&1/3\\3&1&1/2\\3&2&1\end{pmatrix}$$

(6)专家 A、B、C、D、E 构建的针对一级指标 U_5 下二级指标 u_{5j} 权重的判断矩阵分别为

$$\boldsymbol{P}_{\mathrm{A}u_{5j}}=\begin{pmatrix}1&2&1\\1/2&1&1\\1&1&1\end{pmatrix};\boldsymbol{P}_{\mathrm{B}u_{5j}}=\begin{pmatrix}1&2&3\\1/2&1&1\\1/3&1&1\end{pmatrix};\boldsymbol{P}_{\mathrm{C}u_{5j}}=\begin{pmatrix}1&1&2\\1&1&1\\1/2&1&1\end{pmatrix};$$

$$\boldsymbol{P}_{\mathrm{D}u_{5j}}=\begin{pmatrix}1&2&1\\1/2&1&1\\1&1&1\end{pmatrix};\boldsymbol{P}_{\mathrm{E}u_{5j}}=\begin{pmatrix}1&2&2\\1/2&1&1\\1/2&1&1\end{pmatrix}$$

经过对上述判断矩阵的计算，可得试验岩溶路基边坡施工危险性指标权重的分配结果，见表 7-5 和表 7-6。

表 7-5　一级指标权重值

一级指标	专家					
	A	B	C	D	E	均　值
U_1	0.273 6	0.270 0	0.266 8	0.271 0	0.306 5	0.277 6
U_2	0.191 2	0.164 3	0.123 0	0.189 4	0.162 3	0.166 0
U_3	0.166 5	0.216 8	0.214 2	0.189 4	0.186 4	0.194 7
U_4	0.116 3	0.099 9	0.113 4	0.100 3	0.098 7	0.105 7
U_5	0.252 3	0.249 0	0.282 6	0.249 9	0.246 0	0.256 0

表 7-6　二级指标权重值

二级指标	专家					
	A	B	C	D	E	均　值
u_{11}	0.132 6	0.119 1	0.124 6	0.113 9	0.125 8	0.123 2
u_{12}	0.081 2	0.084 2	0.074 1	0.072 8	0.095 6	0.081 6
u_{13}	0.029 9	0.033 4	0.025 4	0.032 9	0.033 8	0.031 1
u_{14}	0.029 9	0.033 4	0.042 8	0.051 5	0.051 3	0.041 8

续上表

二级指标	专家					
	A	B	C	D	E	均　值
u_{21}	0.021 3	0.016 4	0.012 2	0.020 6	0.014 7	0.017 0
u_{22}	0.043 8	0.049 3	0.030 8	0.047 1	0.039 8	0.042 2
u_{23}	0.057 6	0.049 3	0.036 6	0.042 5	0.047 3	0.046 7
u_{24}	0.068 5	0.049 3	0.043 5	0.079 2	0.060 5	0.060 2
u_{31}	0.083 2	0.108 4	0.107 1	0.094 7	0.093 2	0.097 3
u_{32}	0.083 2	0.108 4	0.107 1	0.094 7	0.093 2	0.097 3
u_{41}	0.023 3	0.020 0	0.016 2	0.012 6	0.013 8	0.017 2
u_{42}	0.046 5	0.040 0	0.048 6	0.045 9	0.032 8	0.042 8
u_{43}	0.046 5	0.040 0	0.048 6	0.041 7	0.052 1	0.045 8
u_{51}	0.104 1	0.136 9	0.116 6	0.103 1	0.123 0	0.116 7
u_{52}	0.065 6	0.059 8	0.092 5	0.065 0	0.061 5	0.068 9
u_{53}	0.082 6	0.052 2	0.073 5	0.081 8	0.061 5	0.070 3

在岩溶路基边坡施工危险性评估的一级评价指标中，现场环境情况、区域水文条件、边坡变形情况、施工开挖情况和施工控制措施等 5 个指标所占权重比分别为 27.76%、16.60%、19.47%、10.57%和 25.60%。由此可见，现场环境情况与施工控制指标对试验岩溶路基边坡施工危险性影响较大，区域水文条件与边坡变形情况次之，施工开挖情况最小。

在二级评价指标中，16 个指标分别所占权重比在 1.70%～12.32%之间。其中，权重比大于 10%的指标有岩体质量等级和支护加固措施等 2 个指标，对试验岩溶路基边坡施工危险性影响相对较大；权重比在 5%～10%之间的指标有岩溶发育状况、强降雨持续时间、累计变形量、变形速率、防排水措施和应急响应措施等 6 个指标，对试验岩溶路基边坡的施工危险性影响相对一般；权重比小于 5%的指标有地震烈度等级、地形坡度特征、地表水状况、地下水状况、年均降雨量、开挖方式、开挖深度和开挖坡度等 8 个指标，对试验岩溶路基边坡的施工危险性影响相对较弱。

2. 危险性指标隶属度值

在试验岩溶路基边坡施工危险性评价指标中，有些指标的评价值相对固定，不会随时间或施工进程发生变化，即使改变也是因长期内外环境的作用逐步演化而成，但短期基本保持不变，如：岩体质量等级、岩溶发育状况、地震烈度等级、地形坡度特征、地表水状况、地下水状况和年均降雨量等，我们将这类指标称之为不变指标；还有些指标的评价值相对变化，会随时间或施工进程发生改变，具有明显的因时因事而变的特征，如：强降雨持续时间、累计变形量、变形速率、开挖方式、开挖深度、开挖坡度、支护加固措施、防排水措施以及应急响应措施等，我们将这类指标称之为可变指标。正是由于上述可变指标的存在，试验岩溶路基边坡施工危险性评价指标隶属度集会随着时间或施工进度发生变化，从而进一步影响到施工期各月份的危险性评价结果。

表 7-7 是结合试验岩溶路基边坡实际情况给出的施工期各月份的指标评价值，将表 7-7 中指标评价值分别代入到与其相对应的隶属度函数中，可得相应月份试验岩溶边坡施工危险性指标隶属度值变化情况，如图 7-3 所示。

表 7-7　边坡施工期各月份评价指标取值

评价指标		指标评价值							
		4 月	5 月	6 月	7 月	8 月	9 月	10 月	11 月
不变指标	岩体质量等级 u_{11}	4.75	4.75	4.75	4.75	4.75	4.75	4.75	4.75
	岩溶发育状况 u_{12}	45	45	45	45	45	45	45	45
	地震烈度等级 u_{13}	6	6	6	6	6	6	6	6
	地形坡度特征 u_{14}	55	55	55	55	55	55	55	55
	地表水状况 u_{21}	78	78	78	78	78	78	78	78
	地下水状况 u_{22}	49	49	49	49	49	49	49	49
	年均降雨量 u_{23}	1 148	1 148	1 148	1 148	1 148	1 148	1 148	1 148
可变指标	强降雨持续时间 u_{24}	3.4	7.2	14.6	16.2	14.2	9.4	5.2	2.4
	累计变形量 u_{31}	1.8	13.7	108.8	14.4	23.7	29.8	32.7	34.2
	变形速率 u_{32}	3.6	9.0	90.2	4.6	4.3	3.7	2.0	1.0
	开挖方式 u_{41}	70	60	50	50	50	100	100	100
	开挖深度 u_{42}	6.4	15.6	27.5	34.3	38.0	38.0	38.0	38.0
	开挖坡度 u_{43}	38.7	38.5	39.4	40.3	41.1	41.1	41.1	41.1
	支护加固措施 u_{51}	0	0	0	60	60	70	90	90
	防排水措施 u_{52}	0	0	0	60	60	70	90	90
	应急响应措施 u_{53}	0	0	0	88	88	88	88	88

3. 危险等级评估

通过对岩溶路基边坡施工危险的综合模糊计算及归一化处理，可得边坡 4—11 月份综合模糊评判集。

(1)4 月份岩溶路基边坡施工危险性模糊评判集为

$$\widetilde{B}_4=(0.285\,9,0.037\,3,0.132\,5,0.250\,5,0.293\,9)$$

其中，$\widetilde{b}_{45}=0.293\,9$，因此岩溶路基边坡 4 月份施工危险等级为Ⅴ级，现场状态属于极不稳定状态。

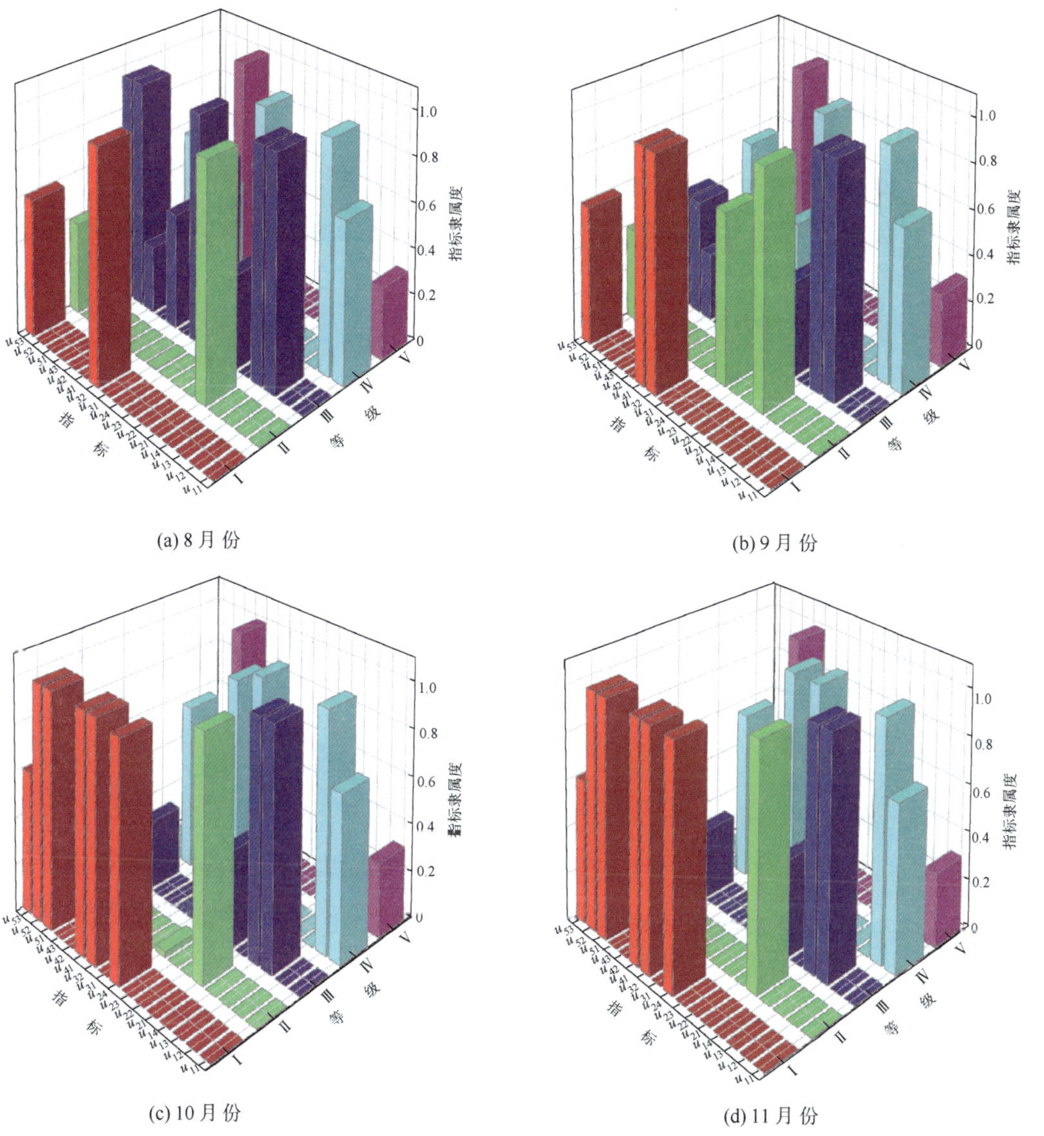

(a) 8 月份　(b) 9 月份　(c) 10 月份　(d) 11 月份

图 7-3　边坡 8～11 月指标隶属度

Ⅰ　Ⅱ　Ⅲ　Ⅳ　Ⅴ

(2)5 月份岩溶路基边坡施工危险性模糊评判集为

$$\widetilde{B}_5=(0.018\,5,0.269\,6,0.169\,0,0.248\,9,0.293\,9)$$

其中，$\widetilde{b}_{55}=0.293\,9$，因此岩溶路基边坡 5 月份施工危险等级为Ⅴ级，现场状态属于极不稳定状态。

(3)6 月份岩溶路基边坡施工危险性模糊评判集为

$$\widetilde{B}_6=(0,0.017\,0,0.169\,6,0.324\,9,0.488\,5)$$

其中，$\widetilde{b}_{65}=0.488\ 5$，因此岩溶路基边坡 6 月份施工危险等级为Ⅴ级，现场状态属于极不稳定状态。

(4)7 月份岩溶路基边坡施工危险性模糊评判集为

$$\widetilde{B}_7=(0.139\ 5,0.142\ 4,0.309\ 9,0.330\ 6,0.077\ 7)$$

其中，$\widetilde{b}_{74}=0.330\ 6$，因此岩溶路基边坡 7 月份施工危险等级为Ⅳ级，现场状态属于不稳定状态。

(5)8 月份岩溶路基边坡施工危险性模糊评判集为

$$\widetilde{B}_8=(0.139\ 5,0.045\ 5,0.442\ 0,0.292\ 3,0.080\ 8)$$

其中，$\widetilde{b}_{83}=0.442\ 0$，因此岩溶路基边坡 8 月份施工危险等级为Ⅲ级，现场状态属于欠稳定状态。

(6)9 月份岩溶路基边坡施工危险性模糊评判集为

$$\widetilde{B}_9=(0.156\ 7,0.171\ 9,0.308\ 9,0.281\ 8,0.080\ 8)$$

其中，$\widetilde{b}_{93}=0.308\ 9$，因此岩溶路基边坡 9 月份施工危险等级为Ⅲ级，现场状态属于欠稳定状态。

(7)10 月份岩溶路基边坡施工危险性模糊评判集为

$$\widetilde{B}_{10}=(0.401\ 0,0.080\ 5,0.122\ 0,0.315\ 6,0.080\ 8)$$

其中，$\widetilde{b}_{101}=0.401\ 0$，因此岩溶路基边坡 10 月份施工危险等级为Ⅰ级，现场状态属于很稳定状态。

(8)11 月份岩溶路基边坡施工危险性模糊评判集为

$$\widetilde{B}_{11}=(0.402\ 4,0.045\ 1,0.103\ 1,0.368\ 5,0.080\ 8)$$

其中，$\widetilde{b}_{111}=0.402\ 4$，因此岩溶路基边坡 11 月份施工危险等级为Ⅰ级，现场状态属于很稳定状态。

第 8 章　岩溶水对岩溶路基边坡岩体力学性质影响研究

岩溶路基边坡岩体常处于岩溶水的侵蚀损伤中，所以岩溶水对岩质路基边坡岩体力学性质的影响也是边坡稳定性评价的重要因素。可溶性岩体（石）是岩溶发育形成的物质基础，作为天然状态下的地质产物，其内部含有微裂隙、晶格缺陷等缺陷体，在长期岩溶水和岩溶水内微化学元素冲蚀及化学腐蚀作用下，内部裂隙、裂纹等将进一步发展，从而引起岩石的物理力学性质劣化。

岩溶区的岩体工程，无论是在建设过程，还是运营服役期间，均必然受到地下水的影响。目前针对石灰岩等硬脆性岩石，尤其是岩溶化岩体在化学侵蚀下力学特征的研究成果相对较少，而在岩溶地区高速铁路路基边坡等岩体工程往往处于饱和状态，且受到岩溶水化学离子的侵蚀，故有必要对其进行全面、系统的研究。

8.1　岩溶水取样点概况

1. 自然地理特征

测区属侵蚀构造中低山地貌，地面高程 1 125～1 530 m，相对高差约 405 m。地形地貌较简单，地形起伏较大，缓坡地带多为旱地及荒坡，线路穿越区域以碳酸盐岩广泛分布为主要特征，具构造剥蚀～溶蚀槽谷地貌特点，在 D2K845＋885 区段附近岩溶发育不同程度的岩质路基处钻孔取样，测区穿越一条河流，如图 8-1 所示。槽谷发育多与大型节理等构造走向一致，呈线状分布，谷底有成串珠状分布的溶蚀洼地、落水洞等岩溶地貌景观，坡麓自然斜坡陡峻，自然坡度15°～30°。此外，区内其余地段岩溶地貌亦比较常见。

2. 地层岩性

测区覆盖层主要为第四系全新统坡积层黏土、松软土，坡残积层黏土；下伏基岩为三叠系中统关岭组三段白云岩、白云质灰岩，三叠系中统关岭组二段灰岩，三叠系中统关岭组一段泥质白云岩、白云质泥岩，三叠系下统永宁镇组二段白云岩、白云质灰岩，三叠系下统永宁镇组一段灰岩夹泥灰岩，三叠系下统夜郎组泥岩夹砂岩、灰岩。

图 8-1　测区内地貌及自然特征

3. 水文地质特征

测区地表水以山间沟水为主，水量较小，雨季时沟内水量明显增加，属于典型的山区沟谷特征，普遍在 2～3 L/s。地表出露泉流量一般为 0.2～0.5 L/s，局部具有承压性。故路基边坡穿越区地表水不发育，主要以季节性水流为主。

测区地下水类型主要为第四系松散土层孔隙水、基岩裂隙水、岩溶水。

孔隙水分布于碎屑岩、溶蚀破碎带等基岩裂隙中，主要受大气降水补给，径流多受地势控制，由高地流向低洼地带，在低洼地带如斜坡、切层坎地以渗流及小泉水形式排于地表。

基岩裂隙水主要通过地表溶蚀洼地、漏斗、竖井、落水洞等接收大气降水补给。深部岩溶水在网络状岩溶裂隙、岩溶管道及巨大的溶蚀～侵蚀洞穴中运移，运移宏观方向朝区域内最低侵蚀基准面，局部运移方向可不受最低侵蚀基准面控制，最终以岩溶大泉、暗河出露地表。基岩裂隙水受断层、隔水岩层等边界条件控制。经对测区水文地质条件检查，结合区域水文地质资料综合分析，大气降水、地表水的直接入渗是地下水的主要补给来源，如图 8-2 所示。

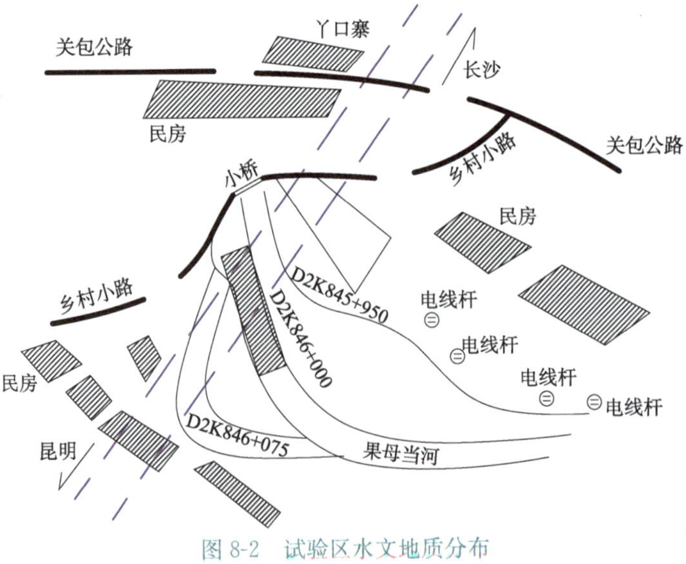

图 8-2　试验区水文地质分布

岩溶水作为岩溶形成的重要物质基础，其补给、径流和排出等动态变化，使得碳酸盐岩体在其活动中可溶性物质被溶解，从而形成岩溶地貌，所以有必要对侧区内岩溶水进行水样的化学分析。

8.2　岩体力学试验方案

8.2.1　岩石试样采集

根据岩溶发育程度的划分，在岩溶不同发育程度区段取芯样。通过体岩溶率来反映岩溶发育程度，即用钻孔取芯揭露岩体内岩溶空隙与整个取芯岩样的比表示，试验中芯样的采集分为三组，取新鲜、完整的灰岩，钻孔揭露岩溶发育情况统计见表 8-1，取芯样如图 8-3 所示。

表 8-1　钻孔揭露岩溶发育情况统计

线路里程	基岩进尺/m	裂隙进尺/m	体岩溶率/%	岩溶发育情况
D2K846+650 左 100 m	62.4	9.4	15.1	弱 发 育
D2K845+950 左 132 m	98.3	5.6	5.7	微弱发育
D1K856+000 左 560 m	173.4	72.8	42.1	中等发育

图 8-3　D2K845+950 左 132 m 钻孔取样

8.2.2　试验设备及方法

1. 试样加工和处理

取样后予以编号，进行鉴别和蜡封处理，并按照《铁路工程岩石试验规程》(TB 10115)对岩块进行套取钻芯、切割、端面打磨处理和筛选。试验所用试样均为直径 50 mm、高度

100 mm，岩样两断面的不平行度允许偏差为±0.05 mm，垂直度允许偏差为±0.25°，将加工后的试样按照取样点进行编号 A、B、C。

2. 试验设备

试验采用 MTS810 型多功能材料试验设备，如图 8-4 所示。设备系统最大静荷载和动荷载可达到±500 N，可以完成的加载响应频率为 0～100 Hz，位移量程可达到±75 mm。单轴压缩试验主要以岩石试样的轴向变形为主进行控制加载，轴向加载的变形标准设置为 0.002 mm/s，单轴压缩时轴向方向为 5 mm 的位移传感器，将其固定在传感器板上用来测试岩石试件的压缩变形。

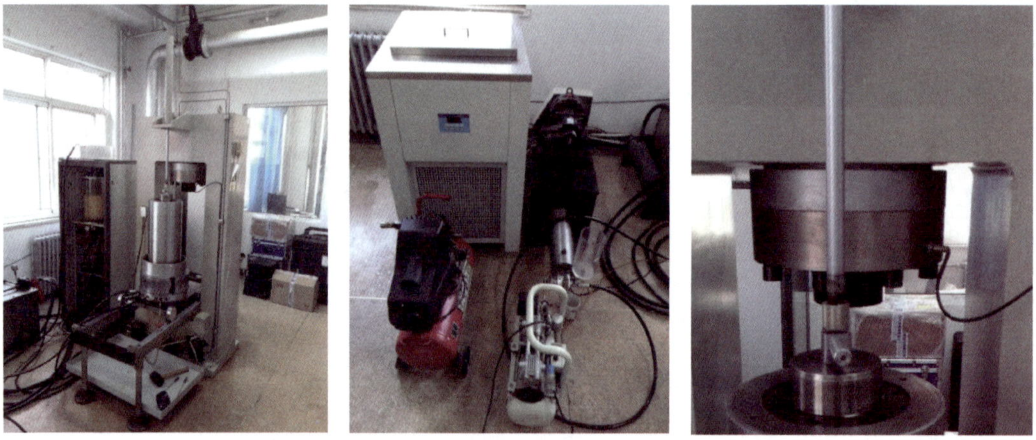

(a) 加载系统　(b) 液压控制系统　(c) 压力传感器

图 8-4　多功能材料试验设备

8.3　岩体破裂过程中化学—应力耦合效应分析

岩溶地下水是岩溶发育的一个重要因素，是一种复杂的化学溶液，其溶解形式多样，具有不同浓度的离子，pH 值在不同环境中也不同。处在岩溶区的路基边坡岩体必然受到岩溶水的侵蚀作用，由于岩溶水中含有大量不同浓度的化学离子，会直接或间接削弱岩石内部抗污颗粒之间的连接，使得岩体物理力学参数的性质改变，且在化学溶液的溶蚀过程中，岩石内部部分颗粒物质被带走，使得岩体的力学性状变差，在化学溶液侵蚀和地下水活动下，最终对岩体工程的长期稳定性造成威胁。由于岩体内部结构的复杂性，以及岩石内部颗粒和矿物质组成的差异性，对于应力、化学离子、地下水作用下岩石的物理力学性质的研究还不够清楚，进行水的渗透—化学溶液—应力耦合作用下岩石变形特性和规律研究，是岩溶地下水环境下岩体工程长期稳定性评价的基础，也为预测岩溶地区地下水作用下岩体工程的长期稳定性提供理论基础。

8.3.1　水样分析特征

对试验区内三个测点水样进行采集，根据《铁路工程水质分析规程》(TB 10104—2003)和《水和废水监测分析方法》(第四版)，测定样品的 pH 值、水温及主要溶解态元素的质量浓度，见表 8-2。

表 8-2　岩溶地下水水样分析

水样分析试验组别			Ⅰ	Ⅱ	Ⅲ
pH　值			6.60	6.66	6.85
侵蚀性 CO_2/(mg·L^{-1})			2.204	0	0
游离 CO_2/(mg·L^{-1})			11.0	13.2	8.8
总矿化度/(mg·L^{-1})			362	376	432
离子浓度分析结果/(mol·L^{-1})	阳离子类型	K^+,Na^+	0.468	0.609	0.556
		Ca^{2+}	2.100	2.000	2.500
		Mg^{2+}	0.900	1.000	0.900
		NH_4^+	0.037	0.029	0.022
		阳离子总数	3.504	3.638	3.978
	阴离子类型	Cl^-	0.560	0.480	0.480
		SO_4^{2-}	0.700	0.900	1.300
		HCO_3^-	4.008	3.908	3.707
		NO_3	0.500	0.421	0.569
		阴离子总数	5.768	5.709	6.056
阴、阳离子总数			9.272	0.347	10.034

由表 8-2 可知，测区内地下水(以下简称“工程用水”)的类型以 HCO_3^-、Ca^{2+}、SO_4^{2-}、Mg^{2+} 等为主，反映了地下水化学特征对碳酸盐岩的侵蚀和发育具有控制作用。pH 值为 6.6～6.85，呈现弱碱性；总矿化度为 362～432 mg/L，其中阳离子的物质的量总数变化范围为 3.504～3.978 mol/L，主要以 Ca^{2+}、Mg^{2+} 为主，这两种离子约占阳离子总数的 60%和 26%；阴离子的物质的量总数变化范围为 5.709～6.056 mol/L，其中以 HCO_3^-、SO_4^{2-} 为主，这两种离子大概占阴离子总数的 69%和 12%。

8.3.2　试验方案

1. 化学溶液配置

由于岩溶地下水中矿物离子对岩体内矿物颗粒的溶蚀过程相当漫长，在相对有限的时间和条件下很难分析岩溶水中化学元素对岩石的侵蚀作用，且不同的溶液对岩体的侵蚀作用和力学性质的影响也不同，因此在配制溶液时采用提高离子浓度、降低 pH 等办法。根据研究区内水样分析特征，阳离子主要以 Ca^{2+}、Mg^{2+} 为主，阴离子主要以 HCO_3^-、SO_4^{2-} 为主，而且由于在岩溶地区碳酸盐的溶蚀最为强烈，所以配置了不同浓度和 pH 值的 $NaHCO_3$ 溶液和 $CaCl_2$ 溶液，并将不同 pH 和溶液类型的化学—应力效应与蒸馏水种的结果对比，化学溶液配置见表 8-3。

表 8-3　化学溶液配置

化学溶液	pH　值	浓　度/($mol \cdot L^{-1}$)
蒸 馏 水	7.00	7.00
工程用水	6.78	6.78
$NaHCO_3$	2.00	0.01
	7.00	
	12.00	
$CaCl_2$	7.00	0.01

2. 试验方法及过程

岩样按照单轴抗压强度的试样，制作成直径 50 mm、高 100 mm 的圆柱体，对试样进行烘干(按照规定在 105 ℃下烘干 24 h)。每种溶液中浸泡 3 个试件，每组溶液为 500 mL，在密封下浸泡 260 d，在室温下进行常规的单轴抗压试验，如图 8-5 所示。

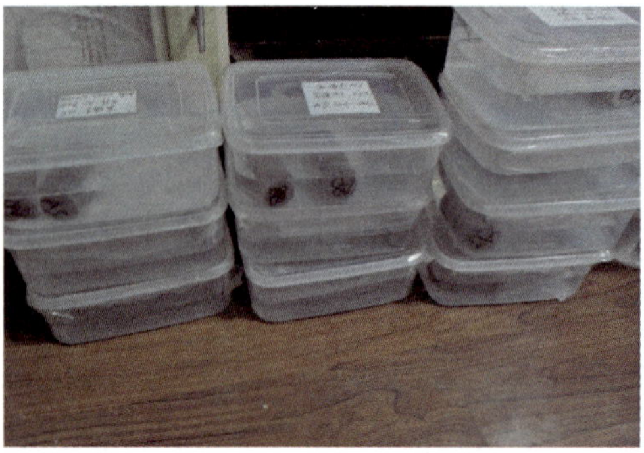

(a) 岩石密封浸泡

(b) 浸泡后部分试样

图 8-5　化学溶液作用下岩石试验试样

8.3.3　不同岩溶发育状态下岩石单轴抗压强度影响分析

由于岩石在不同化学溶液侵蚀下结果不同，主要是由于岩石内的矿物颗粒和化学溶液中不同组分、浓度及 pH 下侵蚀速率和化学反应机制不同，且在化学溶液侵蚀下岩石内部矿物质的组分和矿物晶格等发生改变，使得岩石的强度劣化。

1. 不同溶液作用下岩石单轴抗压强度特征

岩石的抗压强度在不同的化学溶液影响下是不同的，对 0.1 mol/L 不同化学溶液、不同岩溶发育程度作用下岩石试验结果进行对比，如图 8-6 所示。

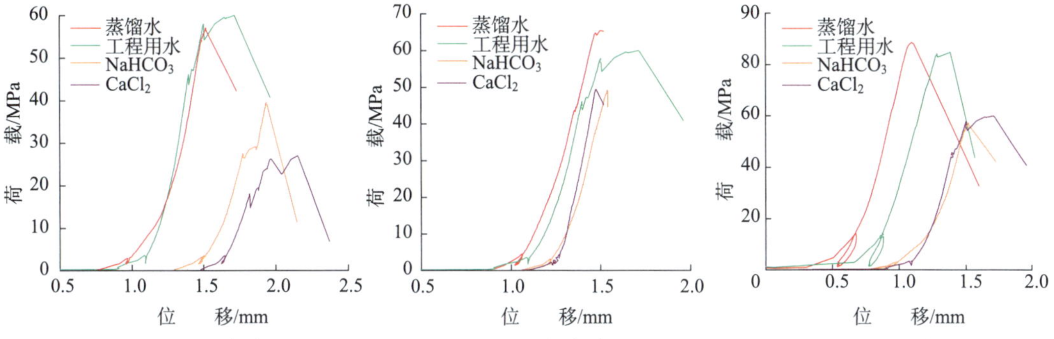

(a) A组岩石　(b) B组岩石　(c) C组岩石

图 8-6　化学溶液作用下单轴荷载—位移曲线

通过荷载峰值降低的百分率 f 来表示，$NaHCO_3$ 溶液、$CaCl_2$ 溶液和工程用水分别对不同岩溶发育下石灰岩强度的影响(图 8-7)为

$$f=\frac{F_0-F_1}{F_0}\times 100\% \tag{8-1}$$

式中，F_0 为自然状态下岩石荷载峰值；F_1 为在不同溶液下荷载峰值。

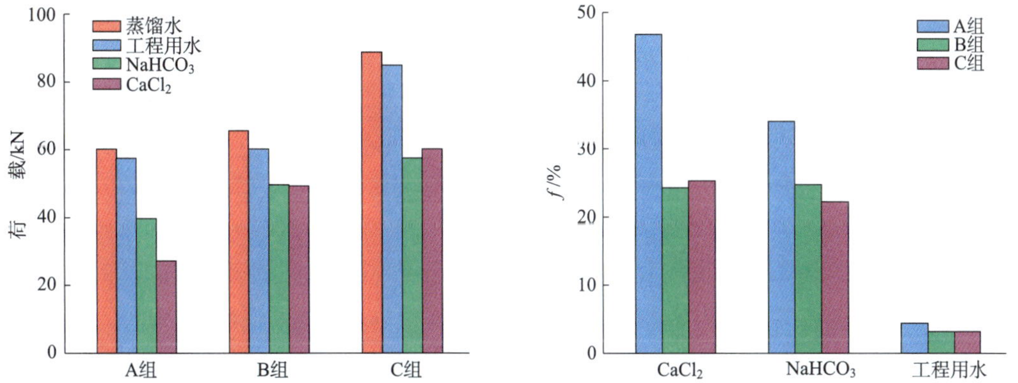

图 8-7　不同化学溶液作用下荷载峰值变化

由图 8-6 和 8-7 可知，对不同岩溶发育下岩石荷载峰值的百分率，A 组岩样在工程用水作用下下降了 4.4%，在 $NaHCO_3$ 溶液中下降了 34.3%，在 $CaCl_2$ 溶液中下降了 46.8%；B 组岩样在工程用水作用下下降了 3.2%，在 $NaHCO_3$ 溶液中下降了 24.3%，在 $CaCl_2$ 溶液中下降了 24.73%；C 组岩样在工程用水作用下下降了 3.2%，在 $NaHCO_3$ 溶液中下降了 22.24%，在 $CaCl_2$ 溶液中下降了 25.3%。在 $NaHCO_3$ 溶液和 $CaCl_2$ 溶液的侵蚀下，不同岩溶发育下岩石的峰值荷载变化有明显的降低，岩溶发育程度越强烈，在化学溶液作用下峰值降低幅度越大，这是由于岩溶越发育其内部的裂隙和矿物元素越丰富，化学反应越强烈。其中 $CaCl_2$ 溶液的侵蚀作用比 $NaHCO_3$ 溶液的略大，这与文献[255]中的结论一致。

2. 不同 pH 值溶液作用下岩石单轴抗压强度特征

岩石的抗压强度在不同 pH 化学溶液影响下其变化是不同的，以 0.01 mol/L 的 $NaHCO_3$ 为例，在不同 pH 作用下岩石的试验结果以 C 组岩样为例，如图 8-8 所示。

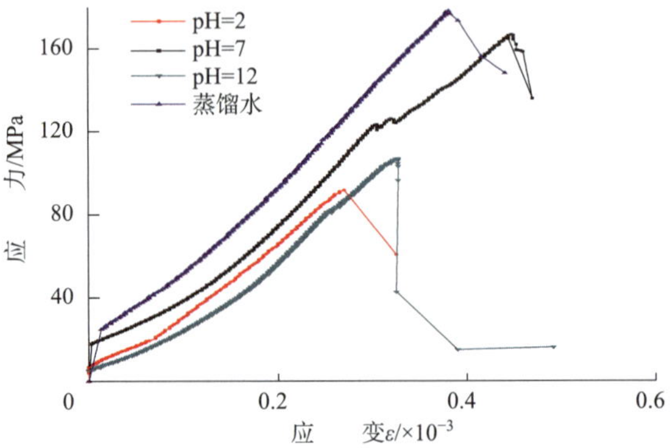

图 8-8 pH 溶液作用下应力峰值变化

当化学溶液的 pH 值为酸性(pH<7)和碱性(pH>7)时，岩石的化学—应力效应非常显著，在 $NaHCO_3$ 溶液中岩石试件的应力峰值变化很大，酸性溶液(pH=2)比蒸馏水中应力峰值下降了 42.3%，中性溶液(pH=7)比蒸馏水中应力峰值下降了 3.6%，而碱性溶液(pH=12)比蒸馏水中应力峰值下降了 35.4%。

8.3.4 化学溶液对岩石弹性模量和泊松比影响

1. 弹性模量

由于岩石的非均质性非常大，从不同位置所取的岩块的内部矿物颗粒和成分不相同，其力学特性也有差异，因而化学作用效应也具有差异性，导致每组试样的变形和强度在一定范围内具有差异性和离散性。本节采用平均弹性模量和泊松比参数来研究化学溶液对岩样变形影响规律，在平均弹性模量和泊松比取值时分别按照《铁路工程岩石试验规程》(TB 10115—2014)和《工程岩体试验方法标准》(GB 50266—2013)的规定，通过单轴抗压应力—应变曲线上直线段应力增量和应变增量比值取得。在不同化学溶液和不同 pH 化学溶液作用下弹性模量的变化如图 8-9 和图 8-10 所示。

由图 8-9 可知，在经过 $CaCl_2$ 溶液、$NaHCO_3$ 溶液和工程用水浸泡后，不同岩溶发育情况岩石的弹性模量发生了不同程度的降低。其中在相同浓度和 pH 的 $CaCl_2$ 溶液作用下弹性模量的降低最大，其次是 $NaHCO_3$ 溶液，工程用水的也有略降低，但均低于蒸馏水浸泡下岩石的弹性模量变化。由图 8-12 可知，对于不同岩溶发育下的岩石，岩溶发育程度越强烈，经过溶液的侵蚀作用后，其弹性模量的下降或者弱化效果越显著，这一点和饱水作用下的结果一致。由图 8-10 可知，在不同 pH 溶液侵蚀后，酸性条件下弹性模量下降程度最大，而分别经 pH 值为 7、12 的化学溶液作用后的岩石试样弹性模量略有差别，但均比在蒸馏水作用下的值低。

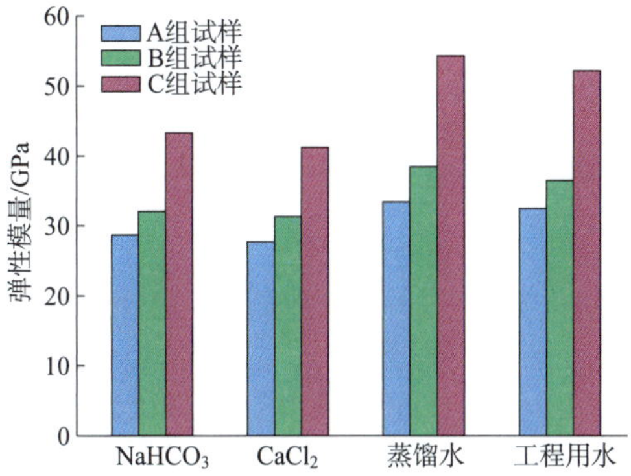

图 8-9　不同溶液作用下弹性模量的变化

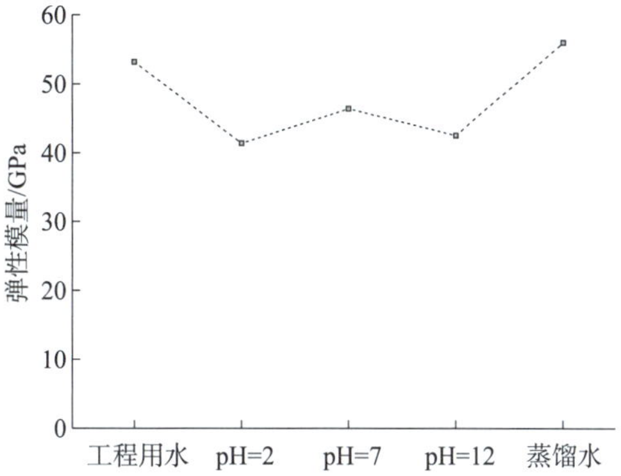

图 8-10　不同 pH 溶液下弹性模量的变化

2. 泊 松 比

泊松比反映了岩石横向应变和纵向应变的比值，是体现岩石变形性质的一个重要力学参数。虽然试验测出的泊松比也具有离散性，但是与蒸馏水饱水作用下的岩石试件相比，化学溶液浸泡后岩石试件的泊松比有不同程度的增大，如图 8-11 和图 8-12 所示。

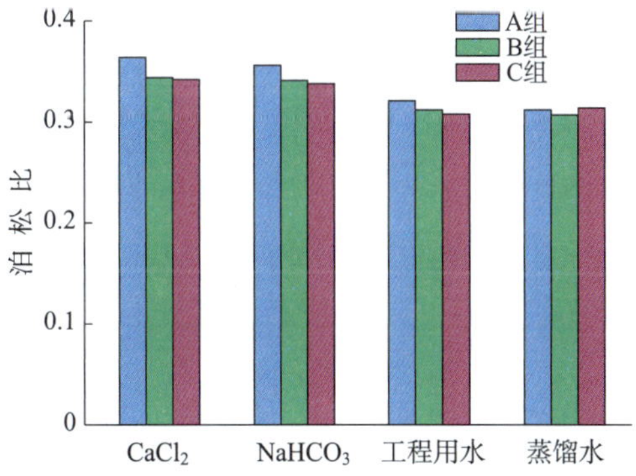

图 8-11　不同溶液作用下泊松比的变化

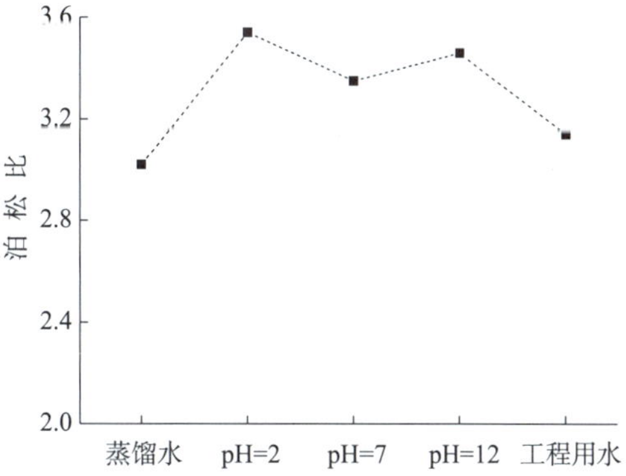

图 8-12　不同 pH 溶液下泊松比的变化

由图 8-11 可知，在相同浓度和 pH 的 $CaCl_2$ 溶液作用下泊松比的增幅最大，其次是 $NaHCO_3$ 溶液，工程用水的也有略降低，而且岩溶发育程度越强烈，泊松比的变化越显著。由图 8-12 可知，对于不同 pH 溶液侵蚀后，酸性条件下泊松比增幅最大，而分别经 pH 为 7、12 的化学溶液作用后的岩石试样泊松比略有差别，所以化学溶液作用下岩石波动比变化很显著，文献[255]和文献[256] 中的研究成果也说明了泊松比对岩石的化学组成的变化较为显著。

8.3.5 不同岩溶发育岩石强度效应及机理分析

在上述不同溶液类型和 pH 作用下，岩石的峰值强度均有显著的降低，并且当岩溶发育程度相对较大时，化学溶液对岩石的溶蚀作用更为强烈。对于 $NaHCO_3$ 溶液和 $CaCl_2$ 溶液对岩石强度的影响，主要存在下述化学反应：

$$\begin{cases} NaHCO_3 \rightleftharpoons Na^+ + HCO_3^- \\ HCO_3^- \rightleftharpoons H^+ + CO_3^{2-} \end{cases} \tag{8-2}$$

由于同离子效应，使得 $NaHCO_3$ 溶液与岩石间化学反应的同离子效应弱化，因此 $CaCl_2$ 溶液中岩石浸泡后其强度小于 $NaHCO_3$ 溶液浸泡后的岩石强度。

8.4 岩溶化岩体单轴抗压破坏形式规律研究

一般情况下岩石单轴抗压破坏由于加载破坏时的应变速率不同，其破坏形式有单剪切面破坏、共轭剪切破坏、轴向张拉破坏和张拉-剪切破坏四种类型，如图 8-13 所示。

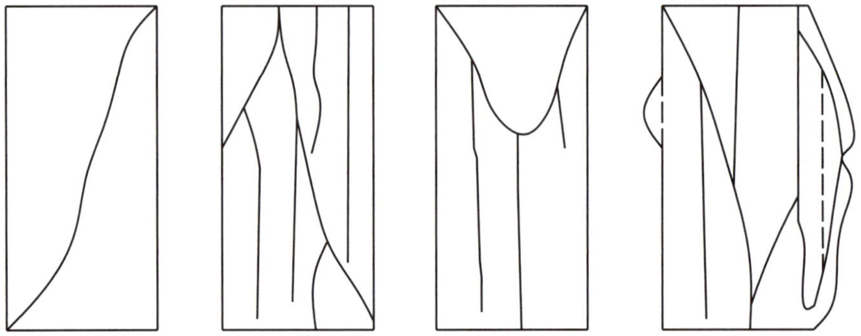

(a) 单剪切面破坏　(b) 共轭剪切破坏　(c) 轴向张拉破坏　(d) 张拉-剪切破坏

图 8-13　岩样单轴压缩的破坏形式

从试验结果可知，试验段岩石破坏形式主要为单剪切面破坏、轴向张拉破坏和张拉-剪切破坏三种破坏模式。试验段岩石最为典型的单轴压缩破坏主要是在轴向压力作用下出现单剪切面或张拉裂纹，随着裂纹或剪切面的不断扩张，呈现出脆性张拉破坏或单剪切面剪切破坏，当荷载继续施加接近灰岩的单轴抗压极限强度时，张拉裂纹在压力作用下产生近乎平行于破坏面的裂缝，当达到极限强度时，裂缝贯穿使得岩石发生破坏，此时一般称作劈裂破坏。

从破坏原因上分析，当应变率水平相对较低时，岩溶化岩体的破坏主要以轴向张拉劈裂为主，破坏状态为有许多与轴向平行的条形块石，破坏主要受到横向拉伸作用的主导，如

图 8-14(b)所示；当岩石加载的应变率水平相对较高时，岩溶化岩体的破坏主要以张拉-剪切破坏为主，由于应变率较高，岩石在受压破坏时所需的时间较短，脆性破坏更明显，在两端受到压头约束下，必然使得裂纹未充分发展，而且表现出破裂块更为破碎。

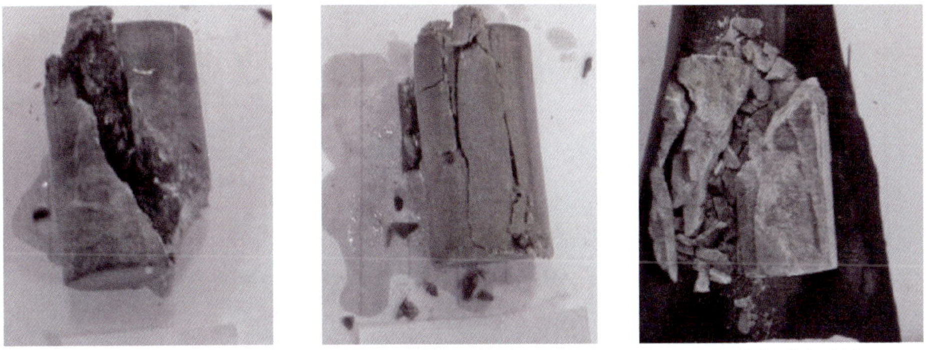

(a) 单剪切面破坏　　(b) 轴向张拉破坏　　(c) 张拉-剪切破坏

图 8-14　岩样单轴压缩的破坏

第9章 服役期岩溶路基边坡岩体疲劳损伤特性

高速铁路岩质路基边坡岩溶化岩体裂隙、裂痕等受到岩溶水的侵蚀作用，且在列车振动荷载作用下，岩体疲劳破坏问题也将逐渐显现，岩溶化岩体的破坏和变形将影响到路基边坡的稳定性及安全服役。

岩溶化岩体一般被视为准脆性或脆性材料，其失稳破裂过程视为一种弹性能量的聚集过程，当受到长期动、静荷载及外在因素的影响，其内部裂隙等将扩展，当能量聚集到某一临界值时岩块会失稳变形而破裂，所以认为岩溶化岩体等准脆性材料的稳定性本质上是一种非逆向、非线性的过程，岩溶化岩体因长期荷载作用而破裂、失稳临界条件的求解对岩质边坡的失稳预报等具有重要意义。当高速列车荷载通过时，岩溶路基边坡受列车荷载的振动具有反复性，相当于材料在疲劳加载下工作，每对轮对通过时相当于一次振动加载，随着列车速度和轴重的增加，材料的抗疲劳能力也发生变化，且岩体在固定周期荷载作用下由疲劳产生的破坏是不可逆变形的累积。列车荷载等周期性荷载下岩体的疲劳特性对岩体工程的稳定、安全重要性可想而知，有必要对高速列车振动荷载作用下岩溶路基边坡岩体的疲劳破坏特性进行分析。

疲劳荷载作用下材料的寿命是指在循环荷载作用下材料、结构体破坏或失稳的时间及加载次数，目前针对岩体疲劳特性的研究大多集中在疲劳损伤、疲劳寿命预测、应力上下限、加载应力水平等方面，但加载频率对岩体疲劳特性的影响没有统一的结论。根据研究，在距离铁路线一定范围内，列车产生的振动荷载主要以瑞利波形式在岩体中传播，列车速度为350 km/h 所产生的振动，其频率约为 5 Hz。据此研究在该范围内不同岩溶发育状态下有关加载频率和岩石疲劳破坏规律。

9.1 试验方案

1. 试验设备

岩石疲劳试验试样取自沪昆高速铁路贵州段 D1K856＋000 左 560 m、D2K846＋650 左 100 m 和 D2K845＋950 左 132 m 里程点，为三种不同岩溶发育状况的岩样。依据《铁路工程岩石试验规程》(TB 10115—2014)中推荐的疲劳试验岩石试样的加工标准,将试样分为饱水状态和自然状态。

疲劳试验采用 MTS810 型多功能材料试验系统,以单轴静载作用为基础,采用应变片和 LVDT 传感器来测量变形,将岩石试样中间部位在轴、横向各布置两个应变片。

2. 加载荷载确定

开展不同岩溶发育程度岩石疲劳试验,一般采用应力控制的方式。首先由固定的速度加载到应力均值 $\sigma_0[\sigma_0=(\sigma_{max}+\sigma_{min})/2]$,加载速度设为 0.1 kN/s,即为静力加载阶段;然后以应力均值 σ_0 对岩石试样施加循环荷载,加载至岩石破坏,循环次数由岩石的疲劳破坏来决定,即为动力加载阶段。

其中荷载参数:σ_{max} 为上限应力;σ_{min} 为应力下限值;$\Delta\sigma=\sigma_{max}-\sigma_{min}$ 为振幅值;f 为加载频率;T 为周期。加载示意如图 9-1 所示,上限应力比表示 σ_{max} 与抗压强度之比;下限应力比表示 σ_{min} 与抗压强度之比。

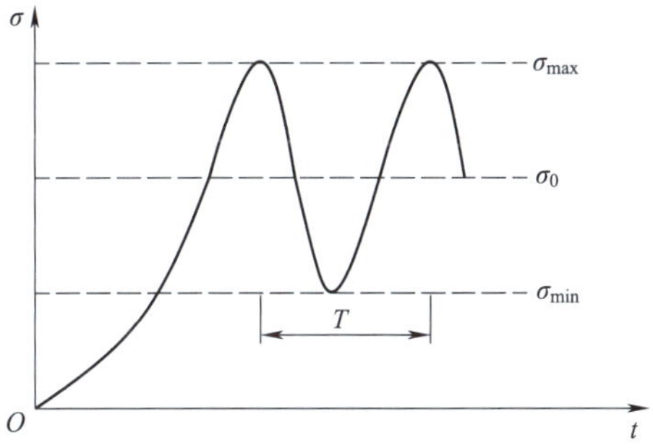

图 9-1　周期疲劳荷载加载

3. 加载频率确定

在列车振动荷载等周期荷载作用下,岩石的疲劳破坏与静荷载下截然不同。在周期荷载作用下应变逐渐累积,此过程非可逆,随着周期荷载作用频率的增加,岩石的应变也随之增大,是塑性变形,即非可逆变形,疲劳破坏不断累积,直至岩体失稳破坏。整个过程岩石的疲劳特性通过非可逆变形的积累趋势、增大幅度及累积总量等来反映。

岩溶化岩体在列车荷载作用下对岩质路基边坡的长期服役稳定性和寿命分析,最直接的表现是岩石的疲劳特性,因此首先要确定试验加载的频率,使试验加载频率更接近列车荷载作用下岩体的动载响应频率。

由于高速铁路列车荷载作用下动态响应非常复杂,国内外学者针对列车荷载模拟和量化的研究,以指数函数来描述高速列车荷载,函数中包括振幅和频率;在考虑轨道不平顺基础上,以激振力函数形式来表示列车荷载,函数中包括列车静载及轮轨振动荷载,而激振力函数中动力响应频率主要与高速列车运行速度、路基结构及车辆基本结构等有关,一般地列车荷载作用下轮轨接触力主要分布在 0.5～10 Hz 低频段、30～60 Hz 中频段和 100～300 Hz 高频段三个频率段。高速列车荷载产生的振动在轨道板、路基、基底等衰减,对岩质路基边坡影响最大的即为列车的影响频率,大多集中在低频段,高速列车在不同速度下列车荷载的作用频率值见表 9-1。

表 9-1　高速列车荷载作用下振动频率

车速/(km·h^{-1})	200	250	300	350
振动频率/Hz	2.4	2.9	3.5	4.1

由表 9-1 可知，沪昆高速铁路运营速度 300 km/h，对应的振动频率为 3.5 Hz，为低频段，选取 3 Hz 低频作为岩溶化岩体加载的频率值。

4. 加载波形确定

疲劳试验中，为更方便的施加波形，通常将实测的波形简化，一般情况下疲劳试验的加载波形主要有三角形波、正弦波和矩形波三种，如图 9-2 所示。

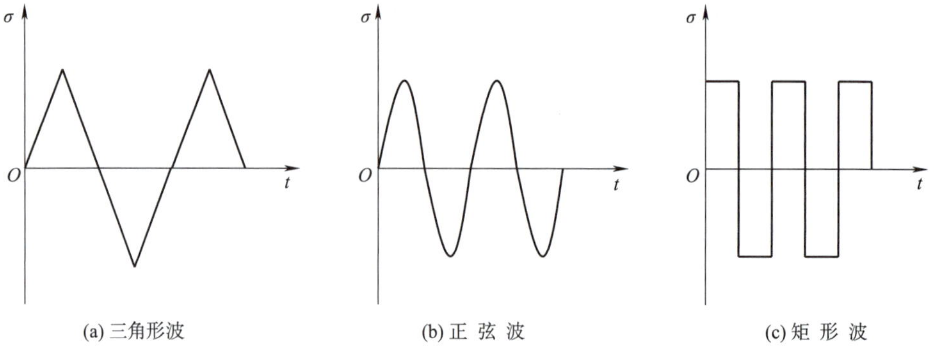

图 9-2　疲劳试验加载波形

针对疲劳试验加载波形，学者们对不同应力波下岩石的疲劳特性进行了研究，采用正弦波加载时，当加载至波峰或波谷，加载速率明显变小，即在高应力状态下保持一段时间，此时发生蠕变和损伤幅度处于增大状态，疲劳应变也增大。同时，欲达到同样的效果，三角形波和矩形波相对于正弦波在相同的加载速率需要的加载次数较多，且随着疲劳荷载的增大，正弦波计算出的平均加载率呈降低趋势，且始终大于其他两种波形。也有学者从岩石疲劳破坏的能量角度去研究三种波形加载下疲劳寿命的本质，根据波形加载滞回曲线的面积，推导了在 1/4 周期内不同波形的弹性应变能计算公式[式(9-1)]，并得出在应力、荷载频率相同的条件下，总能量为三角形波最小，矩形波最大，且不同的加载波形对岩体疲劳累积损伤也不同，矩形波所需加载能量最高，三角形波累积损伤速率最慢。根据以上研究，结合列车振动荷载的传播规律，采用正弦波进行加载。

$$\begin{cases} W_{三角} = \int_0^{\frac{\pi}{2}} \frac{1}{2}\frac{\sigma^2}{E}\mathrm{d}t = \int_0^{\frac{\pi}{2}} \frac{1}{2E}\left(\frac{2c}{\pi}\right)^2 t^2\mathrm{d}t = \frac{\pi c^2}{12E} \\ W_{正弦} = \int_0^{\frac{\pi}{2}} \frac{1}{2}\frac{\sigma^2}{E}\mathrm{d}t = \int_0^{\frac{\pi}{2}} \frac{c^2\sin^2 t}{2E}\mathrm{d}t = \frac{\pi c^2}{12E} \\ W_{矩形} = \int_0^{\frac{\pi}{2}} \frac{1}{2}\frac{\sigma^2}{E}\mathrm{d}t = \int_0^{\frac{\pi}{2}} \frac{c^2}{2E}\mathrm{d}t = \frac{\pi c^2}{4E} \end{cases} \tag{9-1}$$

5. 疲劳试验方案设计

由于在试验中影响疲劳破坏的因素较多，如应力幅值、加载频率和波形等，从不同上限应力比、下限应力比、加载频率及饱水作用设计试验方案，根据文献选取不同的参数(表 9-2～表 9-4)，研究不同岩溶发育下岩石的疲劳特性规律，并建立寿命估算模型。

表 9-2 不同应力比下岩石疲劳特性试验参数设计

岩石状态	上限应力比	下限应力比	加载条件
不同发育程度、自然状态岩石	0.80	0.20	正弦波、频率为 3.5 Hz，应力幅值采用恒幅 $0.6\sigma_c$
	0.85	0.30	
	0.90	0.40	

注：σ_c 为岩石极限抗压强度。

表 9-3 不同加载频率下岩石疲劳特性试验参数设计

加载频率/Hz	上限应力比	下限应力比	岩石状态	加载条件
2.0	0.9	0.3	不同发育程度、自然状态岩石	正弦波，应力幅值采用恒幅 $0.6\sigma_c$
2.5				
3.0				
3.5				

表 9-4 不同岩溶状态下岩石疲劳特性试验参数设计

岩石状态	加载频率	上限应力比	下限应力比	加载条件
饱水状态	3.5Hz	0.85	0.25	正弦波，应力幅值采用恒幅 $0.6\sigma_c$
自然状态				

根据表 9-2～表 9-4 中设计的试验方案，开展不同应力比条件下岩石的疲劳试验，每种应力比参数条件 3 组岩样，共计完成 27 组疲劳试验；对于不同加载频率，按照表 9-1 中设置不同加载频率值，每种频率下设置 3 组试验，共计完成 36 组疲劳试验；饱水、自然状态下对于取自不同岩溶发育情况下的岩石，每一个取样点疲劳试验各 3 组，共计 18 组疲劳试验。

9.2 不同加载条件下疲劳特性

岩石等脆性材料，一般情况下通过岩石的应力水平—疲劳寿命曲线(S—N 曲线)来表示其疲劳特征，其中 S 通常为上限应力和岩石极限抗压强度比，即 $S=\sigma_{max}/\sigma_c$，通过循环加载次数的对数，即 $\lg N$ 表示岩石的疲劳寿命。通常采用指数函数关系和幂函数关系来表示。

指数函数：

$$N\times e^{\alpha S}=C \tag{9-2}$$

通过将式(9-2)进行对数转化，可得出岩石的应力水平与疲劳寿命的关系为

$$S=m-n\lg N \tag{9-3}$$

幂函数：

$$N\times S^{\alpha}=C \tag{9-4}$$

同样对式(9-4)进行对数转化，可得出岩石的应力水平和疲劳寿命的关系为

$$\lg S=m-n\lg N \tag{9-5}$$

式中，m，n 为待定系数，与岩石的基本性质和内部构造相关。

1. 上限应力比对岩石疲劳特性影响

赵凯、蒋宇等人通过对两种曲线的拟合研究认为指数函数的试验结果要优于幂函数。试验中以沪昆高速铁路贵州段不同岩溶发育程度下岩石为研究对象，通过恒定的应力幅值 $\Delta\sigma=0.6\sigma_c$、加载频率 $f=3.5$ Hz 及正弦波形来分析不同上限应力水平对岩石的疲劳影响，上限应力比取值为 0.80、0.85 和 0.90。不同上限应力比下岩石疲劳寿命试验成果见表 9-5。

表 9-5 不同上限应力比下岩石疲劳寿命试验成果

取样点	试样编号	上限应力比	下限应力比	循环次数
D1K856+000 左 560 m	FS-A1	0.80	0.20	1 684
	FS-A2	0.80	0.20	1 237
	FS-A3	0.80	0.20	1 954
	FS-A4	0.85	0.25	546
	FS-A5	0.85	0.25	872
	FS-A6	0.85	0.25	396
	FS-A7	0.90	0.30	169
	FS-A8	0.90	0.30	172
	FS-A9	0.90	0.30	93
D2K846+650 左 100 m	FS-B1	0.80	0.20	3 684
	FS-B2	0.80	0.20	4 259
	FS-B3	0.80	0.20	6 341
	FS-B4	0.85	0.25	2 872
	FS-B5	0.85	0.25	1 989
	FS-B6	0.85	0.25	2 120
	FS-B7	0.90	0.30	968
	FS-B8	0.90	0.30	754
	FS-B9	0.90	0.30	329

续上表

取样点	试样编号	上限应力比	下限应力比	循环次数
D2K845+950左132 m	FS-C1	0.80	0.20	124 362(未破坏)
	FS-C2	0.80	0.20	6 327
	FS-C3	0.80	0.20	7 120
	FS-C4	0.85	0.25	4 361
	FS-C5	0.85	0.25	3 764
	FS-C6	0.85	0.25	2 899
	FS-C7	0.90	0.30	1 077
	FS-C8	0.90	0.30	1 864
	FS-C9	0.90	0.30	589

注:岩石编号中F为疲劳(Fatigue)试验;S为应力(Stress)比;A、B、C为岩溶发育情况。

通过对岩样的反复筛选,使测试结果的离散型较低。采用指数函数进行拟合,并将拟合结果线性化可以得到三种岩溶发育情况下的应力比—疲劳寿命曲线,如图9-3所示。对不同岩溶发育程度的岩石,其岩溶发育程度越强烈,寿命越短。从表9-5和图9-3可知,沪昆高速铁路贵州段各岩溶发育区取样的岩石,其上限应力比和岩石寿命符合指数关系,其疲劳加载次数的对数形式与上限应力比呈线性关系,且为负相关,但当上限应力比降低时,岩石的疲劳加载次数呈对数增长的趋势,这一结论和文献[88]和文献[271]的结果相同,其拟合线性关系见式(9-6)。

$$\begin{cases} \text{A组} \quad S=1.085\ 4-0.871\ 3\lg N, R=0.922\ 9 \\ \text{B组} \quad S=1.694\ 6-0.097\ 6\lg N, R=0.851\ 4 \\ \text{C组} \quad S=1.221\ 1-0.106\ 2\lg N, R=0.848\ 5 \end{cases} \tag{9-6}$$

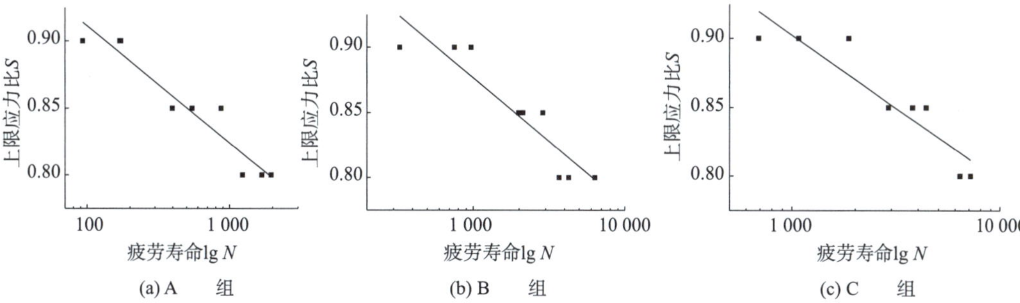

图9-3　上限应力比 S 与岩石疲劳寿命 lg N 的关系

2. 疲劳加载过程中“门槛值”

已有研究表明,在疲劳加载过程中当加载应力幅值和加载频率一定时,上限应力水平越低,岩石破坏所需的加载次数越多,但是当低于某个临界值时,即使加载次数增多也无法破坏。S—N 曲线中,设定的上限应力比 S 小于某一临界值时,岩石的破坏加载次数将会趋于无穷大,葛修润等人认为在岩石低上限应力水平下加载时存在“门槛值”,也即上限应力的设置在疲劳加载时对岩石的疲劳破坏有很大的影响,且“门槛值”在疲劳试验中随着岩石的岩性、类型和所处环境存在差异。通常“门槛值”的确定根据岩石静抗压强度的应力—应变曲线中体积压密点来确定。针对静力加载过程,本节研究时的“门槛值”与已有岩溶化岩石等成果对比分析见表 9-6。

表 9-6　不同研究性质岩石的“门槛值”

岩石类型	门槛值/%	单轴抗压强度值/MPa	研 究 者
石 灰 岩	79.6	148.00	李树春
花 岗 岩	75.5	156.79	葛修润
石 灰 岩	75～80	100.30	赵　凯
石 灰 岩	79.4	136.70	本　书

由表 9-6 可知,对于岩性不同的岩石,其“门槛值”有所差异,且同一性质的岩石,由于其所处环境不同其“门槛值”也存在很大的差别,但“门槛值”的大小与岩石的单轴抗压强度并没有直接关系。

3. 加载频率对岩石疲劳特性影响

由于岩石材料的离散性及岩石内部晶体、组分、微裂纹分布等的差异性,疲劳试验受到加载因素的制约,且岩石材料的疲劳特性研究相对金属材料和混凝土起步较晚,加载频率对岩石疲劳特性的影响研究相对较少。赵凯对石灰岩的疲劳寿命研究中,设置了 0.5 Hz、1.0 Hz、1.5 Hz、2.0 Hz、2.5 Hz、3.0 Hz 六种加载频率,拟合出 f—lg N(加载频率—岩石寿命)曲线,引入应力水平修正系数,建立了加载频率影响的寿命计算模型;Bagde 等人针对砂岩在不同加载频率下的疲劳寿命开展研究,通过试验得出岩石的疲劳强度随加载频率的增大而减小;杨仕教等人通过岩体节理的疲劳特性研究,建立了损伤模型,研究表明随着岩石加载频率的增加,累积的塑性变形减小,从而其疲劳寿命会增大。对于岩石的疲劳特性研究归根结底是要分析岩石的疲劳寿命,但是现阶段疲劳寿命与不同加载频率的相关关系并不统一和明确。

在现有成果的基础上,根据表 9-3 中的设计方案设置 2.0 Hz、2.5 Hz、3.0 Hz 和 3.5 Hz 四种不同频率,开展不同岩溶发育下岩石的疲劳特性试验。采用固定的上限应力比 0.9,下限应力比 0.3,正弦波加载,加载幅值采用恒幅 $0.6\sigma_c$。不同加载频率下岩石疲劳试验成果见表 9-7。

表 9-7　不同加载频率下岩石疲劳试验成果

取样点	试样编号	加载频率 f	循环次数 N	平均循环次数
D1K856+000 左 560 m	FF-A1	2.0	18	36
	FF-A2	2.0	26	
	FF-A3	2.0	65	
	FF-A4	2.5	137	86
	FF-A5	2.5	25	
	FF-A6	2.5	96	
	FF-A7	3.0	211	136
	FF-A8	3.0	127	
	FF-A9	3.0	91	
	FF-A10	3.5	152	145
	FF-A11	3.5	172	
	FF-A12	3.5	93	
D2K846+650 左 100 m	FF-B1	2.0	170	121
	FF-B2	2.0	126	
	FF-B3	2.0	61	
	FF-B4	2.5	474	278
	FF-B5	2.5	263	
	FF-B6	2.5	107	
	FF-B7	3.0	733	549
	FF-B8	3.0	382	
	FF-B9	3.0	532	
	FF-B10	3.5	168	684
	FF-B11	3.5	684	
	FF-B12	3.5	289	
D2K845+950 左 132 m	FF-C1	2.0	217	228
	FF-C2	2.0	368	
	FF-C3	2.0	99	
	FF-C4	2.5	149	422
	FF-C5	2.5	501	
	FF-C6	2.5	606	
	FF-C7	3.0	1 008	1 001
	FF-C8	3.0	534	
	FF-C9	3.0	1472	
	FF-C10	3.5	1 077	1 175
	FF-C11	3.5	1 864	
	FF-C12	3.5	589	

注：岩石编号中第一个 F 为疲劳(Fatigue)试验；第二个 F 为加载频率(Frequency)值；A、B、C 为岩溶发育情况。

对表 9-7 的数据拟合时，由于岩石材料的离散性能，为满足疲劳试验的最小样本要求，选择回归系数较高的拟合直线，为便于疲劳损伤的研究，采用双对数坐标进行拟合分析。对于加载频率 f 与不同岩溶发育下岩石疲劳寿命的双对数拟合关系，拟合曲线如图 9-4 所示，具有很好的线性相关性。由表 9-7 和图 9-4 可知，对于不同岩溶发育下的岩石，其疲劳寿命均随着加载频率的增加而增大；随着岩溶率的增大，疲劳寿命呈现衰减的趋势，而且岩溶率越大，疲劳寿命的衰减变化速率有增大趋势，不过由于岩样的数量较少，这一点结论有待进一步验证。

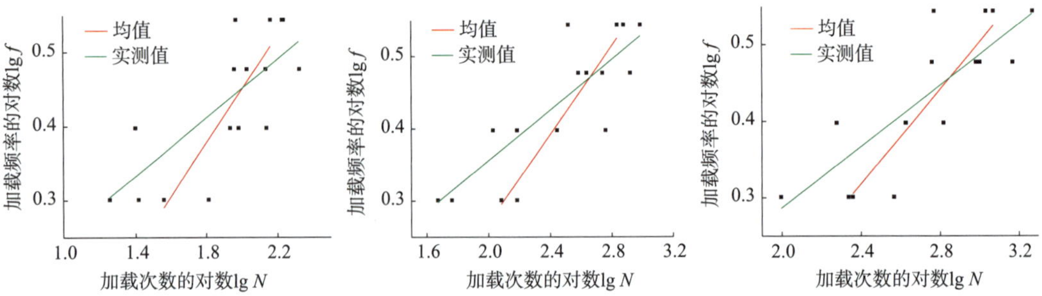

均　值：$\lg f=0.270\ 29\lg N+0.359\ 8$，$R=0.919$
实测值：$\lg f=0.196\ 81\lg N+0.057\ 1$，$R=0.714$

(a) A　组

均　值：$\lg f=0.305\ 29\lg N-0.340\ 93$，$R=0.963\ 28$
实测值：$\lg f=0.174\ 8\lg N+0.005\ 98$，$R=0.690\ 61$

(b) B　组

均　值：$\lg f=0.308\ 28\lg N-0.421\ 86$，$R=0.964\ 08$
实测值：$\lg f=0.199\ 69\lg N-0.113\ 8$，$R=0.640\ 1$

(c) C　组

图 9-4　加载频率 f 与岩石疲劳寿命的对数关系

由于对应不同列车车速下的加载频率在 0～4 Hz 范围，在疲劳试验设置上限应力比时并未考虑强度的提高，不能以静单轴抗压强度为参考值 σ_c，为使疲劳损伤模型建立时能够考虑到加载频率对岩石累积寿命的影响，引入 Wohler 模型，并加入修正系数 $\alpha=\sigma_c/\sigma_d$。由于上限应力比 $S=\sigma_{max}/\sigma_c$，则以动抗压强度值 σ_d 来计算，有

$$S'=\frac{\sigma_{max}}{\sigma_d}=\alpha\frac{\sigma_{max}}{\sigma_c} \tag{9-7}$$

以静单轴抗压强度为参考值，采用 2.0 Hz、2.5 Hz、3.0 Hz 和 3.5 Hz 加载频率下疲劳振动的动抗压强度，计算出强度提高值和强度提高系数 α 值，通过数据拟合得出修正系数 α 与加载频率 f 的线性关系，如图 9-5 和图 9-6 所示。

则修正系数 α 与加载频率 f 的关系为

$$\alpha=0.114\ 57\lg f+0.107\ 68 \tag{9-8}$$

考虑加载频率、上限应力比对岩石累积寿命影响的公式即为

$$S'=(0.114\ 57\lg f+0.107\ 68)(1.314\ 8-0.300\ 7\lg N) \tag{9-9}$$

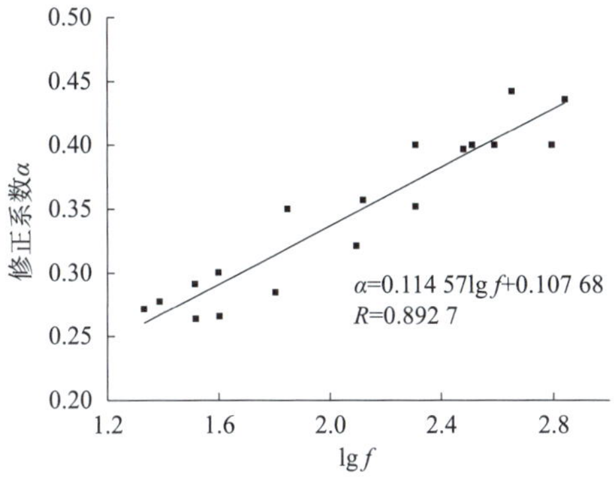

图 9-5　加载频率 f 对数与修正系数关系

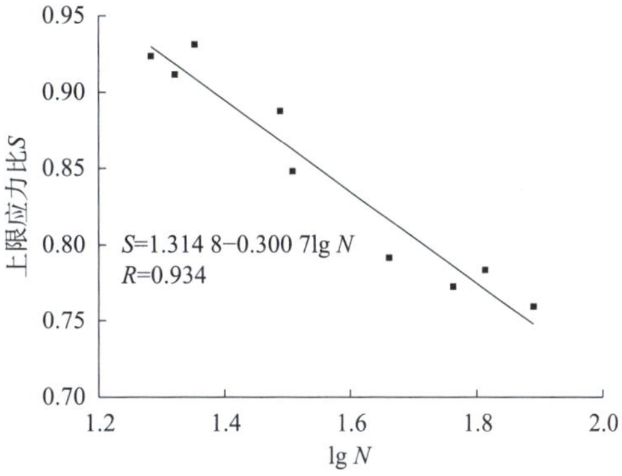

图 9-6　修正后 S—log N 曲线

9.3　岩溶化岩体疲劳特性

对岩石的疲劳性能不仅要从疲劳破坏去分析，岩石疲劳破坏全过程的了解对岩石变形过程及内部累积损伤的研究亦具有重要意义。

1. 岩石轴向变形规律

分析不同岩溶发育程度下轴向变形规律分析时，以 FS-A9、FS-B9、FS-C9 岩样为例，采用 3.5 Hz 低频频率，应力幅值 $\Delta\sigma=0.6\sigma_c$，上限应力比为 0.9，下限应力比为 0.3，正弦波加载，通过试验可得到图 9-7 中岩石的轴向应力—应变曲线。

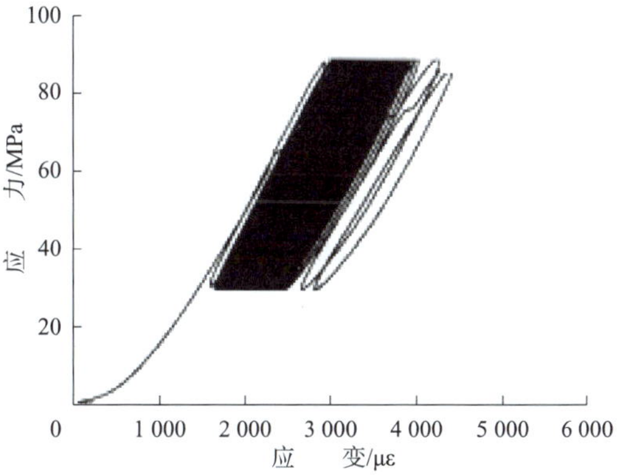

图 9-7　A 取样点岩石的轴向应力—应变曲线

由图 9-7 可知，轴向应力—应变曲线在刚开始施加循环荷载的几个周期，轴向应变变化较快，且应力—应变回滞环的面积较大，表明此阶段加载循环耗能及岩石内部损伤较大；随着周期荷载的进一步作用，轴向应变呈缓慢变化的趋势，应力—应变回滞环的面积也有所减小，并趋于稳定，此时循环荷载形成的回滞环分布较为密集，表明岩石内部的损伤程度有所减小；当随着石灰岩接近疲劳破坏临界荷载时，轴向变形加速直至岩石完全破坏，此时回滞环分布较为稀疏。对不同岩溶发育状态下的岩石，随着岩溶率或发育程度的增大，应力—应变回滞环面积相对呈增大趋势，且在临近破坏时，其轴向应变变化较快。

从岩石疲劳破坏的全过程分析，轴向应力—应变曲线中回滞环面积呈现“疏—密—疏”的变化规律，且整个加载过程回滞环在应力—应变图中有倾向横坐标应变变化轴的趋势，岩石疲劳试验的变形发展规律可以分为三个阶段：初始加载阶段、发展稳定阶段和加速破坏阶段，为进一步分析三阶段中岩石轴向变形的规律，选取在循环荷载加载过程特征时间点的应变值，得出岩石轴向应变和应变速率在循环荷载作用过程的变化规律，如图 9-8～图 9-13 所示。

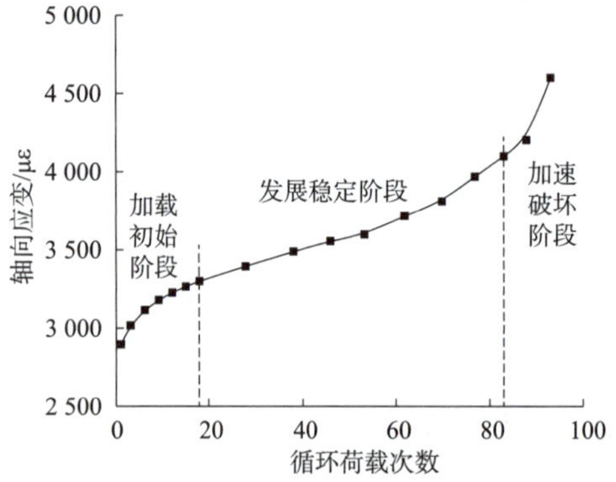

图 9-8 A 取样点岩石轴向应变—循环次数曲线

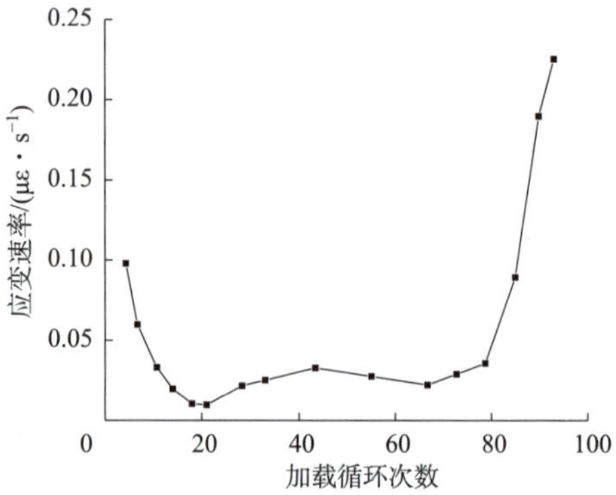

图 9-9 A 取样点岩石应变速率—循环次数曲线

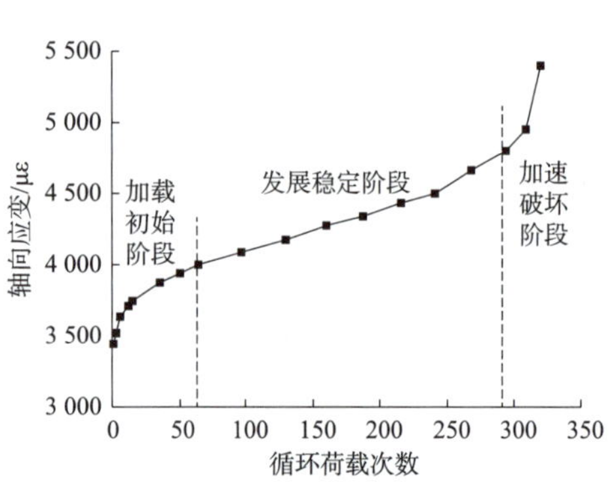

图 9-10 B 取样点岩石轴向应变—循环次数曲线

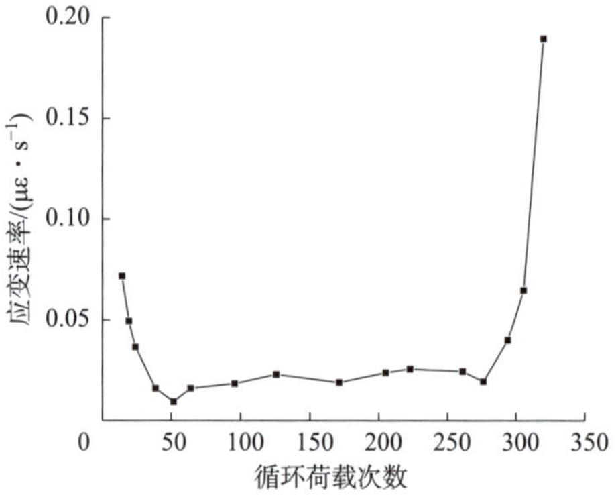

图 9-11 B 取样点岩石应变速率—循环次数曲线

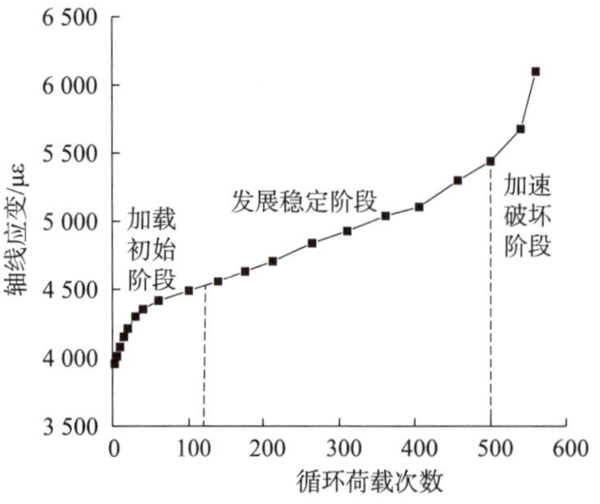

图 9-12 C 取样点岩石轴向应变—循环次数曲线

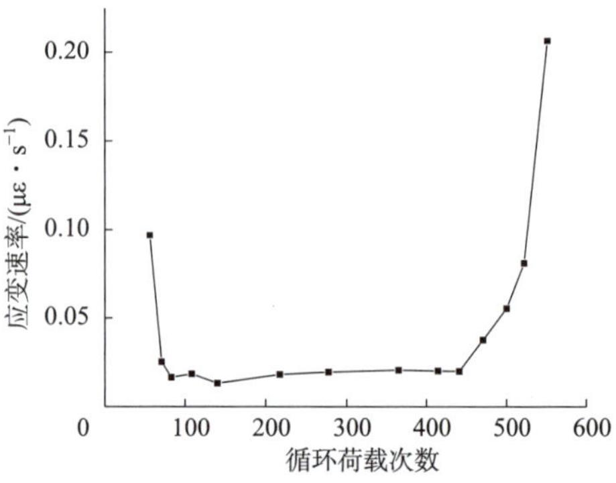

图 9-13 C 取样点岩石应变速率—循环次数曲线

从图 9-8～图 9-13 可以更明确地看出岩石疲劳破坏的三阶段，这与文献[85]、文献[88]和文献[267] 中研究结果一致。在循环荷载作用下岩石内部的微裂纹正是经历了产生、扩展以及贯穿的整个演化过程，应变规律的三个阶段即为岩体内微裂纹发展和岩石损伤的过程体现，所以应变及弹性模量通常作为研究岩石损伤的重要参数。岩石加载初始阶段，应变的变形较快，从轴向应变速率曲线来看，应变的变化速率降低，此阶段是岩石内部微小裂纹的萌生阶段，岩石内部原生微裂纹等在循环荷载作用下，一些颗粒边界由于薄弱的力学胶结性能，使得岩石内部在此位置产生大量的衍生裂缝，故而轴向变形较为快速。在岩石应变发展稳定阶段，轴向应变率在周期荷载作用下呈现出一条近乎斜率较小的直线，即应变的增长率（各点的应变对时间求微分的值）变化较小，一般情况下又被称为“低速阶段”，由于岩石内部结构的突变等有小的变化，在“低速阶段”随着岩石内衍生裂缝的增大，其孔隙也将增大，在循环荷载的进一步作用下，裂纹处于稳定扩展状态。在加速破坏阶段，瞬间几个循环荷载下岩石试样突然破坏，其应变速率呈现急剧增大的趋势，此阶段当岩石内部裂缝达到其临界长度时，裂纹迅速贯穿而发生脆性破坏。

2. 饱水作用下疲劳特性规律

采用加载频率为 3.5 Hz，上限应力比为 0.85，下限应力比为 0.25，恒幅 0.6σ_c，正弦波加载，进行低频状态不同岩溶发育情况下岩石疲劳特性试验，自然和饱水状态下岩石疲劳寿命试验成果见表 9-8。

表 9-8　自然和饱水状态下岩石疲劳寿命试验成果

取样点	自然状态下岩石			饱和状态下岩石		
	岩石编号	循环次数	平均值	岩石编号	循环次数	平均值
D1K856+000 左 560 m	FD-A1	432	440	FW-A1	196	192
	FD-A2	745		FW-A2	314	
	FD-A3	143		FW-A3	66	
D2K846+650 左 100 m	FD-B1	2 109	1 601	FW-B1	1 008	863
	FD-B2	1624		FW-B2	856	
	FD-B3	1 070		FW-B3	725	
D2K845+950 左 132 m	FD-C1	3 274	3 443	FW-C1	2 714	2 048
	FD-C2	2 957		FW-C2	1 586	
	FD-C3	4 098		FW-C3	1 844	

注：岩石编号中 F(Fatigue)为疲劳试验；D，W 表示岩石处于自然(Dry)和饱和(Water)状态；A、B、C 为岩溶发育情况。

由表 9-8 可知，当加载条件相同时，各岩溶发育状态下的岩石经过饱水作用后，其寿命均有不同幅度的下降。在饱水作用下不同岩溶发育状态的岩石单轴抗压强度也有不同幅度的降低，所以饱水作用对岩石具有软化损伤作用，而且在疲劳荷载作用下，其抗疲劳能力下降，寿命变短。岩溶发育程度越强烈，在饱水作用下寿命下降的幅度越大，A 组由于在钻孔取样时其岩溶发育程度较其他两组强烈，其寿命在饱水作用下下降最快，下降了 56.4%，B 组下降了 46.1%，C 组下降了 40.6%。

以 FD-A3 试样、FW-A3 试样、FD-B3 试样、FW-B3 试样以及 FD-C2 试样、FW-C2 试样为例，研究饱水作用下疲劳特性的规律分析，如图 9-14 和图 9-15 所示。

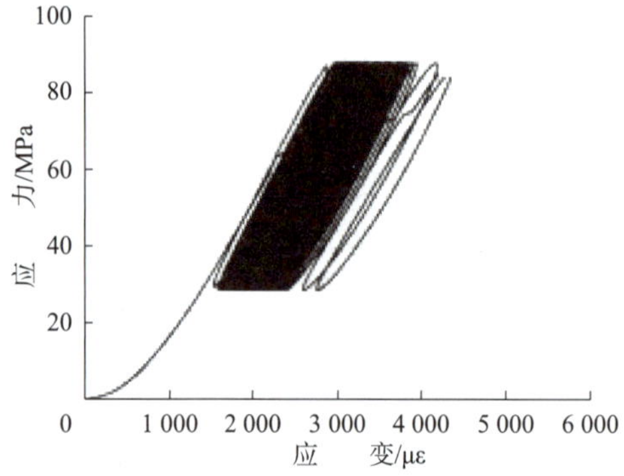

图 9-14　A 取样点自然状态轴向应力—应变曲线

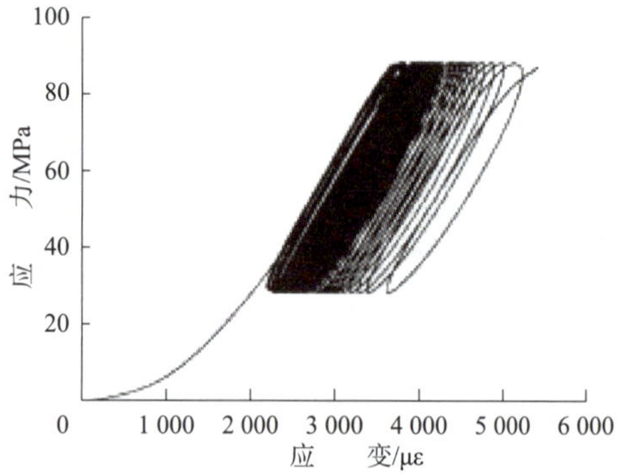

图 9-15　A 取样点饱水状态轴向应力—应变曲线

在相同的加载条件下，不同岩溶率下岩石在饱水前后其损伤也经历了三个阶段，饱和作用下岩石的弹性模量相对自然状态下有所降低，也即在饱水状态下岩石疲劳破坏的应变量增大，岩石的脆性性能降低，这是由于水具有溶蚀作用，水对岩石内部的裂纹、矿物颗粒具有浸润效应，使得内部裂纹间的摩阻力和晶体颗粒的胶结性能降低，从而影响了岩石的强度和变形。对于岩溶发育不同的岩石，由于岩溶发育越强烈，其内部在原生侵蚀过程中胶结作用和裂纹面间摩阻力降低程度越大，饱水作用对其影响程度越大。

同一变形阶段，饱水状态试样的回滞环曲线包络面积明显大于自然状态，其主要原因是水具有黏滞性，当岩石处于饱水状态时，其内部的微裂缝和晶体等组分将相互作用力增大，则使得其变形相对滞后。通过疲劳强度对比，饱水后的疲劳强度有所降低，也即在每一个循环荷载施加时延时产生的损伤程度增大，耗能更多，则回滞环曲线包络面积增大。同时，对于岩溶发育程度不同岩石，岩溶发育程度越强烈，在同一阶段的回滞环曲线包络面积越大。

3. 疲劳加载过程中弹性模量变化规律

通过疲劳加载分析准动弹性模量(即在疲劳加载过程中岩石的弹性模量)的变化规律。循环荷载在加载和卸载阶段是一个回滞环，且环路闭合，也即在加载和卸载阶段准动弹性模量有差异，且岩石的疲劳破坏过程需要上千个加载、卸载过程，直接获取动弹性模量比较困难,因此为研究弹性模量随疲劳荷载衰减规律,在计算中采用均值计算结果表示,通过式(9-10)联立计算。

$$\begin{cases} E'_{\mathrm{d}i} = \dfrac{\sigma'_{\mathrm{d}i\max} - \sigma'_{\mathrm{d}i\min}}{\varepsilon'_{\mathrm{d}i\max} - \varepsilon'_{\mathrm{d}i\min}} \\ E'_{\mathrm{d}} = \dfrac{\sum\limits_{i=1}^{N} E'_{\mathrm{d}i}}{N} \end{cases} \tag{9-10}$$

式中,E'_{d} 为准动弹性模量;$E'_{\mathrm{d}i}$ 为每一次循环荷载加载和卸载后的动弹性模量;$\sigma'_{\mathrm{d}i\max}$,$\sigma'_{\mathrm{d}i\min}$ 为每一个循环下最大和最小动应力;$\varepsilon'_{\mathrm{d}i\max}$,$\varepsilon'_{\mathrm{d}i\min}$ 为每一次循环下最大和最小动应变;N 为循环荷载加载次数。

测得不同加载频率下不同岩溶发育的岩石准动弹性模量和动弹性模量数据,并选取 FF 试样中不同岩溶发育状态下与均值接近的岩样,分析峰值点弹性模量的衰减规律,如图 9-16～图9-18 所示(由于篇幅有限,本节选取不同频率 A、B、C 三组试样为例)。

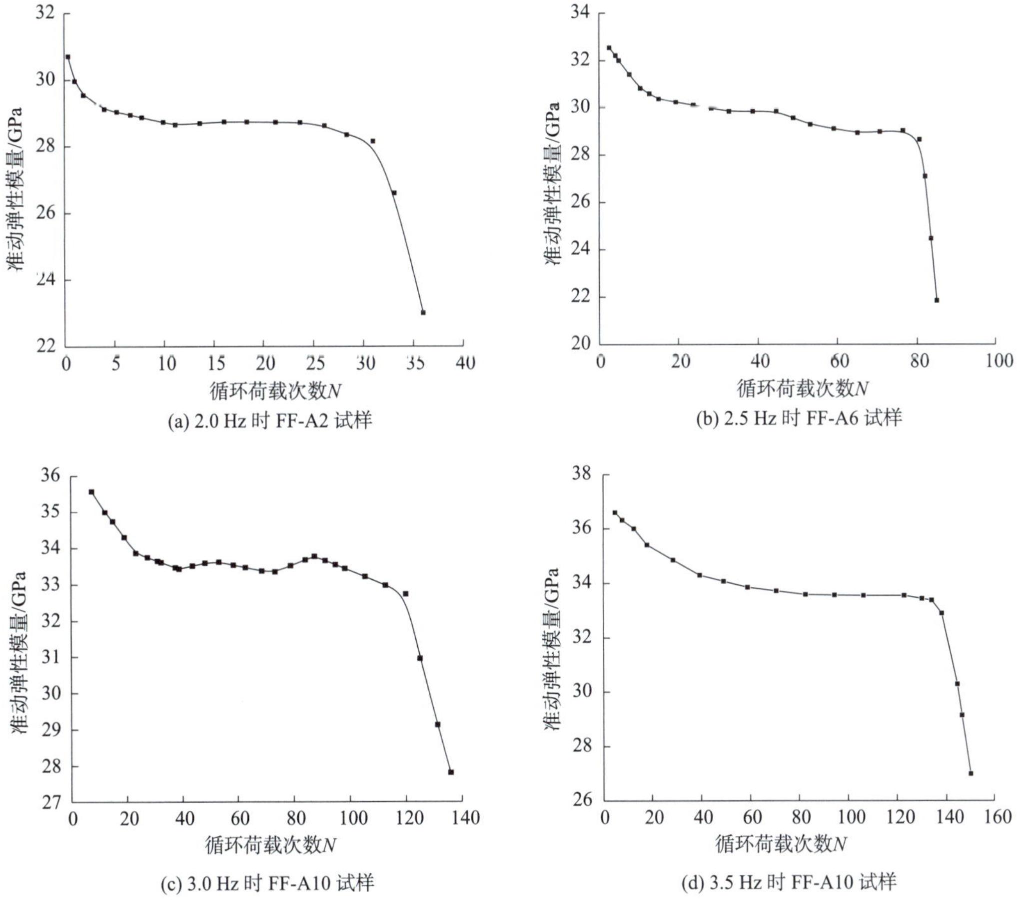

图 9-16　不同加载频率下 A 组试样弹性模量衰减曲线

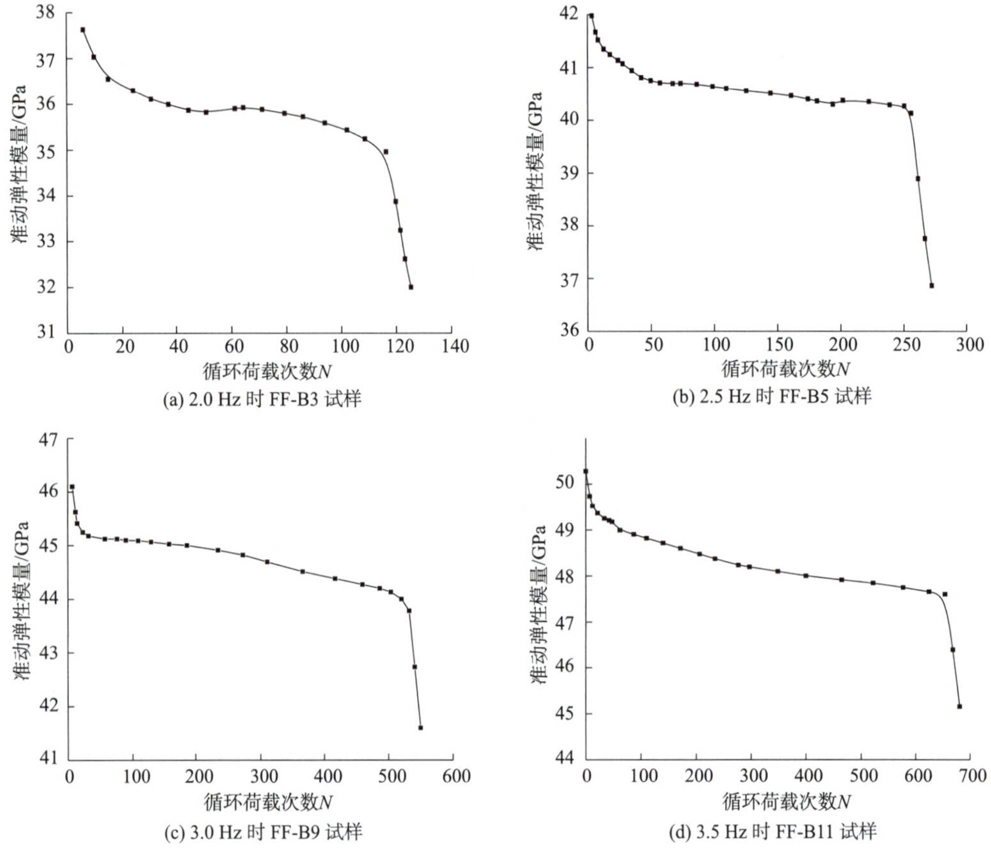

图 9-17　不同加载频率下 B 组试样弹性模量衰减曲线

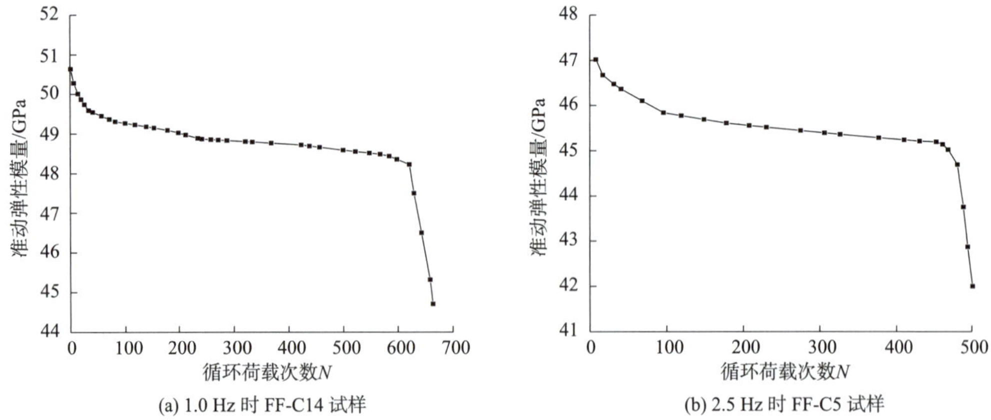

图　9-18

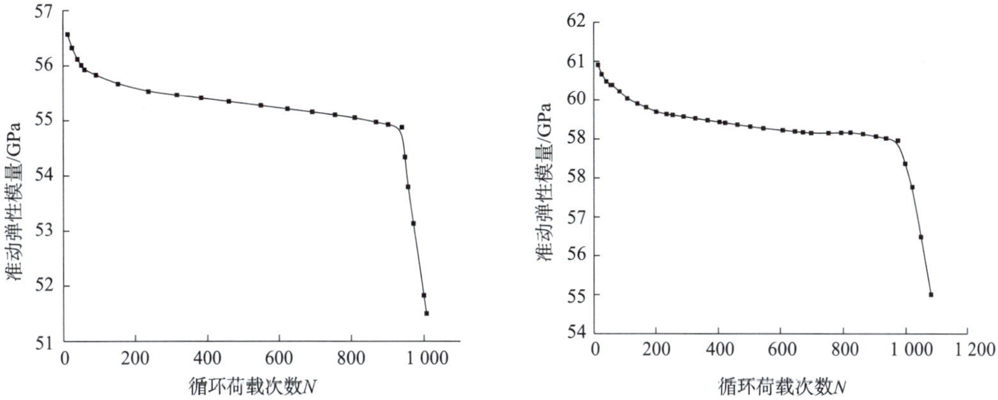

(c) 3.0 Hz 时 FF-C7 试样　　(d) 3.5 Hz 时 FF-C10 试样

图 9-18　不同加载频率下 C 组试样弹性模量衰减曲线

由图 9-16～图 9-18 可知，不同岩溶发育区的石灰岩，在不同频率下弹性模量随循环加载次数的增加，呈现在循环峰值点衰减的规律，但并未有明显的相关关系。随着循环荷载次数的增加，弹性模量的衰减也呈现三个阶段。不同岩溶发育状况下的岩石，在同一加载频率下，岩溶发育程度越大，其弹性模量的衰减也越快。

第一阶段和第三阶段表现出明显的陡然下降趋势，且在陡降的过程中残余的动弹性模量变化较快，但没有明显的变化规律，第三阶段疲劳累积损伤程度过大，此时岩石已处于或濒临破裂，在实际应用中为安全储备考虑，一般予以忽略。

一般情况下，大多以第二阶段刚结束即将进入第三阶段时的弹性模量为疲劳加载时的临界弹性模量。

9.4　岩溶化岩体疲劳累积损伤模型研究

岩石的疲劳破坏也即岩石内部损伤的累积，在实际工程中岩体受到的疲劳荷载是非常复杂的，仅借助 S—N 曲线还不能预判，要进一步的估算或预测岩石的疲劳寿命，还需引入疲劳累积损伤理论。

针对岩石材料疲劳损伤的研究，学者大多借鉴金属和混凝土的疲劳损伤模型，但岩溶地区由于地质条件较为复杂，且在列车荷载作用下，既受到岩溶地下水、振动荷载等外部环境影响，又受到岩石内部复杂的矿物组分影响，需要损伤模型来反映岩溶地区路基边坡长期服役稳定性。

因此，有必要建立针对岩溶地区岩溶化岩体的力学特性基础上的疲劳损伤模型，以进一步对其进行预判。

9.4.1 疲劳损伤定义方法和理论

9.4.1.1 疲劳损伤量定义方法

材料在疲劳荷载作用下，其力学、物理性能发生劣化或者“软化”，通常此类过程是不可逆的，一般用疲劳损伤变量来表示其劣化或者“软化”的程度，确定疲劳损伤变量也是展开疲劳损伤研究的关键和首要。针对混凝土、金属以及本书研究的岩石，损伤变量通过以下几种方法来定义。

1. 物理参量表示法

一般根据等效效应假设，针对材料在疲劳荷载作用下物理参量的变化特性，损伤变量应用弹性模量、泊松比和剪切模量等来定义。

$$\begin{cases} D=1-\dfrac{E'}{E} \\ D=\dfrac{\nu'}{\nu} \\ D=1-\dfrac{G'}{G} \end{cases} \tag{9-11}$$

式中，D 为材料的损伤变量；E'，G'，ν' 为经历循环荷载作用后的弹性模量、剪切模量和泊松比；E、G 和 ν 为初始参量。

2. 残余强度法

由于材料强度在经历多次循环荷载作用后，具有降低的特点，所以损伤变量可以用剩余强度来表示。

$$D=1-\frac{f_c^0-f_c'}{f_c^0} \tag{9-12}$$

式中，f_c^0 为初始单轴抗压强度；f_c' 为循环荷载加载后的剩余抗压强度。

3. 最大应变法

一般情况下由于岩石的极限应变数值相对稳定，而且将其作为损伤准则相对稳定，不受加载条件等影响，所以损伤变量可以用最大应变来表示。

$$D=\frac{\varepsilon_{\max}^n-\varepsilon_{\max}^0}{\varepsilon_{\max}^f-\varepsilon_{\max}^0} \tag{9-13}$$

式中，$\varepsilon_{\max}^n$ 为 n 次循环荷载加载后的轴向应变峰值；$\varepsilon_{\max}^0$ 为循环荷载加载前的初始轴向应变值；$\varepsilon_{\max}^f$ 为材料破坏时的轴向应变峰值。

4. 残余应变法

残余应变通常和最大应变在循环荷载作用下变化规律一致，所以可以用来表示损伤变量。

$$D=\frac{\varepsilon_{\mathrm{r}}^{n}}{\varepsilon_{\mathrm{r}}^{\mathrm{f}}} \tag{9-14}$$

式中，$\varepsilon_{\mathrm{r}}^{n}$，$\varepsilon_{\mathrm{r}}^{\mathrm{f}}$ 为经历 n 次循环荷载后的残余应变和疲劳破坏时的极限应变。

当然，还有一些损伤变量的表示方法，如能量耗散法、超声波速法、声发射累积法，以及基于应变等效假设条件的弹塑性材料损伤定义法等。

综上，这些损伤变量定义方法均可以表示损伤的演化规律，但是最为理想的方法为残余应变法。由于其物理意义比较明确，且考虑了材料的初始损伤和静态加载过程中的损伤，通过试验容易获得，但其计算精度还需完善。残余应变计算精度主要受弹性模量影响，由于循环荷载的增加，材料尤其是岩石的弹性模量是降低的，而且在实际计算中岩石的实际残余应变要比按照初始弹性模量的计算值小，所以采用平均弹性模量来计算。

9.4.1.2　疲劳累积损伤理论

疲劳累积损伤理论模型的建立被赋予实际工程或者研究对象中，需要力求参量简单、物理意义明确、容易通过测试获取等，而且建立的模型可以与试验数据相吻合，能全面的反映疲劳损伤各个阶段的变形。疲劳累积损伤模型在研究中以混凝土、金属材料居多，岩石的疲劳损伤研究相对滞后，由于岩石疲劳特性影响因素数量多且复杂，现阶段分析理论和方法较少。模型一般围绕线性疲劳累积损伤和非线性疲劳累积损伤，且许多学者针对这两方面作了进一步的参数修正。

1. 线性疲劳损伤理论模型

在工程应用中最经典的当属 Palmgern-Miner 线性损伤理论（简称“Miner 埋论”），Miner 理论通常假设材料的累积损伤达到 1 时发生破坏。根据 Miner 理论，假设每个循环荷载作用下损伤量为 ΔD_i，材料破坏时吸收功为 W，当上限应力比为 S_i 时所对应的疲劳寿命为 N_i，经历 n 次荷载循环时吸收功为 W_i，则每个循环荷载作用下的累积损伤量为

$$\Delta D_i=\frac{1}{N_i} \tag{9-15}$$

经历了 n 次循环荷载加载后的吸收功满足式(9-16)。

$$\sum_{i}^{n} W_i = W_1 + W_2 + \cdots + W_n = W \tag{9-16}$$

且有 $\sum\limits_{i=1}^{n}\dfrac{W_i}{W}=\sum\limits_{i=1}^{n}\dfrac{n_i}{N_i}=1$。

则材料的累积损伤为

$$D=\sum_{i=1}^{k}\frac{n_i}{N_i} \tag{9-17}$$

式(9-17)也即为在应力条件为 S_k 时的常幅疲劳寿命，将其进行简化，可以得到在应力条件为 S 时的常幅疲劳寿命为

$$D=\frac{n}{N} \tag{9-18}$$

当然 Miner 理论中没有考虑加载幅值和加载顺序等对材料疲劳损伤的影响，所以在后来的研究中，学者们对其作了进一步的修正。

2. 非线性疲劳损伤理论模型

在线性理论的基础上，为了提高计算的精度，学者们进行了一系列的非线性累积损伤研究，其中最有代表的是 Carten-Dolan 理论，该理论从常幅和变幅应力两个方面进行了循环荷载疲劳损伤的研究。

$$\begin{cases} D = n_i m^c r^d & \text{常幅应力} \\ D = \sum_{i=1}^{n} n_i m_i^c r_i^d & \text{变幅应力} \end{cases} \tag{9-19}$$

式中，n_i 为在常、变幅应力 S_i 下荷载的循环次数；m 为材料损伤核数目；r_i 为常、变幅应力 S_i 对应的裂纹扩展系数；c，d 为材料系数。

则 Carten-Dolan 非线性累积损伤理论的材料疲劳损伤破坏准则为

$$D \geqslant N_{S'} m_{S'}^c r_{S'}^d \tag{9-20}$$

式中，S' 为每次循环荷载加载下的最大应力比；$N_{S'}$、$m_{S'}$，$r_{S'}$ 为 S' 对应下材料寿命、损伤核数目以及裂纹扩展系数。

综上所述，疲劳累积损伤理论模型中，非线性疲劳累积损伤理论在进行疲劳加载损伤分析时结果较为可靠，但是由于其理论的不成熟和试验数据的缺乏，造成分析精度要比线性疲劳累积损伤理论低，所以现阶段在工程中还是普遍应用 Miner 线性理论及其修正理论来估算疲劳损伤，而且线性疲劳累积损伤理论在某种程度上的精度可以达到工程要求。

9.4.2 基于残余应变的疲劳累积损伤模型建立

在构建岩体疲劳损伤模型时，最重要的两个问题是：选取合适的损伤变量定义方法；建立参数数目恰当和容易的疲劳累积损伤方程。一般情况下在岩石损伤模型建立时均是以循环次数和疲劳寿命的比来定义，在实际工程中，尤其是涉及多重因素的影响，必须选择物理意义明确、表达方式简单的定义方法，且在疲劳累积损伤方程的选择和建立中使得参数易获取，损伤方程能够表示整个疲劳破坏的过程。因此建立一个适合所研究对象的疲劳损伤模型，必须清楚：一个周期荷载作用下对研究对象造成的损伤是多少？许多个周期荷载加载后造成的研究对象损伤是以什么方式叠加的？研究对象在周期荷载下失效或对疲劳的抵抗性能减小到一定程度时的临界损伤是多少？本节围绕这三个问题，建立了适合岩质路基边坡服役性能的基于残余应变的疲劳损伤模型。

1. 残余应变岩石疲劳损伤变化规律

岩石疲劳试验中的总应变或者最大应变包括残余应变(也即塑性应变)和弹性应变,由于在加载过程中残余应变是不可恢复的部分,所以应用残余应变定义损伤量时物理意义比较明确。当然在计算残余应变值时一般采用胡克定律计算,为了提高计算精度本节采用平均弹性模量,见表 9-9,且在试验加载过程中残余应变易于获取,利用残余应变建立岩石疲劳损伤的模型即通过 n 次疲劳加载循环后的残余应变和疲劳破坏时的极限或者临界应变的比来表示,并定义 $D \geqslant 1$ 时岩样处于破坏状态。

表 9-9　岩石疲劳加载过程中动弹性模量和极限残余应变统计

岩石编号	岩石状态	加载频率 f/Hz	上限应力比 S	临界平均动弹性模量/GPa	初始应变/$\mu\varepsilon$	初始应变与临界残余应变比
FS-A2	自然	3.5	0.80	30.14	2 974	0.661
FS-A4	自然	3.5	0.85	32.68	3 215	0.672
FS-A9	自然	3.5	0.90	33.68	3 473	0.675
FS-B3	自然	3.5	0.80	36.72	2 276	0.753
FS-B6	自然	3.5	0.85	37.14	2 138	0.657
FS-B9	自然	3.5	0.90	37.69	2 656	0.683
FS-C3	自然	3.5	0.80	41.23	2 079	0.656
FS-C5	自然	3.5	0.85	46.57	2 869	0.674
FS-C9	自然	3.5	0.90	47.82	3 071	0.632
FF-A1	自然	2.0	0.90	39.74	2 403	0.659
FF-A5	自然	2.5	0.90	41.02	2 896	0.664
FF-A9	自然	3.0	0.90	42.31	3 025	0.689
FF-A12	自然	3.5	0.90	45.32	2 537	0.661
FF-B3	自然	2.0	0.90	46.71	2 968	0.657
FF-B6	自然	2.5	0.90	39.23	3 251	0.684
FF-B9	自然	3.0	0.90	40.04	2 968	0.695
FF-B12	自然	3.5	0.90	46.23	3 074	0.711
FF-C3	自然	2.0	0.90	44.73	3 359	0.729
FF-C5	自然	2.5	0.90	45.69	3 276	0.708
FF-C8	自然	3.0	0.90	52.14	3 145	0.716
FF-C12	自然	3.5	0.90	54.82	3 280	0.714
FW-A3	饱水	3.5	0.85	29.87	3 364	0.706
FW-B3	饱水	3.5	0.85	31.24	3 620	0.648
FW-C2	饱水	3.5	0.85	33.16	3 751	0.654
FD-A3	自然	3.5	0.85	36.89	3 324	0.693
FD-B3	自然	3.5	0.85	39.56	2 071	0.714
FD-C2	自然	3.5	0.85	42.35	2 879	0.701

考虑加载条件(加载频率和上限应力比)及岩石状态(饱水和自然状态)情况,选取疲劳试验接近加载次数平均值的试样 27 组,将其破坏时的平均动弹性模量以及初始、计算出的临界残余应变值等汇总到表 9-9 中。

由表 9-9 可知,不同加载条件和岩石自然及饱水状态下初始应变与临界残余应变比的变化范围为 0.654～0.735,平均值为 0.684。岩石的力学特性虽然有离散性,存在很大的个体差异,且在疲劳循环荷载施加前和临界破坏时的残余应变值变化范围较大,但疲劳加载过程中岩石的残余应变变化相对比较集中。

2. 模型建立

为了方便建立基于残余应变的岩石损伤模型,消除个体差异,反映不同加载条件和岩石状态时的残余应变比和岩石损伤情况,选取初始应变和临界残余应变比接近平均值的 8 组数据归一化拟合,如图 9-19 所示。

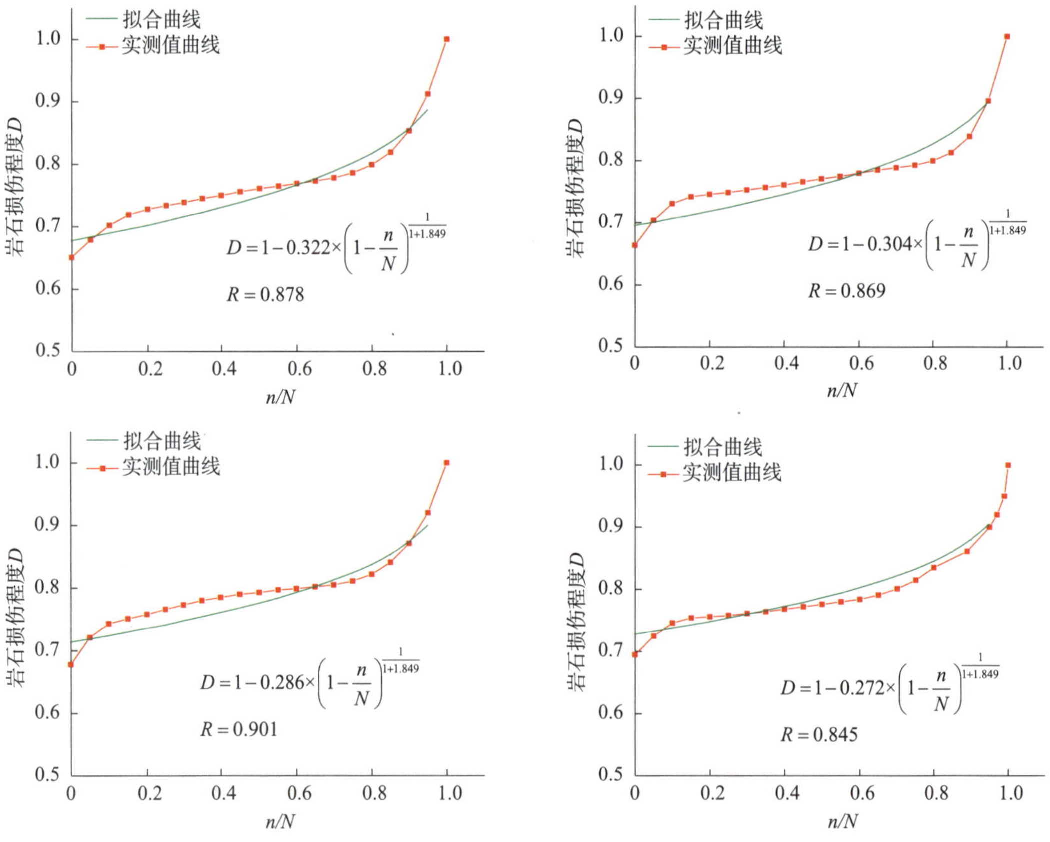

图 9-19

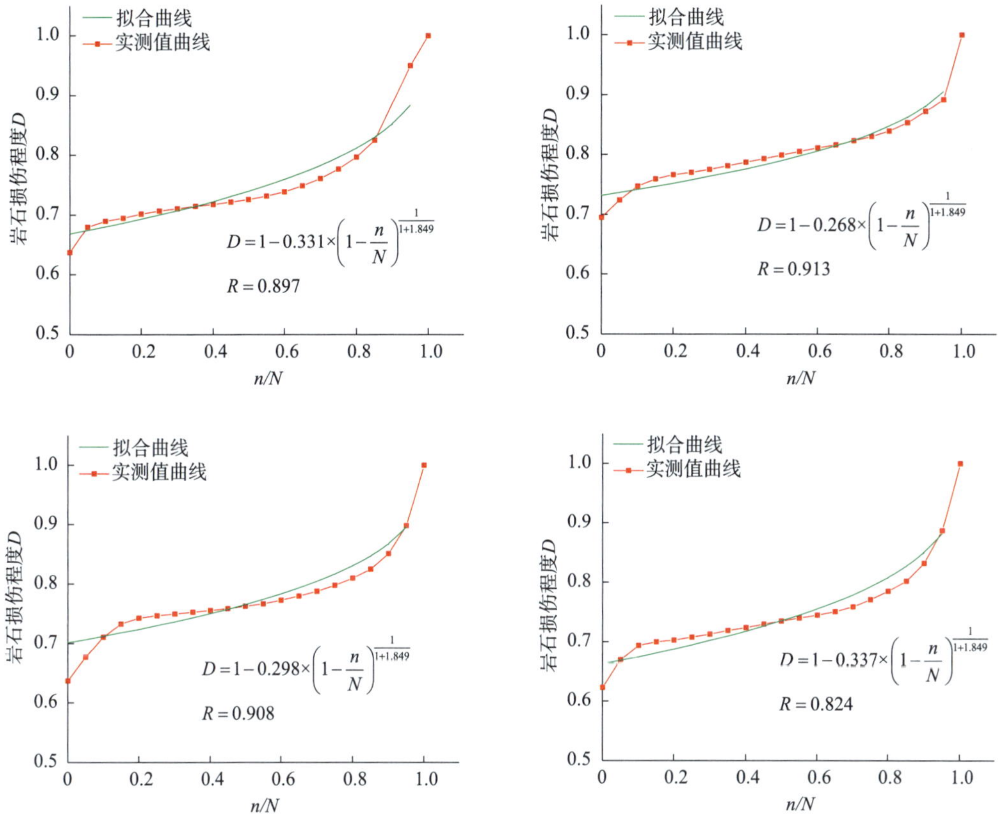

图 9-19　基于残余应变的损伤拟合曲线

由图 9-19 可知，岩石损伤满足式(9-21)的变化规律。

$$D=1-\alpha\left(1-\frac{n}{N}\right)^{\frac{1}{1+\beta}} \tag{9-21}$$

式中，n，N 为第 n 次循环加载次数和最终循环加载次数；α，β 为与岩石性质相关的参数。

分析残余应变比的拟合结果可知，α 对损伤的结果比较直接，且更依赖损伤发展过程，所以在拟合函数时，将 β 值固定为 1.849。由图 9-19 可知，在各种加载条件和岩石状态下岩溶地区石灰岩的残余应变与循环加载次数呈现非线性相关关系，相关系数均比较高。从 8 个拟合曲线可看出 α 的变化范围为 0.268～0.337，当初始应变和临界残余应变比为平均值，α 的取值为 0.316，所以可近似的描述岩溶化岩体的残余应变变化规律为

$$D=\frac{\varepsilon_r^n}{\varepsilon_r^f}=1-0.316\times\left(1-\frac{n}{N}\right)^{0.351} \tag{9-22}$$

结合考虑加载条件与循环荷载的关系，计算在对应的应力比和加载频率下的岩石估算寿命为

$$N_n^i=1\times10^{\left(4.372-\frac{0.3S_n}{0.1146\lg f+0.1077}\right)} \tag{9-23}$$

残余应变也即塑性形变，能够准确地反映不同岩溶发育状态下岩溶化岩体的疲劳损伤行为，宏观地表达了岩石内部疲劳损伤的不可逆性，能够反映和代表整个疲劳加载过程中岩石内部塑性变形的特征，而且全面显示整个疲劳加载过程中的上限应力比 S、加载频率 f、循环荷载加载次数 n 以及反映材料性质的参数 α 和 β 的影响，所以残余应变法是一种比较理想的，能综合考虑各因素的定义损伤量方法。当岩石疲劳加载至第二阶段末时，认为其发生破坏，此时的状态可称为临界损伤状态，取初始应变和临界残余应变比为 0.684，则在第二阶段末时岩石对应的 n/N 值为 0.945。所以基于残余应变的岩石损伤模型可以良好的解决三个在建立疲劳损伤模型时必须解决的问题，能够得出每一个周期荷载下岩石的损伤、整个叠加过程和岩石的临界损伤问题，所以从残余应变变化的角度建立疲劳损伤模型，可以反映岩石损伤的整个过程。图 9-20 为基于残余应变的岩石损伤演化规律，与文献[85]提出的“倒 S”模型的变化趋势近似。

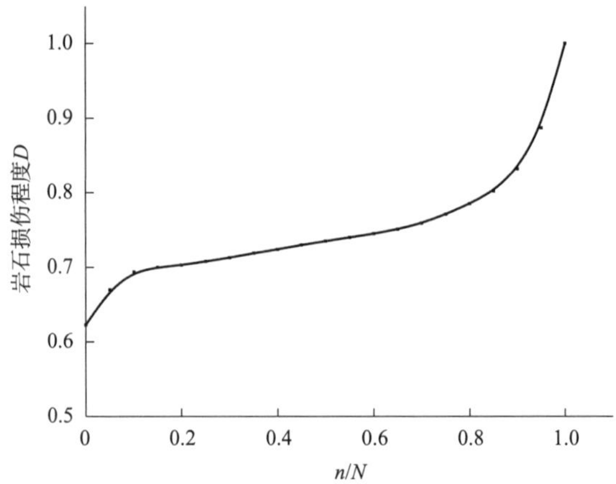

图 9-20　基于残余应变的岩石损伤演化规律

第10章 岩溶路基边坡动态响应分析

随着工程技术领域的发展，工程研究对象的几何外形、荷载、边界以及材料特殊性等更加复杂化，通过解析解求解工程问题难度增加，有限元方法（finite element method，简称FEM）正是在解决复杂工程问题中出现的。对于岩溶路基边坡岩体，在列车周期性荷载作用下必然会引起疲劳损伤，现阶段边坡动态响应分析模型大多是在传统的弹塑性动力学模型基础上建立，很少考虑列车周期荷载对岩体的疲劳损伤效应，所以如何将岩体的疲劳损伤嵌入有限元动力分析中去研究振动荷载下路基边坡的动力响应是一个需要考虑的问题。

本章根据沪昆高速铁路贵州段岩溶地段实际情况，借助ABAQUS有限元数值分析软件进行基于残余应变疲劳损伤模型应用的二次开发，将岩溶化岩体疲劳损伤模型嵌入三维动态模型中，分析路基边坡不同部位动态响应，为岩溶区岩质边坡的动力特性及稳定性分析提供一些参考。

10.1 三维动力学问题理论分析

10.1.1 三维有限元分析

在应用ABAQUS软件建立岩质路基边坡动力平衡模型时，区别于静力学的方面主要在于：列车振动荷载的大小是随着时间变化的；在列车振动荷载作用下边坡自身动态特性（自振周期、阻尼等）对边坡的稳定性也有影响；同时边坡岩质材料的动弹性模量、动力学本构关系等对边坡的稳定性也存在影响。具体而言，有限元方法进行数值分析和计算的步骤如下：

1. 离散连续结构体

结构体的离散也就是将结构体分割成有限个节点单元，离散后的单元体与原结构体的形状、材料、边界等均相同，单元间通过节点连接起来，节点单元的数量、密度和性质决定着计算结果的精确程度，单元划分越精细则结果越准确，但计算量就会增大，所以往往要权衡计算成本和单元网格划分，在合理计算成本条件下保证计算精确度。

2. 选择位移形函数

位移模式的选择往往受到形函数的影响，在计算时位移、应力等通过节点来表明，在单元中通常假设多项式作为近似函数的形函数，在计算中通常用矩阵形式表示，选择合理、科学的多项式阶次，保证合理的计算时间内计算的精度。

$$\boldsymbol{\omega}=\boldsymbol{N}\boldsymbol{\delta}^{\mathrm{e}} \tag{10-1}$$

式中，$\boldsymbol{\omega}$ 为任意节点单元位移分量列阵，$\boldsymbol{\omega}=(\omega_x,\omega_z)^{\mathrm{T}}$；$\boldsymbol{\delta}^{\mathrm{e}}=(\omega_{xi},\omega_{zi},\omega_{xj},\omega_{zj},\omega_{xm},\omega_{zm})$，$i,j,m$ 为单元节点；$\boldsymbol{N}$ 为形函数矩阵。则位移形函数为

$$\begin{cases}\omega_x(x,z)=N_i(x,z)\omega_{xi}+N_j(x,z)\omega_{xj}+N_m(x,z)\omega_{xm}\\ \omega_z(x,z)=N_i(x,z)\omega_{zi}+N_j(x,z)\omega_{zj}+N_m(x,z)\omega_{zm}\end{cases} \tag{10-2}$$

3. 确定单元刚度矩阵

单元刚度矩阵的确定是在虚功原理基础上，建立材料和几何形体的平衡方程，将单元节点位移和节点力结合，建立单元节点刚度矩阵、单元位移节点等之间的线性方程组，即为

$$\boldsymbol{\varepsilon}=\boldsymbol{B}\boldsymbol{\delta}^{\mathrm{e}} \tag{10-3}$$

式中，$\boldsymbol{B}$ 为应变量矩阵；$\boldsymbol{\varepsilon}$ 为平面内单一节点的应变矩阵，$\boldsymbol{\varepsilon}=(\varepsilon_x,\varepsilon_z,\gamma_{xz})^{\mathrm{T}}$。

则单元应力关系的物理方程为

$$\boldsymbol{\sigma}=\boldsymbol{D}\boldsymbol{B}\boldsymbol{\delta}^{\mathrm{e}} \tag{10-4}$$

式中，$\boldsymbol{\sigma}$ 为单元应力矩阵；$\boldsymbol{D}$ 为结构体材料相关的弹(塑)性矩阵。

4. 求解节点力和位移矢量关系

单元平衡关系可通过节点力和节点位移来表示，即

$$\boldsymbol{F}^{\mathrm{e}}=\boldsymbol{k}^{\mathrm{e}}\boldsymbol{\delta}^{\mathrm{e}} \tag{10-5}$$

式中，$\boldsymbol{F}^{\mathrm{e}}$ 为单元节点力列阵，$\boldsymbol{F}^{\mathrm{e}}=(F_{xi},F_{zi},F_{xj},F_{zj},F_{xm},F_{zm})$；$\boldsymbol{k}^{\mathrm{e}}$ 为单元刚度矩阵。

5. 建立整体平衡方程

将以上建立的各单元的刚度矩阵集成连续的刚度矩阵，将各单元的节点力等整合，形成总力和位移矢量，将总刚度矩阵、节点总力、总矢量等组件呈整体平衡方程，加入结构体的约束条件，即得到整个结构的平衡方程式表示为

$$\boldsymbol{K}\boldsymbol{\delta}^{\mathrm{e}}=\boldsymbol{R} \tag{10-6}$$

式中，$\boldsymbol{K}$ 为结构体的整体总刚度矩阵；$\boldsymbol{R}$ 为各单元节点力的总体矩阵。

6. 求解未知节点位移和单元应力

根据合理的边界条件，通过已知节点位移计算出未知节点位移，求解出各单元的应变和应力。有限元三维模型建立时，单元的空间类型较多，以常用的八节点六面体单元分析，在局部坐标系下，单元体系的位移函数分量为

$$\begin{cases} u = \sum_{i=1}^{8} \boldsymbol{N}_i u_i \\ v = \sum_{i=1}^{8} \boldsymbol{N}_i v_i \\ w = \sum_{i=1}^{8} \boldsymbol{N}_i w_i \end{cases} \tag{10-7}$$

式中，u,v,w 为三个方向的位移；$\boldsymbol{N}_i$ 为形函数矩阵，$N_i(\xi,\eta,\zeta)=\frac{1}{8}(1+\xi_i\xi)(1+\eta_i\eta)(1+\zeta_i\zeta)$，$i=1,2,\cdots,8$；$u_i$，$v_i$，$w_i$ 为每个节点的位移分量。

由于单元应变为

$$\boldsymbol{\varepsilon} = \begin{pmatrix} \varepsilon_x \\ \varepsilon_y \\ \varepsilon_z \\ \gamma_{xy} \\ \gamma_{yz} \\ \gamma_{zx} \end{pmatrix} = \begin{pmatrix} \frac{\partial u}{\partial x} \\ \frac{\partial v}{\partial y} \\ \frac{\partial w}{\partial z} \\ \frac{\partial u}{\partial y}+\frac{\partial v}{\partial x} \\ \frac{\partial v}{\partial z}+\frac{\partial w}{\partial y} \\ \frac{\partial w}{\partial x}+\frac{\partial v}{\partial z} \end{pmatrix} = \begin{pmatrix} \frac{\partial}{\partial x} & 0 & 0 \\ 0 & \frac{\partial}{\partial y} & 0 \\ 0 & 0 & \frac{\partial}{\partial z} \\ \frac{\partial}{\partial y} & \frac{\partial}{\partial x} & 0 \\ 0 & 0 & \frac{\partial}{\partial y} \\ 0 & \frac{\partial}{\partial z} & 0 \\ \frac{\partial}{\partial z} & 0 & 0\ \frac{\partial}{\partial x} \end{pmatrix} \begin{pmatrix} u \\ v \\ w \end{pmatrix} \tag{10-8}$$

则单元节点位移与单元应变之间的关系为

$$\boldsymbol{\varepsilon}=\boldsymbol{B}\boldsymbol{d}^{\mathrm{e}} \tag{10-9}$$

式中，$\boldsymbol{B}$ 为应变矩阵，由 8 个节点分块矩阵组成，即

$$\boldsymbol{B}_i = \begin{pmatrix} \frac{\partial \boldsymbol{N}_i}{\partial x} & 0 & 0 & \frac{\partial \boldsymbol{N}_i}{\partial y} & 0 & \frac{\partial \boldsymbol{N}_i}{\partial z} \\ 0 & \frac{\partial \boldsymbol{N}_i}{\partial y} & 0 & \frac{\partial \boldsymbol{N}_i}{\partial x} & \frac{\partial \boldsymbol{N}_i}{\partial z} & 0 \\ 0 & 0 & \frac{\partial \boldsymbol{N}_i}{\partial z} & 0 & \frac{\partial \boldsymbol{N}_i}{\partial y} & \frac{\partial \boldsymbol{N}_i}{\partial x} \end{pmatrix}^{\mathrm{T}} \quad (i,j=1,2,\cdots,8) \tag{10-10}$$

将应变矩阵与弹性矩阵代入到单元刚度矩阵可得

$$\boldsymbol{K}^{\mathrm{e}} = \int_V \boldsymbol{B}^{\mathrm{T}}\boldsymbol{D}\boldsymbol{B}\,\mathrm{d}V \tag{10-11}$$

式中，$\boldsymbol{K}=\begin{pmatrix} K_{11} & K_{12} & \cdots & K_{18} \\ K_{21} & K_{22} & \cdots & K_{28} \\ \vdots & \vdots & & \vdots \\ K_{81} & K_{82} & \cdots & K_{88} \end{pmatrix}$。

假定每个单元各方向的集中力为 $\boldsymbol{P}_c=(P_{cx} \quad P_{cy} \quad P_{cz})^T$，则各节点上的等效节点荷载 $\boldsymbol{R}^e=\boldsymbol{N}^T\boldsymbol{P}_c=(R_i \quad R_j \quad R_m \quad R_p)^T$。每个单元的表面力为 $\boldsymbol{P}_s=(\bar{X} \quad \bar{Y} \quad \bar{Z})^T$，其每个节点上由于表面力产生的等效节点荷载 $\boldsymbol{R}^e=\iint \boldsymbol{N}^T\boldsymbol{P}_s\mathrm{d}A=(R_i \quad R_j \quad R_m \quad R_p)^T$。单元上作用的体积力为 $\boldsymbol{R}^e=\iint \boldsymbol{N}^T\boldsymbol{P}_V\mathrm{d}V=(R_i\ R_j\ R_m\ R_p)^T$，每个节点上产生的等效节点荷载 $\boldsymbol{R}^e=\iint \boldsymbol{N}^T\boldsymbol{P}_V\mathrm{d}V=(R_i\ R_j\ R_m\ R_p)^T$，其中 $R_i=\iiint \boldsymbol{N}_i\boldsymbol{P}_V\mathrm{d}V$。

7. 建立有限元动力平衡方程

若上述荷载为动荷载，则在其作用下结构体（岩质路基边坡）在计算分析中不仅产生位移、应力、应变等的变化，还应该考虑在时间—荷载作用下结构体的惯性和阻尼等性质，所以需要建立其动力平衡方程。

$$\begin{cases} \dfrac{\partial \sigma_x}{\partial x}+\dfrac{\partial \tau_{yx}}{\partial y}+\dfrac{\partial \tau_{zx}}{\partial z}+p_x=\rho\dfrac{\partial^2 u}{\partial t^2}+c\dfrac{\partial u}{\partial t} \\ \dfrac{\partial \sigma_y}{\partial y}+\dfrac{\partial \tau_{xy}}{\partial x}+\dfrac{\partial \tau_{zy}}{\partial z}+p_y=\rho\dfrac{\partial^2 v}{\partial t^2}+c\dfrac{\partial v}{\partial t} \\ \dfrac{\partial \sigma_z}{\partial z}+\dfrac{\partial \tau_{xz}}{\partial x}+\dfrac{\partial \tau_{yz}}{\partial y}+p_z=\rho\dfrac{\partial^2 w}{\partial t^2}+c\dfrac{\partial w}{\partial t} \end{cases} \tag{10-12}$$

式中，$\dfrac{\partial u}{\partial t},\dfrac{\partial v}{\partial t},\dfrac{\partial w}{\partial t}$ 表示结构体的阻尼力；$\dfrac{\partial^2 u}{\partial t^2},\dfrac{\partial^2 v}{\partial t^2},\dfrac{\partial^2 w}{\partial t^2}$ 表示结构体的惯性力；ρ 为结构体的密度；c 为结构体的阻尼系数。

由于动力学问题中考虑了阻尼力和惯性力的作用，则对于任意无限小体单元的动力条件下虚功方程为

$$\boldsymbol{\Pi}=\int_V \boldsymbol{\delta\varepsilon}^T\boldsymbol{\sigma}\mathrm{d}V-\int_V \boldsymbol{\delta d}^T\boldsymbol{b}\mathrm{d}V-\int_A \boldsymbol{\sigma d}^T\bar{\boldsymbol{b}}\mathrm{d}A-\int_V \rho\boldsymbol{\delta d}^T\ddot{\boldsymbol{d}}\mathrm{d}V-\int_V c\boldsymbol{\delta d}^T\dot{\boldsymbol{d}}\mathrm{d}V=0 \tag{10-13}$$

根据达朗贝尔原理，将惯性力和阻尼力视为静力学问题中的体力，则此时可转化为静力学中瞬时问题，所以为保证瞬时问题中势能的最小值，则有

$$\boldsymbol{\delta\Pi}=(\boldsymbol{\delta d}^e)^T(\boldsymbol{M}^e\ddot{\boldsymbol{d}}^e+\boldsymbol{C}^e\dot{\boldsymbol{d}}^e+\boldsymbol{K}^e\boldsymbol{d}^e-\boldsymbol{R}^e)=0 \tag{10-14}$$

式中，$\boldsymbol{d}=\boldsymbol{N}\boldsymbol{d}^e$ 为动力学中的单元位移；$\boldsymbol{P}_0=-\rho\dfrac{\partial^2}{\partial t^2}\boldsymbol{d}=-\rho\boldsymbol{N}\dfrac{\partial^2}{\partial t^2}\boldsymbol{d}^e=-\rho\boldsymbol{N}\ddot{\boldsymbol{d}}^e$ 为单元体积上的惯性力；$\boldsymbol{P}_c=-c\dfrac{\partial \boldsymbol{d}}{\partial t}=-c\boldsymbol{N}\dfrac{\partial \boldsymbol{d}^e}{\partial t}=-c\boldsymbol{N}\dot{\boldsymbol{d}}^e$ 为单元体积上的阻尼力；$\boldsymbol{\varepsilon}^e=\boldsymbol{B}\boldsymbol{d}^e$，$\boldsymbol{\sigma}^e=\boldsymbol{B}\boldsymbol{d}^e=\boldsymbol{D}\boldsymbol{B}\boldsymbol{d}^e$，

$\boldsymbol{\delta u}=\boldsymbol{N}\boldsymbol{\delta d}^{e}$，$\boldsymbol{\delta\varepsilon}^{e}=\boldsymbol{B}\boldsymbol{\delta d}^{e}$ 为单位内部应力和应变关系；$\boldsymbol{K}^{e}=\int_{V}\boldsymbol{B}^{\mathrm{T}}\boldsymbol{D}\boldsymbol{B}\mathrm{d}V$，$\boldsymbol{M}^{e}=\int_{V}\rho\boldsymbol{N}^{\mathrm{T}}\boldsymbol{N}\mathrm{d}V$，$\boldsymbol{C}^{e}=\int_{V}c\boldsymbol{N}^{\mathrm{T}}\boldsymbol{N}\mathrm{d}V$，$\boldsymbol{R}=\int_{V}\boldsymbol{N}^{\mathrm{T}}\bar{\boldsymbol{b}}\mathrm{d}s+\int_{V}\boldsymbol{N}^{\mathrm{T}}\boldsymbol{b}\mathrm{d}V$。

由于$(\boldsymbol{\delta d}^{e})^{\mathrm{T}}$ 不全为零，则可得到整个系统的动力平衡方程为

$$\boldsymbol{M}^{e}\ddot{\boldsymbol{d}}^{e}+\boldsymbol{C}^{e}\dot{\boldsymbol{d}}^{e}+\boldsymbol{K}^{e}\boldsymbol{d}^{e}=\boldsymbol{R}^{e} \tag{10-15}$$

式中，$\boldsymbol{M}^{e}$为单元刚度矩阵；$\boldsymbol{C}^{e}$为单元质量矩阵；$\boldsymbol{K}^{e}$ 为单元阻尼矩阵；$\ddot{\boldsymbol{d}}^{e}$，$\dot{\boldsymbol{d}}^{e}$ 为单元节点上的加速度向量和速度向量。

10.1.2　动力学问题分析

对于列车振动引起的动力学问题在求解时，由于荷载随时间变化具有非线性，为了使得建立的模型与实际情况相近，则需要将时间间隔离散。假定在某一时间段内，位移向量、速度向量和加速度向量是按照某种规律变化的，采用逐步积分的方法进行运算，在 ABAQUS 软件中，逐步积分方法一般包括隐式积分法和显式积分法，隐式积分法根据时间点的平衡条件求解动力方程组，每一时间步均需要刚度矩阵的分解，所以计算相对精确，但是步长比较大，计算成本高；显式积分法无须联合求解方程组，计算成本合理，本章建模中采用显式逐步积分 ABAQUS/Explicit 方法。

根据数学中心差分理论，在时间段 Δt 中，利用位移向量的差分形式表示速度向量与加速度向量为

$$\dot{u}_{t}=\frac{1}{\Delta t}(-u_{t-\Delta t}+u_{t})\text{；}\ddot{u}_{t}=\frac{1}{\Delta t^{2}}(u_{t+\Delta t}+u_{t-\Delta t}-2u_{t}) \tag{10-16}$$

将式(10-16)代入动力平衡方程中，可得

$$\hat{\boldsymbol{M}}u_{t+\Delta t}=\hat{\boldsymbol{R}} \tag{10-17}$$

式中，$\hat{\boldsymbol{M}}=\left(\frac{1}{\Delta t^{2}}\boldsymbol{M}+\frac{1}{2\Delta t}\boldsymbol{C}\right)$为有效的质量矩阵；$\hat{\boldsymbol{R}}=\boldsymbol{R}_{t}-\left(\boldsymbol{K}-\frac{2}{\Delta t^{2}}\boldsymbol{M}\right)u_{t}-\left(\frac{1}{\Delta t^{2}}\boldsymbol{M}-\frac{1}{2\Delta t}\boldsymbol{C}\right)u_{t+\Delta t}$ 为有效的动力荷载矩阵。根据式(10-17)即可求得位移增量值 $u_{t+\Delta t}$。

根据显式积分理论，为了求解 $u_{t+\Delta t}$ 的值，必须求得时间站点 u_{t} 和 $u_{t-\Delta t}$ 的值，所以根据增量起步条件，假定 u_{0}、$\dot{u}_{0}$ 和 $\ddot{u}_{0}$ 的值已知，则可得

$$u_{\Delta t}=u_{0}-\Delta t\dot{u}_{0}+\frac{\Delta t^{2}}{2}\ddot{u}_{0} \tag{10-18}$$

对计算步长去一个临界值，即为

$$\Delta t\leqslant\Delta t_{\mathrm{cr}}=\frac{T_{\min}}{\pi}=\frac{2}{\omega_{\max}} \tag{10-19}$$

式中，$T_{\min}$为列车振动体系中的最小自振周期；$\omega_{\max}$为最大自振频率。

所以，当增量起步条件满足列车振动动力平衡方程时，即可以确定动力系统的初始加速度，从而确定其某一时刻的速度和位移值。

10.2 疲劳累积损伤模型应用

1. 岩质边坡疲劳寿命估算方法

沪昆高速铁路贵州段沿线岩溶分布广，其中中等岩溶发育及以上地段占岩溶路基的62.87%，可溶性岩体在渗流水、地下水的溶蚀作用及地下水动力活动较为频繁下，高速铁路线路穿越这些岩体破碎程度较大的地层和地质体时，在列车振动荷载等低频荷载反复作用下，必然影响其稳定性，同时岩溶水对岩体也具有劣化作用，所以随着荷载周期的增加，势必会引发岩质路基边坡的低周疲劳问题。为了估算岩质路基边坡在服役期受到列车振动长期荷载的动力稳定性问题，借鉴混凝土工程中的疲劳寿命方法，将残余应变累积损伤模型嵌入有限元数值计算中，结合岩溶区岩质路基边坡特点，建立适用于岩质路基边坡低周寿命估算方法，对岩质路基边坡最危险部位动态响应程度进行估算，也可以对边坡岩溶化岩体进行长期的稳定性评价，其主要计算步骤如下：

(1)根据沪昆高速铁路贵州段沿线岩质路基边坡地质情况，建立三维有限元模型。

(2)在轨道板上施加列车移动荷载。

(3)设置岩质路基边坡的动力边界条件。

(4)判断施加的列车移动荷载的循环周数或者加载波形是否已经达到既定数。

(5)第 n 次循环加载。

(6)遍历节点，通过有限元模型计算每个节点 i 的主应力，选取最大主应力，并且根据公式 $S=\sigma_{max}/\sigma_c$ 计算出每个节点单元上限应力比 S。

(7)根据上限应力比与“门槛值”的关系，判断路基边坡危险位置岩体是否发生破坏。

(8)对于在循环荷载作用下危险部位可能发生低周疲劳的单元体 j，计算出响应上限应力比和加载频率下的疲劳寿命，并将其带入到式(9-15)中，求出 j 单元的损伤增量 ΔD_i。

(9)采用线性疲劳损伤模型计算总的损伤量，当损伤量达到临界残余应变时，即视为此单元破坏，若未达到则重新加载更新残余应变值。

(10)重复(5)～(9)步骤，直至荷载到达既定的循环次数，岩质路基边坡危险部位发生脆性破坏。

2. 基于岩石疲劳损伤的二次开发

根据岩质路基边坡服役期长期稳定性评价的低周寿命估算方法及其主要计算步骤，应用 Fortran 语言对岩石疲劳损伤的 ABAQUS 模型二次开发，制定基于岩石疲劳损伤的 ABAQUS 模型二次开发流程如图 10-1 所示，定义了列车振动下循环荷载、材料疲劳参数、疲劳损伤估算方法及其影响疲劳损伤的各因素，进行动力响应分析。

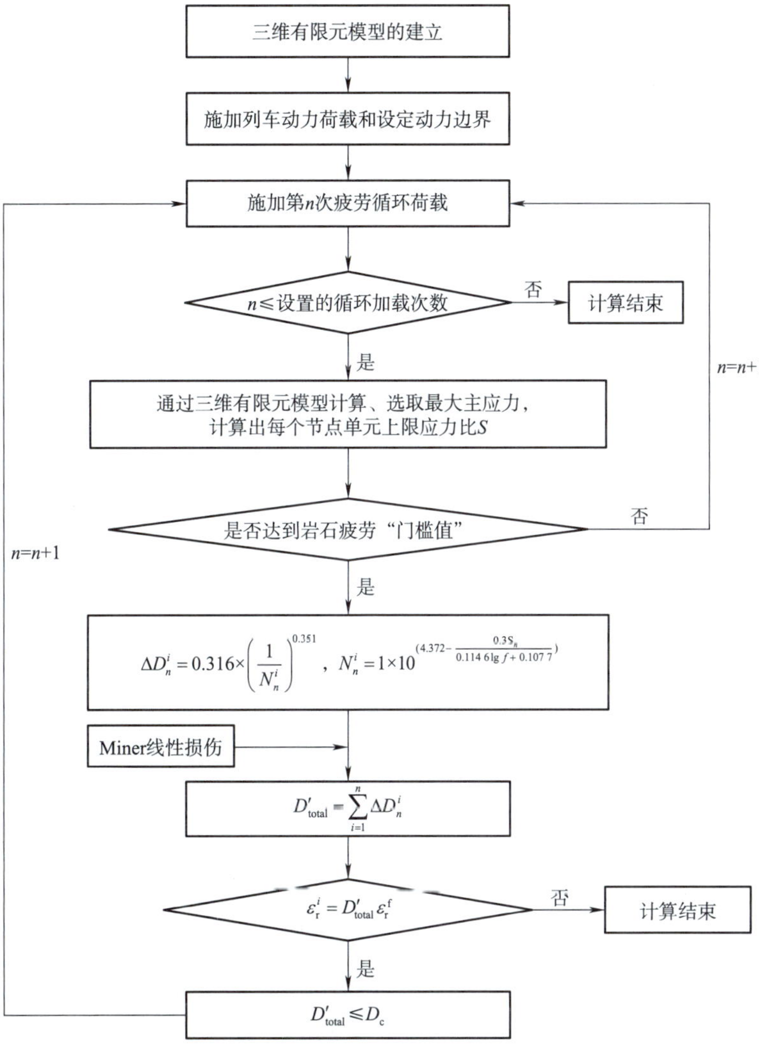

图 10-1　基于岩石疲劳损伤的 ABAQUS 软件二次开发流程

(1)疲劳循环荷载加载。

(2)通过有限元模型计算、确定各节点上限应力 S_n 是否达到低周疲劳门限值 S_limit。当 $S_n < S\_limit$ 时，该疲劳荷载对节点的累积损伤可忽略；当 $S_n \geqslant S\_limit$ 时，计算该节点的线性累积损伤。

(3)当结构体模型中某节点的线性累计损伤未达到疲劳损伤终值时，更新节点所在单元的力学参数，并计算残余应变。

(4)当结构体模型中某节点的线性累计损伤达到疲劳损伤终值时，表明该节点发生疲劳破坏。更新节点所在单元的力学参数为破坏后的力学参数，记录此时的加载次数后结束该运算程序。

10.3　边坡动态响应有限元模型建立

10.3.1　岩质路基边坡模型建立

1. 工程概况

沪昆高速铁路贵州段某区段路基位于侵蚀构造低中山区，罗秧河右岸岸坡之中上部，地形波状起伏，山势陡峻，沟谷深切，自然斜坡一般为 15°～35°。斜坡上基岩多裸露、覆土薄，坡面上多杂草、灌木，如图 10-2 和图 10-3 所示。测区覆盖层主要为第四系溶洞填充物及全新统坡残积层，下伏基岩为三叠系中统杨柳井组地层。区段出露岩性为石灰岩、白云质石灰岩等，小溶孔等溶蚀严重，勘探揭示：该区段岩层破碎，节理较发育，钻出岩心多呈土状、碎块状，少量呈短柱状，基岩强风化层及溶蚀破碎带厚达 5～30 m 不等，路基开挖边坡多位于土层及基岩风化、溶蚀破碎岩层内，开挖边坡稳定性差，岩土体的物理力学参数见表 10-1，水质类型为HCO_3^-/Ca^{2+}型水。

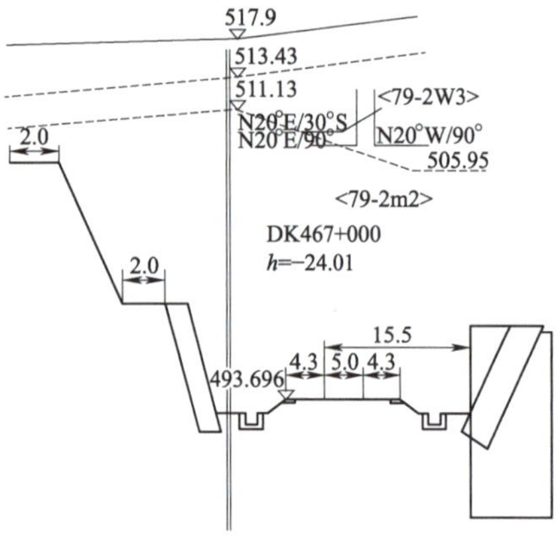

图 10-2　路基边坡断面(单位：m)

图 10-3　路基边坡现场

表 10-1　岩土(体)物理力学参数

类　型	弹性模量/GPa	泊 松 比	密　度/(g·cm^{-3})	黏 聚 力/kPa	内摩擦角/(°)
石 灰 岩	43.69	0.25	26.5	11.4	44.3
粉质黏土	10.00	0.35	18.0	20.0	25.0

2. 模型参数选取

根据沪昆高速铁路贵州段现场试验及查阅文献结果，该试验段采用 CRTSⅡ型板式无砟轨道，主要由钢轨、扣件、预制轨道板、砂浆调整层及支承层等部分组成，见图 10-4 和表 10-2。轨道板宽 2 550 mm，厚 200 mm，标准轨道板长 6 450 mm；砂浆调整层理论厚度为

30 mm。轨道板下方为支承层，水硬性材料支承层顶面宽 2 950 mm，底面宽 3 250 mm，厚 300 mm；线间采用 C25 混凝土封闭层，最小厚度为 150 mm。直线地段利用线间 C25 混凝土封层上的人字坡向线路两侧排水。

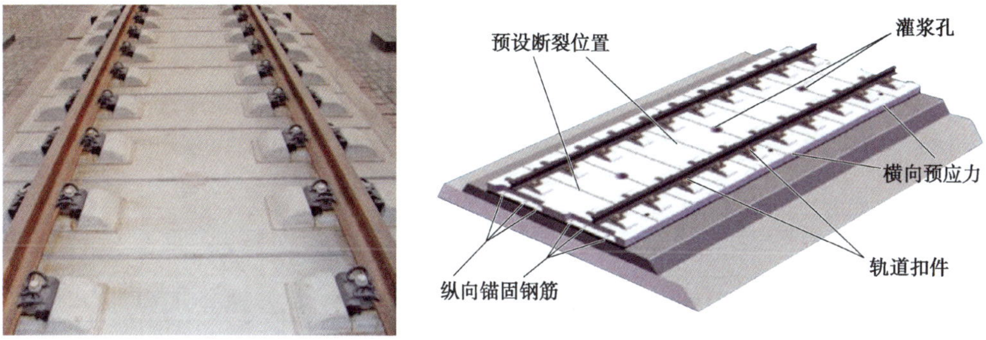

图 10-4　CRTSⅡ型板式无砟轨道基本结构

表 10-2　CRTSⅡ型板式无砟轨道结构模型计算参数

部　件	参　数	单　位	数　值
钢　轨	弹性模量	GPa	210
	泊 松 比	—	0.3
	断面面积	cm^2	76.45
	密　度	$kg \cdot m^{-3}$	7 800
扣　件	刚　度	$kN \cdot mm^{-1}$	50
	间　距	m	0.65
轨 道 板	弹性模量	GPa	35.5
	泊 松 比	—	0.2
	长度×宽度×厚度	m^3	6.45×2.55×0.20
	密　度	$kg \cdot m^{-3}$	2 500
CA 砂浆	弹性模量	MPa	7 000
	泊 松 比	—	0.2
	厚　度	m	0.03
	密　度	$kg \cdot m^{-3}$	1 800
混凝土底座	弹性模量	GPa	30
	泊 松 比	—	0.2
	跨度×厚度	m^2	2.95×0.20
	密　度	$kg \cdot m^{-3}$	2 500

续上表

部　件	参　数	单　位	数　值
支 承 层	弹性模量	GPa	22
	泊 松 比	—	0.2
	跨度×厚度	m^2	(2.95/3.25)×0.30
	密　度	$kg \cdot m^{-3}$	2 500
钢　筋	弹性模量	GPa	200
	泊 松 比	—	0.3
	密　度	$kg \cdot m^{-3}$	7 800
	预 应 力	kN	68.3
	线膨胀系数	$℃^{-1}$	5～10

10.3.2 列车振动荷载加载

高速铁路列车荷载是一个非常复杂的系统，如何将行驶在隐伏溶洞顶部路基的高速列车荷载进行量化找出其规律，是探讨高速列车荷载作用下动力响应的一个重要前提。本节按照沪昆高速铁路无砟轨道结构及其下部结构建立动力学模型，将高速列车简化为移动荷载作用在轨道上，将列车转向架简化为 4 个集中力，以 8 块轨道板长建模，为了减小边界效应影响，在动力分析时荷载仅施加在中间 6 块轨道板上，如图 10-5 所示，列车振动荷载的施加，每个荷载步时间为通过一个钢轨网格所需时间。

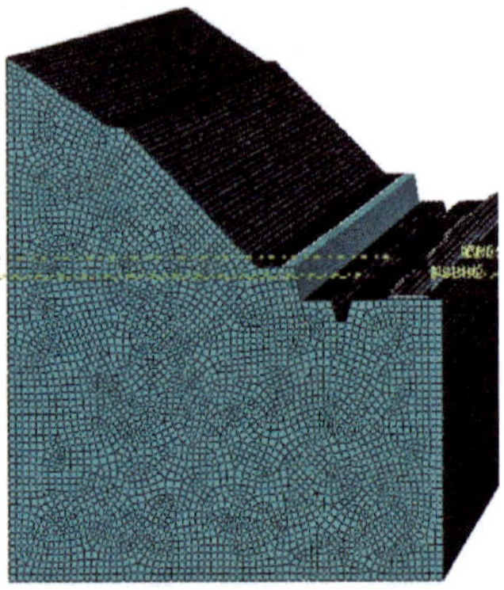

(a) 边坡—轨道三维模型

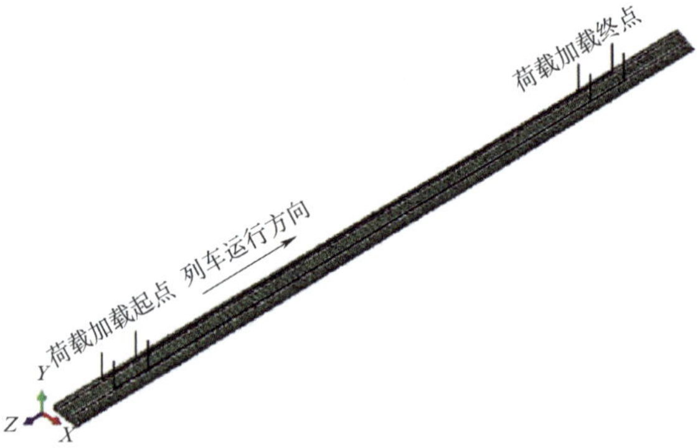

(b) 高速列车荷载施加

图 10-5　三维有限元模型建立

列车荷载的表达式为

$$F(t)=k_1k_2(P_0+P_1\sin\omega_1t+P_2\sin\omega_2t+P_3\sin\omega_3t) \tag{10-20}$$

式中，k_1 为列车相邻轮轨间的叠加系数，一般为 1.2～1.7，本节取 1.54；k_2 为钢轨、轨枕对列车荷载的分散系数，一般为 0.10～0.9，本节取 0.65；轴重取 15 t，单边静轮重 $P_0=75$ kN；$P_i(i=1,2,3)$为列车行驶过程中对应的低、中、高三种频率下控制条件中的振动荷载幅值，表达式通常为

$$P_i=M_0 a_i \omega_i^2 \tag{10-21}$$

式中，列车弹簧下质量 M_0 为 750 kg；对于低、中、高频 3 种控制条件下典型轨道不平顺振动波长和相应的失高值分别取：$L_1=10$ m，$a_1=0.35$ mm；$L_2=2$ m，$a_2=0.4$ mm；$L_3=0.5$ m，$a_3=0.05$ mm；$\omega_i(i=1,2,3)$为列车行驶时，三种频率下振动的圆频率，

$$\omega_i=2\pi\frac{\nu}{L_i} \tag{10-22}$$

根据沪昆高速铁路的设计速度，当列车速度为 300 km/h、350 km/h 时，采用上述列车荷载模拟方法模拟出的击振力函数如图 10-6 所示。

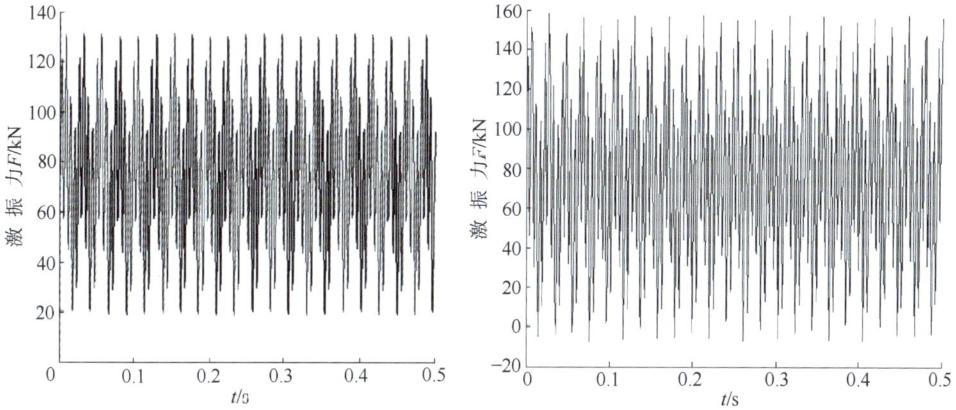

(a) 运行速度300 km/h　　(b) 运行速度350 km/h

图 10-6　列车运行时程曲线

10.3.3　动力本构关系

岩体在动荷载作用下表现出岩体材料的动力特性，包括岩体内部动荷载波传播规律、岩体在动荷载作用下变形和强度性质。由于岩体内部结构的不均匀性和不连续性，岩体在动荷载作用下往往会表现为弹性可恢复变形和塑性不可恢复变形的结合，因而弹塑性过程本构关系中应力—应变关系服从广义胡克定律，而塑性变形本构关系中应力—应变关系表现为非线性，所以采用塑性理论来求解，这两部分的变形结合才是岩体的变形。

根据塑性增量理论，岩土体材料弹塑性本构关系往往包括：破坏和屈服准则——反映岩体材料的屈服特性以及是否发生塑性破坏；硬化定律——在动荷载加载过程中确定在屈服条件下发生塑性应变；流动法则——确定塑性应变流动的方向。由于假定条件的不同，本构模型往往各异，采用广义胡克定律的线弹性理论和摩尔库伦理论的组合来建立动荷载作用下的岩体动本构关系。

对于岩体此类各向异性的硬塑材料，在动荷载作用下总的应变增量包括线弹性应变增量和弹塑性应变增量两部分，即为

$$d\varepsilon_{ij}=d\varepsilon_{ij}^{e}+d\varepsilon_{ij}^{p} \tag{10-23}$$

式中，$d\varepsilon_{ij}^{e}$ 为线弹性应变增量值，由广义胡克定律可以求解，即为

$$d\varepsilon_{ij}^{e}=[D_{ijkl}^{e}]^{-1}d\sigma_{ij} \tag{10-24}$$

$d\varepsilon_{ij}^{p}$ 为塑性应变增量值，由塑性增量理论来求解，即为

$$d\varepsilon_{ij}^{p}=d\lambda\frac{\partial Q}{\partial\sigma_{ij}} \tag{10-25}$$

由上述应变增量值的关系式可以得出应力的增量值为

$$d\sigma_{ij}=D_{ijkl}^{e}\left(d\varepsilon_{kl}-d\lambda\frac{\partial Q}{\partial\sigma_{kl}}\right) \tag{10-26}$$

式中，弹性常数 λ 将决定弹性刚度张量 D_{ijkl}^{e}，一般的同性硬化的弹性常数为

$$d\lambda=\frac{\dfrac{\partial\varphi}{\partial\sigma_{ij}}D_{ijkl}^{e}d\varepsilon_{kl}}{A+\dfrac{\partial\varphi}{\partial\sigma_{mn}}D_{mnpq}^{e}\dfrac{\partial Q}{\partial\sigma_{pq}}} \tag{10-27}$$

结合以上公式，各向异性的硬化岩石材料弹塑性本构关系为

$$d\sigma_{ij}=\left[D_{ijkl}^{e}-\frac{\dfrac{\partial\varphi}{\partial\sigma_{ab}}D_{ijkl}^{e}D_{cdkl}^{e}\dfrac{\partial\varphi}{\partial\sigma_{cd}}}{A+\dfrac{\partial\varphi}{\partial\sigma_{mn}}D_{mnpq}^{e}\dfrac{\partial Q}{\partial\sigma_{pq}}}\right]d\varepsilon_{kl}=[D_{ijkl}^{e}-D_{ijkl}^{p}]d\varepsilon_{kl}=D_{ijkl}^{ep}d\varepsilon_{kl} \tag{10-28}$$

式中，D_{ijkl}^{ep} 为弹塑性刚度张量；D_{ijkl}^{p} 为塑性刚度张量。式(10-28)简化可以写为矩阵形式，即为

$$d\boldsymbol{\sigma}=\boldsymbol{D}^{e}-\boldsymbol{D}^{p}=\left[\boldsymbol{D}^{e}-\frac{\boldsymbol{D}^{e}\dfrac{\partial\boldsymbol{Q}}{\partial\boldsymbol{\sigma}}\left(\dfrac{\partial\boldsymbol{Q}}{\partial\boldsymbol{\sigma}}\right)^{\mathrm{T}}}{\boldsymbol{A}+\left(\dfrac{\partial\boldsymbol{\varphi}}{\partial\boldsymbol{\sigma}}\right)^{\mathrm{T}}\boldsymbol{D}^{e}\dfrac{\partial\boldsymbol{Q}}{\partial\boldsymbol{\sigma}}}\right]d\boldsymbol{\varepsilon} \tag{10-29}$$

10.4 边坡动力响应分析

通过在列车运行荷载通过时边坡不同位置岩体力学参数的不断更新，来考虑材料疲劳后累积损伤引起的残余应变和强度的变化，能够真实反映出路基边坡岩体的疲劳损伤以及动态响应。

1. 岩质路基边坡不同位置动态响应

由于岩质路基边坡的破坏是一个渐进、缓慢的过程，一般从边坡上某点应力最大或地质不连续面处开始，当其破坏后对周围岩体产生影响而出现应力重分布，最后当破坏面相交点的岩体经应力转移后满足岩体破坏准则，则沿着破坏面方向发生破坏。根据有限元模型所建立的路

基边坡动力学模型，分别分析在列车运行时岩质路基边坡上部控制点(x=42.2 m，y=24.5 m)、中部控制点(x=32.7 m，y=14.5 m)、底部控制点(x=10 m，y=4.5 m)动位移和动应力等指标的动态响应，并将采用传统弹塑性计算方法和考虑疲劳累积损伤模型的弹塑性计算方法对于列车振动荷载下的动态响应进行了对比，如图 10-7～图 10-12 所示。

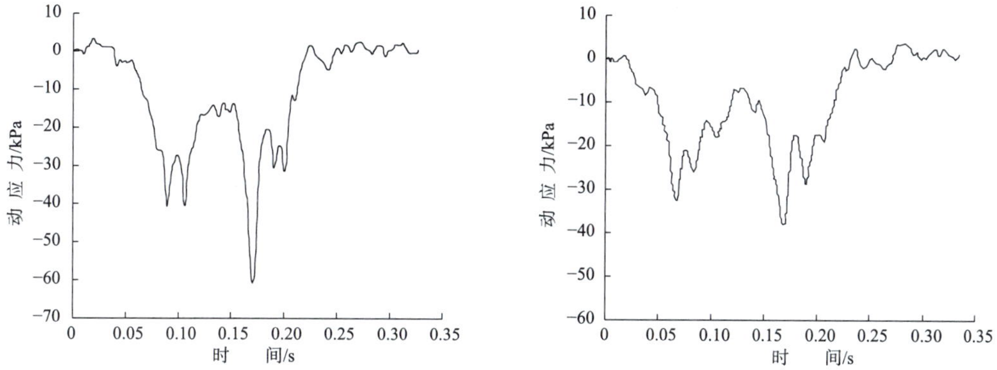

(a) 考虑疲劳累积损伤模型　　(b) 传统弹塑性模型

图 10-7　坡体底部控制点动应力时程曲线

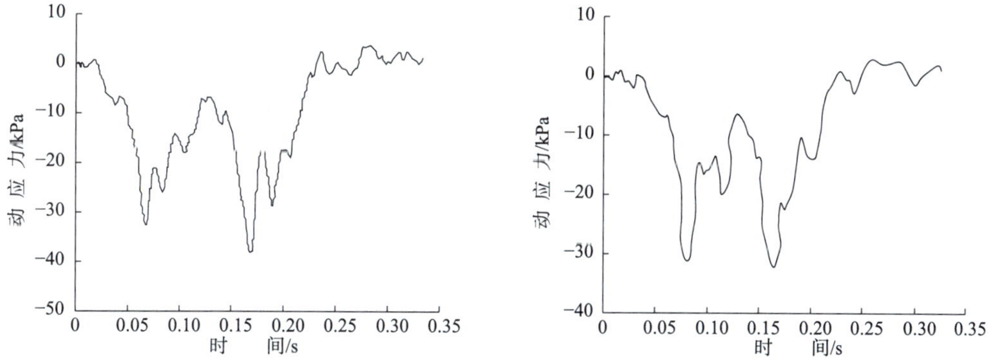

(a) 考虑疲劳累积损伤模型　　(b) 传统弹塑性模型

图 10-8　坡体中部控制点动应力时程曲线

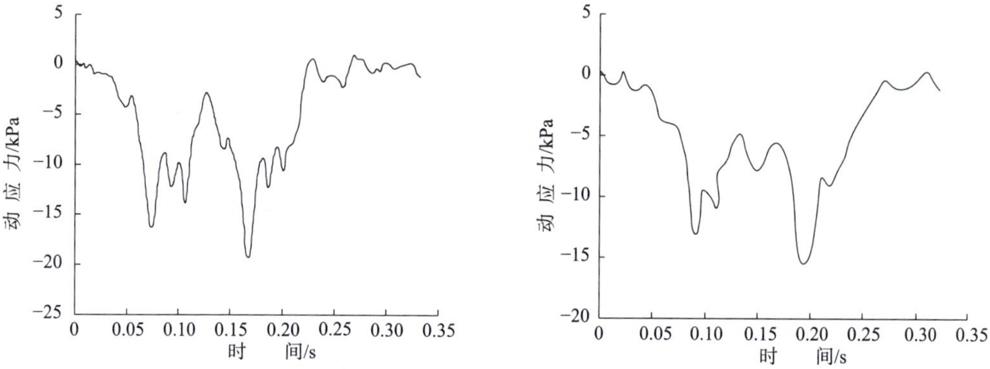

(a) 考虑疲劳累积损伤模型　　(b) 传统弹塑性模型

图 10-9　坡体上部控制点动应力时程曲线

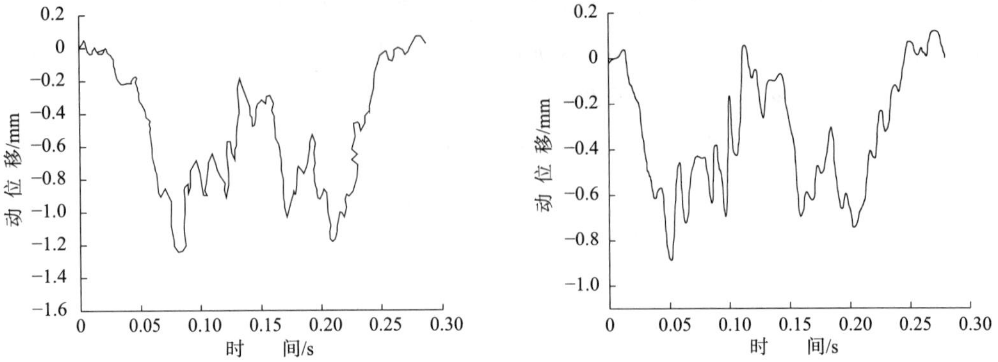

(a) 考虑疲劳累积损伤模型　　(b) 传统弹塑性模型

图 10-10　坡体底部控制点动位移时程曲线

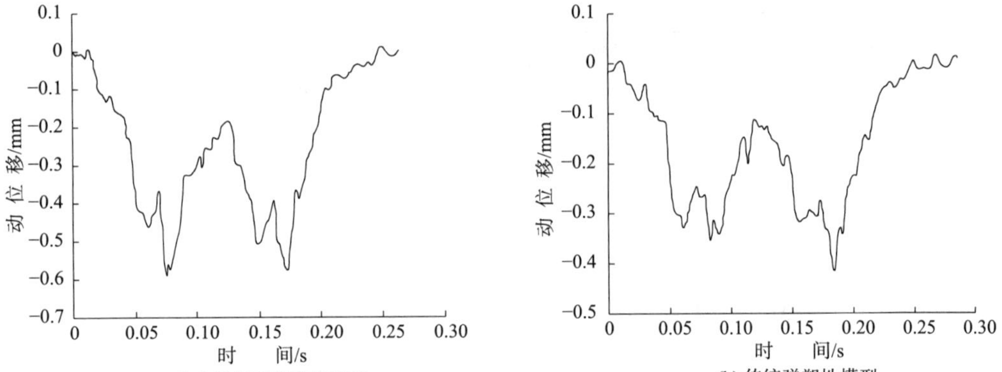

(a) 考虑疲劳累积损伤模型　　(b) 传统弹塑性模型

图 10-11　坡体中部控制点动位移时程曲线

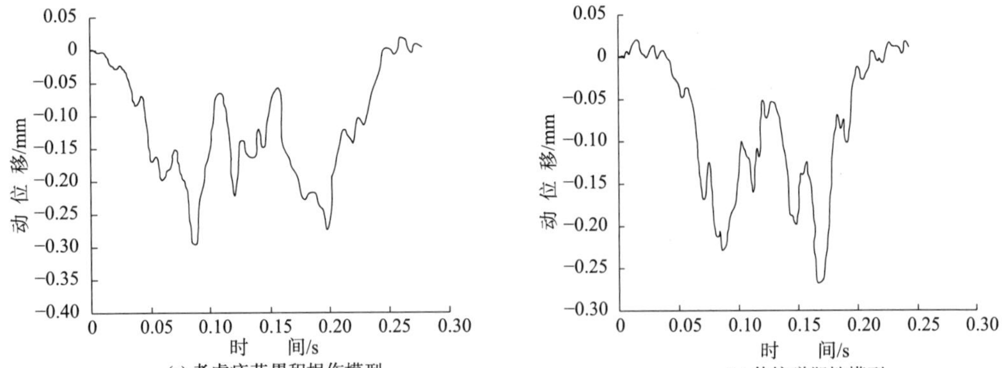

(a) 考虑疲劳累积损伤模型　　(b) 传统弹塑性模型

图 10-12　坡体上部控制点动位移时程曲线

路基边坡动态响应峰值最大值主要在边坡底部，动力响应最小值发生在路基边坡上部，当列车运行速度为 300 km/h，考虑岩石损伤效应时，底部(x=10 m，y=4.5 m)动态响应的动位移峰值为 1.13 mm、动应力峰值为 64.4 kPa，上部(x=42.2 m，y=24.5 m)分别为

0.28 mm、18.2 kPa；不考虑岩石损伤效应时，底部分别为 0.84 mm、43.3 kPa，上部分别为 0.23 mm、14.2 kPa。很明显考虑了岩石损伤的弹塑性模型影响范围更广，更能全面反映出岩体力学参数衰减的过程，而且由于受到列车荷载影响，产生的边坡岩体低周疲劳损伤也主要集中在边坡底部。

各控制点动态响应随着控制点到列车振源距离增大而呈减小趋势。利用传统弹塑性模型分析的动态响应主要发生在列车振源的 6.5 m 左右范围内，而考虑岩石损伤的弹塑性模型分析的动态响应发生在列车振源的 4.5 m 左右范围内，这是由于不考虑岩体损伤时，刚施加列车荷载后，许多模型单元还处于弹性计算阶段，在考虑了岩体疲劳损伤后，弹塑性计算参数随着列车荷载的施加有衰减的趋势。

2. 不同列车运行速度下动态响应峰值变化规律

随着列车速度的增大，必然对周围环境的振动增大，对于岩质路基边坡各位置的动态响应幅值有所增大，如图 10-13～图 10-15 所示。

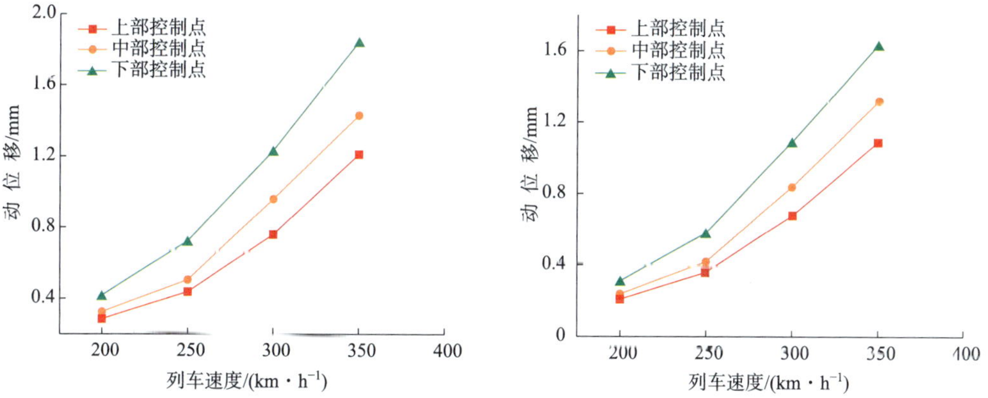

(a) 考虑疲劳累积损伤模型　　(b) 传统弹塑性模型

图 10-13　动位移峰值随列车速度变化规律

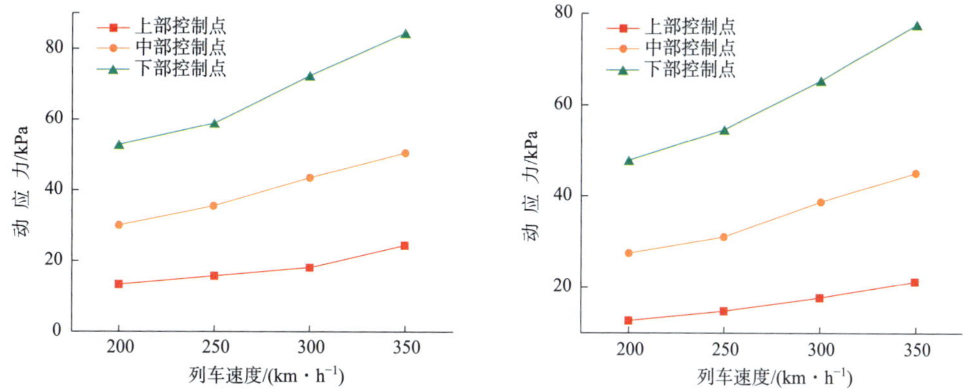

(a) 考虑疲劳累积损伤模型　　(b) 传统弹塑性模型

图 10-14　动应力峰值随列车速度变化规律

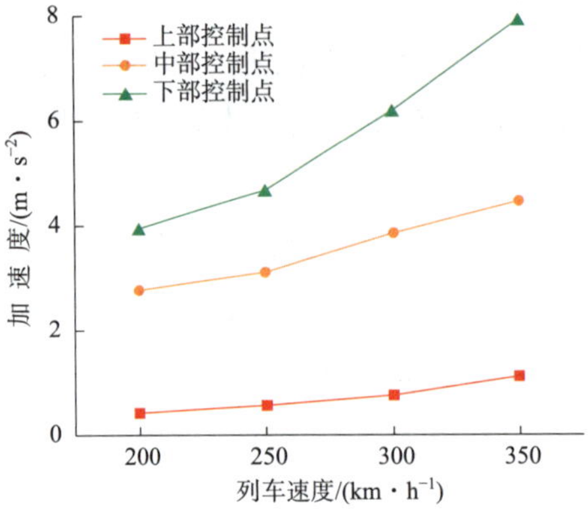

(a) 考虑疲劳累积损伤模型

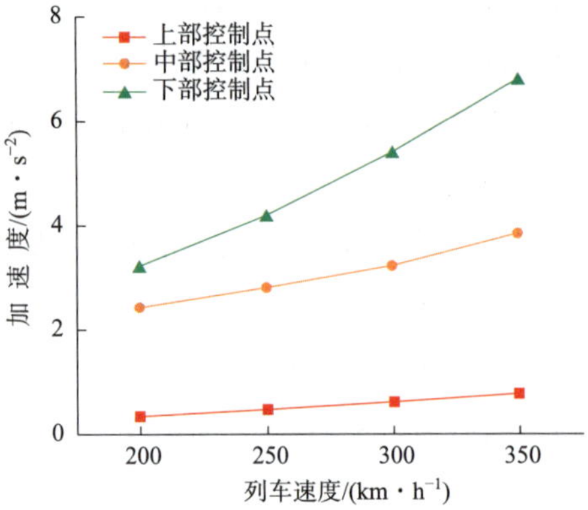

(b) 传统弹塑性模型

图 10-15　加速度峰值随列车速度变化规律

(1)岩质边坡各部位的动态响应随着列车运行速度的增大而增大。通过传统弹塑性模型分析,当列车速度由 200 km/h 增加到 350 km/h 时,边坡底部控制点的振动加速度、动位移和动应力分别增加 160.9%、92.4% 和 88.9%,边坡中部控制点分别增加 124.8%、76.5%和 67.4%,边坡上部控制点分别增加 97.4%、55.9%和 48.7%;而考虑了岩石疲劳损伤的弹塑性动力学模型计算的结果,边坡底部控制点的振动加速度、动位移和动应力分别增加 230.4%、112.3%和 107.6%,边坡中部控制点分别增加 176.8%、101.2%和 93.6%,边坡上部控制点分别增加 121.4%、87.6%和 77.6%。尤其是加速度的振幅增加更大。很明显考虑了岩体损伤的动态响应变化幅值要更大,尤其是在动态响应最大的边坡底部位置增大幅值也最大,对列车速度增大的响应更为敏感。

(2)考虑了岩体材料疲劳损伤的弹塑性模型,能够充分反映列车荷载作用下岩体动力学弹塑性参数的衰减和变化过程,考虑到岩体材料特性随着材料低周疲劳而经历性能劣化,在岩质路基边坡服役期的风险评价中其计算结果相对偏于安全。考虑了岩体的疲劳损伤,可以弥补传统弹塑性动力分析的不足,引入岩体的疲劳损伤后,岩体的动力响应更为明显,在列车振动荷载作用下岩体低周疲劳问题的考虑,对分析岩质路基边坡在长期服役中稳定性评价具有积极的意义,对于铁路工程岩溶化岩质边坡的加固提供了理论依据。

参考文献

[1] 欧阳孝忠. 岩溶地质[M]. 北京:中国水利水电出版社,2013.

[2] 王成亮. 铁路隧道岩溶突水灾害风险识别与预警方法研究[D]. 北京:北京交通大学,2015.

[3] 金亮星. 高速铁路路堑岩质边坡的动态响应及稳定性分析[D]. 长沙:中南大学,2005.

[4] 曾廉. 挡土墙设计[M]. 北京:中国铁道出版社,1999.

[5] 白明洲,雷军,许兆义,等. 交通建设岩溶灾害防治[M]. 北京:北京交通大学出版社,2019.

[6] 朱伯宗. 岩溶区岩土滑坡形成机理与治理分析[J]. 世界有色金属,2017(4):155,157.

[7] 杜尊龙. 强烈岩溶控制型高速滑坡形成机理研究:以武隆鸡尾山滑坡为例[D]. 成都:成都理工大学,2016.

[8] 赵瑞. 四川盆地南缘地形梯度带区域岩溶水系统研究[D]. 成都:成都理工大学,2016.

[9] SEBASTIAN B,RUDOLF L,MARTIN S. Modeling the influence of epikarst evolution on karst aquifer genesis:A time-variant recharge boundary condition for joint karst-epikarst development[J]. Water Resources Research,2005,41(9):109-127.

[10] GROVES C G, HOWARD A D. Early development of karst systems: Preferential flow path enlargement under laminar flow[J]. Water Resources Research,1994,30(10):2837-2846.

[11] 左文喆,董军义,刘善军,等. 河北省唐山市山间盆地岩溶塌陷特点及成因分析:以遵化市刘备寨村岩溶塌陷为例[J]. 水土保持通报,2007,27(6):174-177,215.

[12] 张加桂,殷跃平,蔡秀华,等. 三峡库区巫山县翠屏小区岩溶引起的地质灾害危险性研究[J]. 地球学报,2008,29(4):495-501.

[13] 刘海燕,柴建峰,李增学,等. 泥灰岩的微观结构及溶蚀过程分析[J]. 辽宁工程技术大学学报(自然科学版),2009,28(5):724-726.

[14] 刘秀敏,陈从新,沈强,等. 覆盖型岩溶塌陷的空间预测与评价[J]. 岩土力学,2011,32(9):2785-2790.

[15] 蒋忠诚,袁道先,曹建华,等. 中国岩溶碳汇潜力研究[J]. 地球学报,2012,33(2):129-134.

[16] 邓珊珊,陈洪凯,游来凤. 喀斯特山区危岩崩塌形成机制研究:以三峡库区巫溪海螺湾危岩为例[J]. 重庆师范大学学报(自然科学版),2012,29(6):35-38.

[17] 罗小杰. 武汉地区浅层岩溶发育特征与岩溶塌陷灾害防治[J]. 中国岩溶,2013(4):419-432.

[18] 岳溪柳,黄玫,徐庆勇,等. 贵州省喀斯特地区泥石流灾害易发性评价[J]. 地球信息科学学报,2015,17(11):1395-1403.

[19] 林锋,冯亮,孙赤,等. 强烈岩溶控制型崩塌形成机理研究[J]. 工程地质学报,2015,(3):408-414.

[20] 周志华. 岩溶地区水力作用对滑坡的影响及防治措施[C]//中国力学学会. 第五届全国水动力学学术会议暨第十五届全国水动力学研讨会. 北京,2001:511-514.

[21] 雷建海. 贵州岩溶地区层状岩质基坑失稳机理及稳定性评价理论研究[D]. 贵阳:贵州大学,2007.

[22] 李瑞玲,王世杰,周德全,等. 贵州岩溶地区岩性与土地石漠化的相关分析[J]. 地理学报,2003,58(2):

314-320.
[23] GRIMTHS D V, LANE P A. Slope stability analysis by finite elements[J]. Géotechnique, 2001, 51(7): 653-654.
[24] MICHALOWSKI R L. Slope stability analysis: A kinematical approach[J]. Géotechnique, 1995, 45(2): 283-293.
[25] AZZONI A, BARBERA G L, ZANINETTI A. Analysis and prediction of rockfalls using a mathematical model[J]. International Journal of Rock Mechanics and Mining Science, 1995, 32(7): 709-724.
[26] WILLIAMS J R, MUSTOE G G W. Modal methods for the analysis of discrete systems[J]. Computers and Geoteehnies, 1987, 4(1): 1-19.
[27] DOWDING C H, BELYTSEHKO T B, YEN H J. Dynamic computational analysis of opening in jointed rock[J]. International Journal of Rock Mechanics and Mining Science, 1983, 109(12): 1551-1566.
[28] BISHOP A W. The use of the slip circle in the stability analysis of earth slopes[J]. Géotechnique, 1955, 5(1): 7-17.
[29] JANBU N. Application of composite slip surface for stability analysis[C]//Proceedings of European Conference on Stability of Earth Slopes, Stockholm, 1954: 43-49.
[30] 李少华. 节理岩质边坡时效变形与破坏特征的数值模拟分析[D]. 大连：大连理工大学，2014.
[31] MICHALOWSKI R L. Stability charts for uniform slopes [J]. Journal of Geotechnical and Geoenvironmental Engineering, 2002, 128(4): 351-355.
[32] DAWSON EM, ROTH W H, DRESCHER A. Slope stability analysis by strength reduction[J]. Géotechnique, 1999, 49(6): 835-840.
[33] 沈金瑞，林杭. 多组节理边坡稳定性 FLAC3D 数值分析[J]. 中国安全科学学报，2007，17(1)：29-33.
[34] 张有天. 岩石高边坡的变形与稳定[M]. 北京：中国水利水电出版社，1999.
[35] 黄润秋，林峰，陈德基，等. 岩质高边坡卸荷带形成及其工程性状研究[J]. 工程地质学报，2000，9(3)：227-232.
[36] GOODMAN R E. Methods of geological engineering in discontinuous rocks[M]. Saint Paul: West Publishing Company, l976.
[37] 崔政权，李宁. 边坡工程：理论与实践最新发展[M]. 北京：中国水利水电出版社，2004.
[38] 邵国建，卓家寿，章青. 岩体稳定性分析与评判准则研究[J]. 岩石力学与工程学报，2003，22(5)：691-696.
[39] 周维垣. 岩石高边坡的稳定与治理：岩土工程的回顾与前瞻[M]. 北京：人民交通出版社，2001.
[40] 孙玉科，姚宝魁. 矿山边坡稳定性研究的回顾与展望[J]. 工程地质学报(英文版)，1998，6(4)：169-173.
[41] 李天斌，王兰生. 岩质工程高边坡稳定性及其控制[M]. 北京：科学出版社，2008.
[42] SARMA S K. A note on the stability analysis of slopes[J]. Géotechnique, 1987, 37(1): 107-111.
[43] 简文彬，胡忠志，樊秀峰，等. 边坡对循环荷载的响应研究[J]. 岩石力学与工程学报，2008，27(12)：2562-2567.
[44] 鲁军. 离散单元法及其在岩质高边坡稳定分析中的应用[D]. 北京：清华大学，1994.

[45] 黄志斌. 濒危岩质高陡边坡稳定性及处治技术研究[D]. 长沙:中南大学,2007.

[46] 赵尚毅,郑颖人,邓卫东. 用有限元强度折减法进行节理岩质边坡稳定性分析[J]. 岩石力学与工程学报,2003,22(2):254-260.

[47] 邓聚龙. 灰色系统基本方法[M]. 武汉:华中工学院出版社,1987.

[48] 蒋忠信,曾令录,李安洪. 南昆铁路路基边坡工程技术研究[J]. 岩石力学与工程学报,2002,21(9):1408-1414.

[49] 王哲,石豫川,柴贺军,等. 山区公路边坡岩体结构特征及其对边坡稳定性影响浅析[J]. 地质灾害与环境保护,2004,15(2):78-81.

[50] ŠUMANOVAC F, WEISSER M. Evaluation of resistivity and seismic methods for hydrogeological mapping in karst terrains[J]. Journal of Applied Geophysics,2001,47(1):13-28.

[51] 孙润东. 既有铁路路堑边坡无损检测技术应用研究[D]. 兰州:兰州交通大学,2014.

[52] 曾玉. 路基排水工程及排水效果无损检测研究[D]. 重庆:重庆交通大学,2009.

[53] 张玉池. 边坡失稳地球物理特征及其应用研究[D]. 长沙:中南大学,2007.

[54] 谢忠球,温佩琳,丁科. 高边坡岩体结构面各向异性检测与稳定性分析[J]. 中南大学学报(自然科学版),2006,37(1):160-164.

[55] 朱自强,彭冬菊. 边坡隐患探测方法研究[J]. 工程地球物理学报,2007,4(5):405-410.

[56] 赵修军,陈锁忠,邹叶锋. 地质雷达在江苏宜兴段高速公路边坡勘测中的应用[J]. 中国地质灾害与防治学报,2007,18(1):111-114.

[57] 徐树青,戴晓霞,罗俊君. 面波技术在某垃圾场滑坡灾害勘察中的应用[J]. 西部探矿工程,2007,19(10):57-60.

[58] 张玉池,温佩琳,张兆京. 岩石边坡失稳的瑞利面波频散响应特征[J]. 湖南科技大学学报(自然科学版),2008,23(2):57-60.

[59] 池林海,田剑锋,马超. 弹性波法在岩体风化带划分中的应用[J]. 公路,2008(7):62-65.

[60] 杨云芳,张作宏,傅军. 边坡滑动范围和深度的探地雷达勘定[J]. 浙江理工大学学报,2009,26(3):395-398.

[61] 冯文凯,许强,黄润秋,等. 探地雷达在斜坡震裂变形探测中的应用研究[J]. 工程勘察,2010,38(2):84-89.

[62] 胡志旭,姚令侃,王建,等. 面波测试在汶川强震区土体损伤调查中的应用[J]. 防灾减灾工程学报,2010,30(4):466-470.

[63] 苏兆锋,陈昌彦,张辉,等. 综合物探方法在复杂高边坡地质勘察中的应用效果探讨[J]. 工程地球物理学报,2011,8(6):681-686.

[64] 杨德龙,葛宝,黄凡,等. 高密度电法在高速公路病害边坡中的应用[J]. 物探化探计算技术,2011,33(6):592-595.

[65] 王永强,曹竹,谭钦文,等. 露天矿滑坡体的探地雷达检测技术[J]. 煤炭学报,2011,36(7):1093-1097.

[66] 江丽,吴栋,李春林,等. 地质雷达在边坡稳定性检测和预警中的应用[J]. 人民长江,2012,43(5):51-53.

[67] 潘晓刚. 地震折射波法在高边坡倾倒体厚度测试中的应用[J]. 工程地球物理学报,2012,9(2):

189-192.

[68] 张辉旭,王小烈,王红才,等. 北京千灵山生态修复边坡稳定性研究[J]. 中国岩溶,2013,32(4):404-410.

[69] 谭卓英,钟文,胡天寿,等.强风化岩质边坡软弱结构层 EH-4 探测工程实例分析[J]. 金属矿山,2013(10):84-87,92.

[70] 赵斌,王珺璐,孙礼钊,等. 地球物理方法在渭北地裂缝勘探中的应用[J]. 物探与化探,2013,37(3):406-410.

[71] 杨建明,马肖波,刘建,等. 折射成像与地质分析在倾倒变形体探测中的应用[J]. 工程勘察,2014,42(4):95-98.

[72] 赵自豪,吴兵,任玉辉. 基于综合物探的露天矿高边坡滑坡风险评估[J]. 金属矿山,2014(10):148-151.

[73] 辛保泉,谭钦文,谢羽佳,等. 岩性劣化对露天矿山边坡稳定性的响应规律[J]. 金属矿山,2015(4):157-161.

[74] 门业凯,王恩德,付建飞,等. 基于地电场数值模拟的边坡软弱层稳定性评价[J]. 安全与环境学报,2015,15(4):29-33.

[75] 陈传晓. 疲劳与断裂[M]. 武汉:华中科技大学出版社,2002.

[76] ZHANG B,PHILLIPS D V,WU K. Effects of loading frequency and stress reversal on fatigue life of plain concrete[J]. Magazine of Concrete Research,1997,49(180):241-252.

[77] BURDINE N T. Rock failure under dynamic loading conditions[J]. Society of Petroleum Engineers Journal,1963,3(1):1-8.

[78] LAJTAI E Z, SCOTT D E J, CARTER B J. The effect of strain rate on rock strength[J]. Rock Mechanics and Rock Engineering,1991(24):99-109.

[79] RAY S K, SARKAR M, SINGH T N. Effect of cyclic loading and strain rate on the mechanical behavious of sandstone[J]. International Journal of Rock Mechanics and Mining Science,1999,36(4):543-549.

[80] BAGDE M N,PETROS V. Fatigue and dunamic energy behavious of rock subjected to cyclical loading [J]. International Journal of Rock Mechanics and Mining Science,2009,46(1):200-209.

[81] 张明,李仲奎. 准脆性材料破裂过程失稳的尖点突变模型[J]. 岩石力学与工程学报,2006,25(6):1233-1239.

[82] 葛修润,卢应发. 循环荷载下岩石疲劳破坏和不可逆变形问题的探讨[J]. 岩土工程学报,1992,14(3):56-60.

[83] 章清叙,葛修润,黄铭,等. 周期荷载作用下红砂岩三轴疲劳变形特性试验研究[J]. 岩石力学与工程学报,2006,25(3):473-478.

[84] 王鸿,许江,杨秀贵. 循环载荷条件下岩石塑性滞回环的演化规律[J]. 重庆大学学报(自然科学版),2006,29(4):80-82.

[85] 肖建清. 循环荷载作用下岩石疲劳特性的理论与实验研究[D]. 长沙:中南大学,2009.

[86] 朱明礼,朱珍德,李刚,等. 循环荷载作用下花岗岩动力特性试验研究[J]. 岩石力学与工程学报,2009,

28(12):2520-2526.

[87] 李树春,许江,陶云奇,等.岩石低周疲劳损伤模型与损伤变量表达方法[J].岩土力学,2009,30(6),1611-1614,1619.

[88] 赵凯.岩溶地区石灰岩疲劳特性试验研究及工程应用[D].北京:北京交通大学,2013.

[89] 谢和平.经典损伤定义中的"弹性模量法"探讨[J].力学与实践,1997,19(2):1-5.

[90] SIMA F,ROCA P,MOLINS C. Cyclic constitutive model for concrete[J]. Engineering Structures,2008,30(3):695-706.

[91] TEVATIA A,SRIVASTAVA S K. Modified shear lag theory based fatigue crack growth life prediction model for short-fiber reinforced metal matrix composites[J]. International Journal of Fatigue,2015,70(1):123-129.

[92] 刘俭辉,王生楠,黄新春,等.基于损伤力学-临界面法预估多轴疲劳寿命[J].机械工程学报,2015,51(20):120-127.

[93] 李朝阳,宋玉普,赵国藩.混凝土疲劳残余应变性能研究[J].大连理工大学学报,2001,41(3):355-358.

[94] 吕培印,宋玉普.基于人工神经网络的混凝土疲劳寿命估算[J].海洋工程,2001,19(3):72-76.

[95] REN X W,WU J F,TANG Y Q,et al. Propagation and attenuation characteristics of the vibration in soft soil foundations induced by high-speed trains[J]. Soil Dynamics and Earthquake Engineering,2019(117):374-383.

[96] CAI Y Q,CHEN Y,Cao ZH G,et al. A combined method to predict the long-term settlements of roads on soft soil under cyclic traffic loadings[J]. Acta Geotechnica,2018,13(4):1215-1226.

[97] 郑海种,严武建,王平,等.列车振动及其引起场地效应研究进展[J].地震工程学报,2021,43(1):219-228.

[98] 边学成,卢文博,蒋红光,等.粉土循环累积应变和残余动模量的试验研究[J].岩土力学,2013,34(4):974-980.

[99] 梁波,马学宁.车—路耦合条件下高速铁路路基及桥路过渡段结构系统动力学分析[M].成都:西南交通大学出版社,2013.

[100] KRYLOV V V. Generation of ground vibration by superfast trains[J]. Apply Acoustics,1995,44(2):149-164.

[101] EASON G. The stress produced in a semi-infinite solid by a moving surface force[J]. International Journal of Engineering Science,1965,2(6):581-609.

[102] JENKIN H H,STEPHENSON J E,CLAYTON G A,et al. The effect of track and vehicle parameters on wheel/rail vertical dynamic forces[J]. Journal of Railway Engineering Society,1974,3(1):2-16.

[103] TIAN Y,DANIEL W J T,Meehan P A. Real-time rail-wheel wear damage control[J]. International Journal of Rail Transportation,2016,4(2):113-129.

[104] TOKUNAGA MUNEMASA,SOGABE MASAMICHI,SANTO TETSUO,et al. Dynamic response evaluation of tall noise barrier on high speed railway structures[J]. Journal of Sound & Vibration,2016(366):293-308.

[105] 申权，杨果林，胡敏，等. 高速铁路新型路堑基床结构动力响应分析[J]. 地震工程学报，2017，39(6)：1118-1125.

[106] 董连成，徐禛，师黎静，等. 多年冻土区青藏铁路列车荷载作用下路基振动响应研究[J]. 地震工程学报，2018，40(6)：1153-1160.

[107] 谢伟平，王国波. 移动荷载作用下轨道系统的动力特性分析[J]. 郑州大学学报(工学版)，2003，24(1)：24-27.

[108] 谢伟平，胡喆，张良涛，等. 城市轨道交通高架桥曲率对半封闭式声屏障车致振动影响研究[J]. 振动与冲击，2020，39(24)：128-133.

[109] 吴神花，雷晓燕. 基于谱元法的车辆—轨道结构频域振动特性研究[J]. 振动与冲击，2021，40(5)：1-7.

[110] 张昀青，刘维宁，张振刚. 列车荷载作用下周围物体的动力响应解[J]. 铁道学报，2003，25(4)：85-88.

[111] 孙晓静. 地铁列车振动对环境影响的预测研究及减振措施分析[D]. 北京：北京交通大学，2008.

[112] MACHADO M R，ADHIKARI S，DOS SANTOS J M C. A spectral approach for damage quantification in stochastic dynamic systems[J]. Mechanical Systems & Signal Processing，2017(88)：253-273.

[113] 阁鑫，王开云，袁玄成. 高速铁路不同结构类型曲线轨道的轮轨动态相互作用特征分析[J]. 交通信息与安全，2018，36(4)：66-73.

[114] 宋郁民，吴定俊，李奇. 小半径反向曲线桥梁车致振动试验研究[J]. 铁道学报，2017，39(9)：126-133.

[115] PAOLUCCI R，MAFFEIS A，SCNDELLA L，et al. Numerical prediction of low-frequency ground vibrations induced by high-speed trains at ledsgaard [J]. Sweden Dynamics and Earthquake Engineering，2003，23(6)：425-433.

[116] LOMBAERT G，DEGRANDE G，CLOUTEAU D. Numerical modelling of free field traffic-induced vibrations[J]. Soil Dynamics and Earthquake Engineering，2000，19(7)：475-488.

[117] KARLSTROM A，BOSTROM A. An analytical model for train-in-duced ground vibrations from railways[J]. Journal of Sound and Vibration，2006，292(1-2)：221-241.

[118] 王小韬，赵子诚，周文涛，等. 浮置板断簧条件下的列车—轨道耦合系统动力特性分析[J]. 铁道标准设计. 2020，64(10)：1-8.

[119] 翟婉明. 车辆—轨道耦合动力学[M]. 3 版. 北京：科学出版社，2007.

[120] 徐磊，翟婉明. 铁路轨道不平顺的时-频能量联合分析方法[J]. 铁道学报，2017，39(4)：9-16.

[121] 张徐，赵春发，翟婉明，等. 重载铁路有砟道床动态行为的离散元模拟与试验研究[J]. 铁道学报，2019，41(4)：169-176.

[122] 张玉娥，白宝鸿. 高速铁路隧道列车振动响应数值分析方法[J]. 振动与冲击，2001，20(3)：91-93.

[123] 金亮星，乔世范. 车辆—轨道—路基系统垂向动力分析模型的试验验证[J]. 振动与冲击，2008，27(3)：38-41.

[124] 金亮星，李建. 高速铁路路堑岩质边坡的动力响应分析[J]. 振动工程学报，2008，21(4)：354-358.

[125] 李华东，姜永玲，邓辉. 列车振动荷载作用下某岩质边坡应力应变动力响应分析[J]. 水文地质工程地质，2011，38(3)：42-48.

[126] PANUNZIO ALFONSO M,PUEL G,COTTEREAU R,et al. Construction of a stochastic model of track geometry irregularities and validation through experimental measurements of dynamic loading [J]. Vehicle System Dynamics:International Journal of Vehicle Mechanics & Mobility,2017,55(1):399-426.

[127] MADSHUS C,KAYNIA A M. High-speed railway lines on soft ground:dynamic behavior at critical train speed[J]. Journal of Sound and Vibration,2000,231(3):689-701.

[128] 朱海燕,胡华涛,尹必超,等. 轨道车辆车轮多边形研究进展[J]. 交通运输工程学报,2020,20(1):102-119.

[129] 王启云,张家生,孟飞,等. 高速铁路路基模型列车振动荷载模拟[J]. 振动与冲击,2013,32(6):43-46,72.

[130] 刘国云. 关键部件性能演变的高速列车动力学性能分析及评估[D]. 成都:西南交通大学,2017.

[131] 聂志红,李亮,刘宝琛,等. 秦沈客运专线路基振动测试分析[J]. 岩石力学与工程学报,2005,24(6):1067-1071.

[132] 张泉,罗强. 遂渝铁路刚性路基动应力测试分析[J]. 铁道标准设计,2006(2):18-20.

[133] 陈云. 沪昆高铁大独山隧道岩溶化岩体力学性质及应用研究[D]. 北京:北京交通大学,2015.

[134] 高大钊. 岩土工程的回顾与前瞻[M]. 北京:人民交通出版社,2001.

[135] 师海. 沪昆高铁路堑边坡岩溶化岩体力学特性及振动疲劳效应研究[D]. 北京:北京交通大学,2017.

[136] 曾思博. 西南地区近40年气候变化及其对岩溶作用碳汇的影响研究[D]. 重庆:西南大学,2017.

[137] 曹建文,夏日元,张庆玉. 古今湿热气候条件下典型碳酸盐岩缝洞系统结构模式及发育特征[J]. 中国岩溶,2015,34(2):115-125.

[138] CAO J H,YANG H,KANG ZH Q. Preliminary regional estimation of carbon sink flux by carbonate rock corrosion:A case study of the Pearl River Basin[J]. Chinese Science Bulletin,2011(35):3766-3773.

[139] 李彬. 岩溶区古气候替代指标及桂林地区14万年来古气候变化研究[D]. 北京:中国地质科学院,1999.

[140] 刘金荣. 桂林三叠世古地理古气候及热带岩溶发育程度探讨[J]. 广西地质,1997,10(3):29-36.

[141] MONTETY V D, MARTIN J B, COHEN M J, et al. Influence of diel biogeochemical cycles on carbonate equilibrium in a karst river[J]. Chemical Geology,2011,283(1-2):31-43.

[142] 何若雪. 岩溶水体细菌群落对岩溶碳汇的影响研究:以柳州红花水库为例[D]. 重庆:西南大学,2017.

[143] 张楷燕. 贵州喀斯特几种石生苔藓和土壤微生物对石灰岩的溶蚀作用[D]. 重庆:西南大学,2017.

[144] 唐宇宏,潘鸿. 贵州马岭河瀑布钙华藻类群落特征及生物岩溶作用[J]. 中国岩溶,2013,32(3):280-286.

[145] 何媛媛. 岩溶生态系统中土壤及典型植物碳酸酐酶对岩溶作用的影响[D]. 桂林:广西师范大学,2010.

[146] 余龙江,吴云,李为,等. 微生物碳酸酐酶对石灰岩的溶蚀驱动作用研究[J]. 中国岩溶,2004,23(3):225-228.

[147] 张志才,陈喜,刘金涛,等. 喀斯特山体地形对表层岩溶带发育的影响:以陈旗小流域为例[J]. 地球与

环境,2012,40(2):137-143.
[148] 罗孝芹.贵阳龙洞堡机场岩溶发育规律及控制因素研究[D].成都:成都理工大学,2017.
[149] 雷显权.贵州老虎洞磷矿区地貌特征及与构造和岩溶作用的关系[J].有色金属工程,2017,7(1):60-63,75.
[150] 柏松平.云南复杂地质环境公路地质病害诱发机理及其对策研究[D].昆明:昆明理工大学,2008.
[151] 胡伟,吕玉香,熊开治,等.地层岩性对重庆渝东南渝东北地区岩溶地下水的富集影响分析[J].地下水,2014,36(6):188-190.
[152] 肖丹,熊康宁,兰安军,等.贵州省绥阳县喀斯特石漠化分布与岩性相关性分析[J].地球与环境,2006,34(2):77-81.
[153] 肖明贵.桂林市岩溶塌陷形成机制与危险性预测[D].长春:吉林大学,2005.
[154] 焦树林,梁虹.喀斯特地区流域地貌与岩性的统计关系探讨:以贵州省为例[J].中国岩溶,2002,21(2):95-100.
[155] 罗书文,杨桃,陈伟海,等.单斜构造区岩溶倾斜洞穴发育趋势与岩层产状相关性识别[J].中国岩溶,2018,37(3):433-439.
[156] 谭周地.构造对岩溶的控制意义[J].长春地质学院学报,1978(2):43-47.
[157] 刘宇涛,谢世友.中国西南地区岩溶地貌发育影响因素分析[J].许昌学院学报,2010,29(2):143-146.
[158] 王茂靖.北盘江大桥峡谷岸坡岩溶形态特征及发育规律[J].铁道勘察,2004,30(4):28-31.
[159] 庄金银,黄永亮.影响岩溶发育因素的几点探讨[J].西部探矿工程,2008,20(1):127-128.
[160] 周晓光.黔张常铁路大堡梁隧道岩溶发育规律及控制因素分析[J].铁道工程学报,2013(10):16-21.
[161] 张海潮,吴基文,翟晓荣,等.临涣矿区太原组灰岩岩溶发育控制因素研究[J].煤矿开采,2015,20(3):25-27,6.
[162] 吕玉香,胡伟,周军.重庆涪陵焦石片区岩溶发育规律及影响因素分析[J].中国地质灾害与防治学报,2012,23(2):59-63.
[163] 骆荣,郑小战,张凡,等.广花盆地西北部赤坭镇岩溶发育规律[J].热带地理,2011,31(6):565-569.
[164] 申力锋.岩溶区上覆土层主要物质来源研究[D].贵阳:贵州师范大学,2007.
[165] ADHIKARY D P, DYSKIN A V. Modelling of progressive and instantaneous failures of foliated rock slopes[J]. Rock Mechanics and Rock Engineering,2007,40(4):349-362.
[166] 田岗.高速公路岩溶化边坡施工灾变特征及危险性评价研究[D].北京:北京交通大学,2019.
[167] 邹宗兴.顺层岩质滑坡演化动力学研究[D].武汉:中国地质大学(武汉),2014.
[168] 冯振.斜倾厚层岩质滑坡视向滑动机制研究[D].北京:中国地质科学院,2012.
[169] 庞波.反倾薄层板岩边坡倾倒变形力学机理及演化特征研究[D].成都:成都理工大学,2017.
[170] CRUDEN D M,HU X,LU Z Y. Rock topples in the highway cut west of Clairvaux Creek,Jesper,Alberta[J]. Canadian Geotechnical Journal,1993,30(6):1016-1023.
[171] 王延平.崩塌灾害变形破坏机理与监测预警研究[D].成都:成都理工大学,2016.
[172] 吴峰,冯晓,黄伟.渝东南岩溶地区公路边坡坍塌机理分析与应急加固措施[J].中外公路,2013,33(1):29-33.

[173] 曹兴松. 碎裂岩体路堑高边坡失稳机理及防治技术研究[D]. 成都:西南交通大学,2006.

[174] 黄润秋,许强,陶连金,等. 地质灾害过程模拟与过程控制研究[M]. 北京:科学出版社,2002.

[175] GOODMAN R E, KIEFFER D S. Behavior of rock in slopes[J]. Journal of Geotechnical and Geoenvironmental Engineering,2001,126(8):675-684.

[176] 孙广忠. 岩体结构力学[M]. 北京:科学出版社,1988.

[177] 周维垣. 高等岩石力学[M]. 北京:水利电力出版社,1990.

[178] KIEFFER D S. Rock slumping:A compound failure mode of jointed hard rock slopes[D]. Berkeley: University of California,Berkeley,1998.

[179] 罗缵锦. 岩质边坡破坏模式初探[J]. 广东公路交通,2001,71(z1):11-14.

[180] 冯顺剑,徐礼根,余清仔. 高速公路建设中岩质边坡的破坏方式及确保边坡稳定的方法[J]. 岩土工程界,2006,9(9):62-65.

[181] 王建秀,杨立中,刘丹,等. 岩溶中低山区岩石路堑填土路基塌陷危险性判识研究[J]. 中国地质灾害与防治学报,2000,11(1):60-65,74.

[182] 张倬元,王士天,王兰生,等. 工程地质分析原理[M]. 2 版. 北京:地质出版社,1994.

[183] 李克钢. 岩质边坡稳定性分析及变形预测研究[D]. 重庆:重庆大学,2006.

[184] 高剑锋,白明洲,穆树怀,等. 基于三维激光扫描的高陡边坡块体稳定性研究[J]. 土木建筑与环境工程,2012,34(z2):77-81.

[185] 师海. 三维激光扫描技术在施工隧道监测中的应用研究[D]. 北京:北京交通大学,2013.

[186] 韩爱果,聂德新,孙冠平,等. 岩体结构研究中结构面间距取值方法探讨[J]. 岩石力学与工程学报,2003,22(z2):2575-2577.

[187] HAMMAH R E,CURRAN J H. Fnlzzy cluster algorithm for the automatic identification of joint sets [J]. International Journal of Rock Mechanics and Mining Sciences,1998,35(7):889-905.

[188] 李浩,张友静,华锡生,等. 硐室数字摄影地质编录及其基本算法研究[J]. 武汉大学学报(信息科学版),2004,29(9):805-808.

[189] 刘昌军,张顺福,丁留谦,等. 基于激光扫描的高边坡危岩体识别及锚固方法研究[J]. 岩石力学与工程学报,2012,31(10):2139-2146.

[190] SIEKFO S,ROBERT H,BARTV K,et al. A method for automated discontinuity analysis of rock slope with 3D laser scanning[C]. Proceedings of the 84th Annual Meeting of the Transportation Research Board. Washington D. C. ,2005:187-208.

[191] 何秉顺,丁留谦,孙平. 三维激光扫描系统在岩体结构面识别中的应用[J]. 中国水利水电科学研究院学报,2007,5(1):43-48.

[192] 宋丽华. 空间三维信息获取技术的研究[D]. 武汉:武汉大学,2004.

[193] HUANG R Q,DONG X J. Application of three dimensional laser scanning and surveying in geological investigation of high rock slope[J]. Journal of China University of Geosciences,2008,19(2):184-190.

[194] YU Y,FERENCZ A,MALIK J. Extracting objects from range and radiance images[J]. Transactions on Visualization and Computer Graphics,2001,7(4),351-364.

[195] 张国辉. 基于三维激光扫描仪地形变化监测[J]. 仪器仪表学报,2006,27(z1):96- 97.

[196] 丁延辉,邱冬炜,王凤利,等.基于地面三维激光扫描数据的建筑物三维模型重建[J].测绘通报,2010(3):55-57.

[197] 赵鑫,吴侃,蔡来良.具有先验信息的地面三维激光扫描地形测量数据去噪算法[J].大地测量与地球动力学,2011,31(4):107-111,115.

[198] 严剑锋,邓喀中,邢正全.基于最小二乘拟合的三维激光扫描点云滤波[J].测绘通报,2013(5):43-46.

[199] ZHANG K Q,CHEN S CH,WHITMAN D,et a1. A progressive morphological filter for removing nongroud measurements from airborne lidar data[J]. IEEE Transactions on Geoscience and Remote Sensing,2003,41(4):872-882.

[200] 刁鑫鹏,吴侃.基于 Kriging 算法与曲面拟合的三维激光扫描点云数据插值研究[J].大地测量与地球动力学,2012,32(1):110-113.

[201] 徐亦唐.基于最小二乘法的曲线拟合及其在 Matlab 中的应用[J].电子世界,2013(10):102-103.

[202] 严华雯,吴健平.加权最小二乘法改进遗传克里金计算机技术与发展与研究[J].计算机技术与发展,2012,22(3):92-95.

[203] 王文星.岩石力学[M].长沙:中南大学出版社,2004.

[204] 崔小平.三维激光扫描系统在岩体参数中的应用研究[D].贵阳:贵州大学,2010.

[205] 白明洲,田岗,王成亮,等.基于 TRT 系统的地质构造三维成像技术及其改进方法[J].地球物理学报,2016,59(7):2684-2693.

[206] 张赓.浅层地震反射波法有限差分数值模拟研究[D].成都:成都理工大学,2014.

[207] 王粲.怀柔浅层活动断层地震资料解释方法研究[D].北京:中国地质大学(北京),2012.

[208] 潘冬明.瑞雷面波频散分析与应用[D].北京:中国矿业大学,2009.

[209] CHEN X F. A syst:Ematic and efficient method of computing normal modes for multi-layer half-space [J]. Geophysical Journal International,1993,115(2):391-409.

[210] XU Y,XIA J,MILLER R D. Numerical investigation of implementation of air-earth boundary by acoustic-elastic boundary approach[J]. Geophysics,2007,72(5):147-153.

[211] 宋先海.基于模式识别算法的高频瑞雷波频散曲线非线性反演研究[D].武汉:中国地质大学(武汉),2008.

[212] 赵自豪.露天矿高边坡地质灾害探测与边坡失稳风险评估[D].北京:中国矿业大学(北京),2015.

[213] 张玉峰.地质雷达在滑坡滑面分析中的应用[J].中国西部科技,2009,8(30):21-24.

[214] 邱海涛.南昆铁路八渡(K343)滑坡地球物理勘探及稳定性分析[D].南宁:广西大学,2003.

[215] 孔令翔.探地雷达检测地下缺陷的应用研究[D].杭州:中国计量学院,2016.

[216] 郭士礼.基于随机介质的高速公路探地雷达检测理论研究[D].武汉:中国地质大学(武汉),2013.

[217] 余凯.综合物探法在铁路基底岩溶探测的应用研究[D].成都:成都理工大学,2016.

[218] 庄庆.综合物探技术在弓长岭铁矿采空区探测中的应用研究[D].沈阳:东北大学,2014.

[219] 张璇.南钦线采空区注浆处理效果综合物探检测方法研究[D].成都:西南交通大学,2014.

[220] 李怡.综合物探解释在地质构造研究中的实践与认识[D].成都:成都理工大学,2014.

[221] 李天斌,孟陆波,朱劲,等.隧道超前地质预报综合分析方法[J].岩石力学与工程学报,2009,28(12):

2429-2436.

[222] 李苍松,高波,王石春.岩溶围岩分级初步探讨[J].工程地质学报,2006,14(6):808-814.

[223] 李坚,付建军,黄玉平,等.变形监测点优化布置在某边坡工程中的应用研究[J].矿冶工程,2010,30(6):18-22.

[224] 张德成.滑坡预测预报研究:以丁家坟滑坡为例[D].昆明:昆明理工大学,2015.

[225] 张正虎,袁孟科,邓建辉,等.基于改进灰色-时序分析时变模型的边坡位移预测[J].岩石力学与工程学报,2014,33(z2):3791-3797.

[226] 孙华芬.尖山磷矿边坡监测及预测预报研究[D].昆明:昆明理工大学,2014.

[227] 戈海玉,涂劲松.边坡位移预测的非线性组合模型及应用[J].岩土力学,2011,32(6):1808-1812.

[228] 姜德义,谢圣纲,任松,等.利用灰色关联度预测重庆地区边坡稳定性[J].地下空间与工程学报,2007,3(4):665-667,672.

[229] 代贞伟,魏云杰,吕韬,等.三峡库区某滑坡变形影响因素的灰色关联分析[J].中国地质灾害与防治学报,2016,27(1):32-37.

[230] HOFFMANN R, ALTIOK E, FRIEDMAN Z, et al. Myocardial deformation imaging by two-dimensional speckle-tracking echocardiography in comparison to late gadolinium enhancement cardiac magnetic resonance for analysis of myocardial fibrosis in severe aortic stenosis[J]. The American Journal of Cardiology,2014,114(7):1083-1088.

[231] CARLOS A,GIRALDO V,SERGIO A,et al. Ichnological analysis of the upper miocene in the ANH-Tumaco-1-ST-P well:Assessing paleoenvironmental conditions at the Tumaco Basin,in the Colombian Pacific[J]. Journal of South American Earth Sciences,2016(71):41-53.

[232] LI X H,DENG F M,HUA Y F,et al. Effect of molecular weight of dextran on the phase behavior and microstructure of preheated soy protein/dextran mixtures[J]. Carbohydrate Polymers,2007,72(1):160-168.

[233] 党耀国,刘思峰,王正新,等.灰色预测与决策模型研究[M].北京:科学出版社,2009.

[234] 曾亮.边坡稳定性分析的突变理论法研究[D].重庆:重庆交通大学,2014.

[235] 杜俊.尖山磷矿层状边坡变形失稳模式研究[D].昆明:昆明理工大学,2014.

[236] 胡晋川.基于突变理论的黄土边坡稳定性分析方法研究[D].西安:长安大学,2012.

[237] QIN S Q,JIAO J J,WANG S J,et al. A nonlinear catastrophe model of instability of planar-slip slope and chaotic dynamical mechanisms of its evolutionary process[J]. International Journal of Solids and Structures,2001,38(44-45):8093-8109.

[238] 张业民.突变理论在岩土与结构工程中的若干应用[D].大连:大连理工大学,2008.

[239] 李爱民.突变理论在反倾岩质边坡稳定性评价中的应用研究[D].长沙:中南大学,2004.

[240] 徐秀维.公路边坡稳定性预报的灰色突变研究[J].公路工程,2013,38(4):174-177.

[241] 白明洲,颜宇森,雷海英,等.黄土区工程边坡锚索应力监测预警的突变模型[J].土木工程学报,2011,44(s1):166-170.

[242] 姜德义,朱合华,杜云贵.边坡稳定性分析与滑坡防治[M].重庆:重庆大学出版社,2005.

[243] 郑展飞.公路工程边坡灾害风险分析与评价研究[D].重庆:重庆交通大学,2006.

[244] 吴丽，吴飞，陈礼仪. 边坡工程施工项目风险指标体系的研究与应用[J]. 探矿工程(岩土钻掘工程)，2011，38(4)：69-72.

[245] IMBEAH W，GUIKEMA S. Managing construction projects using the advanced programmatic risk analysis and management model[J]. Journal of Construction Engineering and Management，2009，135(8)：772-781.

[246] REZA A S，HAMID N，ABDOLREZA Y C. Landslide risk assessment by using a new combination model based on a fuzzy inference system method[J]. KSCE Journal of Civil Engineering，2018(22)：4263-4271.

[247] 谢旺祥. 高速公路改扩建工程高边坡施工过程中运营安全风险评价[D]. 长沙：长沙理工大学，2014.

[248] AZARAFZA M，GHAZIFARD A，HALUK A，et al. Landslide susceptibility assessment of South Pars Special Zone，southwest Iran[J]. Environmental Earth Sciences，2018，77(24)：805.

[249] 刘洋洋，李永强，郭增长，等. 基于熵权-集对分析的山区丘陵公路边坡安全评价：以河南省修武县为例[J]. 安全与环境学报，2017，17(5)：1681-1685.

[250] 刘磊. 三峡水库万州区库岸滑坡灾害风险评价研究[D]. 武汉：中国地质大学(武汉)，2016.

[251] 唐亚明. 陕北黄土滑坡风险评价及监测预警技术方法研究[D]. 北京：中国地质大学(北京)，2012.

[252] SHINYOUNG K，DAEGI H. Development of an earthquake-induced landslide risk assessment approach for nuclear power plants[J]. Nuclear Engineering and Technology，2018，50(8)：1372-1386.

[253] 周斌. 湘西红砂岩顺层边坡稳定可靠度分析和风险评估[D]. 长沙：中南大学，2010.

[254] 林孝松. 山区公路边坡安全评价与灾害预警研究[D]. 重庆：重庆大学，2010.

[255] 冯夏庭，丁梧秀，姚华彦，等. 岩石破裂过程的化学-应力耦合效应[M]. 北京：科学出版社，2010.

[256] CHRISTENSEN N I. Poisson's ratio and crustal seismology[J]. Journal of Geophysical Research Solid Earth，1996，101(B2)：3139-3156.

[257] GORBATIKH L，KACHANOV M. A simple technique for constructing the full stress and displacement field in elastic plates with multiple cracks[J]. Engineeing Fracture Mechanics，2000，66(1)：51-63.

[258] REN J X. Computerized tomography examination of damage tests on rocks under triaxial compression[J]. Rock Mechanics and Rock Engineering，2004，37(1)：83-93.

[259] 陈四利，冯夏庭，李邵军. 化学腐蚀对黄河小浪底砂岩力学特性的影响[J]. 岩土力学，2002，23(3)，284-287，296.

[260] 赖永标. 隐伏溶洞与隧道间安全距离及其智能预测模型研究[D]. 北京：北京交通大学，2012.

[261] 葛修润，蒋宇，卢允德，等. 周期荷载作用下岩石疲劳变形特性试验研究[J]. 岩石力学与工程学报，2003，22(10)：1581-1585.

[262] 谢和平，陈忠辉. 岩石力学[M]. 北京：科学出版社，2004.

[263] 吴富民. 结构疲劳强度[M]. 西安：西北工业大学出版社，1985.

[264] 蒋宇，葛修润，任建喜. 岩石疲劳破坏过程中的变形规律及声发射特性[J]. 岩石力学与工程学报，2004，23(11)：1810-1814.

[265] 孙璐，段雨芬，赵磊，等. 高速铁路 CRTSⅡ型板式无砟轨道结构动力特性分析[J]. 东南大学学报(自

然科学版),2014,44(2):406-412.

[266] ZHANG N, XIA H, GUO W W. Vehicle-bridge interaction analysis under high-speed trains[J]. Journal of Sound and Virbration,2008,39(3-5):407-425.

[267] 黄娟. 基于损伤理论的高速铁路隧道结构振动响应及疲劳寿命分析[D]. 长沙:中南大学,2010.

[268] XIAO J Q, DING D X, XU G, et al. Waveform effect on quasi-dynamic loading condition and the mechanical properties of brittle materials[J]. International Journal of Rock Mechanics and Mining Sciences,2009,45(4):621-626.

[269] 冯春林,吴献强,丁德馨,等. 周期荷载作用下白沙岩的疲劳特性研究[J]. 岩石力学与工程学报,2009,28(z1):2749-2753.

[270] 蒋宁. 周期荷载作用下岩石疲劳破坏及变形发展规律研究[D]. 上海:上海交通大学,2003.

[271] KAHRAMAN S, SOYLEMEZ M, FENER M, et al. Determination of fracture depth of rock blocks from P-ware velocity[J]. Bulletin of Engineering Geology and the Environment,2008,67(1):11-16.

[272] 葛修润,任建喜,蒲毅彬,等. 岩石疲劳损伤扩展规律 CT 细观分析初探[J]. 岩土工程学报,2001,23(2):191-195.

[273] 李树春. 周期荷载作用下岩石变形与损伤规律及其线性特征[D]. 重庆:重庆大学,2008.

[274] 赵凯,乔春生,罗富荣,等. 不同频率循环荷载下石灰岩疲劳特性试验研究[J]. 岩石力学与工程学报,2014,33(z2):3466-3475.

[275] BAGDE M N, PETROS V. Fatigue properties of intact sandstone samples subjected to dynamic uniaxial cyclical loading[J]. International Journal of Rock Mechanics and Mining Science,2005,42(2):237-250.

[276] 杨仕教,曾晟,王和龙,等. 加载速率对石灰岩力学效应的试验研究[J]. 岩土工程学报,2005,27(7):786-788.

[277] 刘宁,彭立敏,施成华. 基岩软化条件下仰拱结构疲劳寿命的预测分析[J]. 振动工程学报,2016,29(5):936-943.

[278] 杨晓华,姚卫星,段成美,等. 确定性疲劳劣迹损伤理论进展[J]. 中国工程科学,2003,5(4):81-87.

[279] SHOJAEI A, ESLAMI M R, MAHBADI H. Cyclic loading of beams based on the Chaboehe model[J]. International Journal of Mechanics and Materials in Design,2010(6):217-228.

[280] XIAO J ZH, LI H, YANG ZH J. Fatigue behavior of recycled aggregate concrete under compression and bending cyclic loadings[J]. Construction and Building Materials,2013(38):681-688.

[281] 欧进萍,林燕青. 混凝土疲劳损伤的强度和刚度衰减试验研究[J]. 哈尔滨建筑大学学报,1998,31(4):1-7.

[282] 顾怡. FRP 疲劳累积损伤理论研究进展[J]. 力学进展,2001,31(2):193-201.

[283] 李景湧. 有限元法[M]. 北京:邮电大学出版社,1999.

[284] KIM D, SALGADO R, ALTSEHAEFFL A Q. Effects of super single tire loadings on pavements[J]. Joumal of Transportation Engineering,2005,l31(10):732-743.

[285] ALABI, B. A parametric study on some aspects of ground-borne vibrations due to rail name[J]. Journal of Sound and Vibration,1992,153(1):77-87.

[286] 李懿. 铁路 U 型结构路基复合地基的沉降与力学特性研究[D]. 北京:北京交通大学,2014.
[287] 范俊杰. 现代铁路轨道[M]. 北京:中国铁道出版社,2001.
[288] 李新. 高速铁路无砟轨道—路基系统耦合振动研究[D]. 长沙:中南大学,2012.
[289] 刘扬,刘巨保,罗敏. 有限元分析及应用[M]. 北京:中国电力出版社. 2008.

高速铁路基础研究与技术创新丛书

第一期(16 册)

(一)基础理论与基础技术系列

高速铁路散体道床宏细观力学行为 赵春发　翟婉明　张　徐　著

ISBN 978-7-113-28857-0

高速铁路线路系统动力学 龙许友　时　瑾　王英杰　编著

ISBN 978-7-113-28997-3

高速铁路弓网关系研究 韩通新　著

ISBN 978-7-113-28941-6

(二)动车组系列

高速列车轻量化设计 李　明　伊召锋　米莉艳　等编著

ISBN 978-7-113-28972-0

(三)供电系列

高速铁路受电弓 韩通新　编著

ISBN 978-7-113-28975-1

高速铁路接触网检测技术 韩通新　著

ISBN 978-7-113-28961-4

(四)工程设计系列

高速铁路桥梁抗震设计 陈兴冲　张永亮　编著

ISBN 978-7-113-28964-5

高速铁路轨道工程 BIM 正向设计软件开发与实践 姚　力　刘大园　董凤翔　等编著

ISBN 978-7-113-28934-8

(五)工程施工与组织系列

高速铁路桥梁 BIM 技术研究与实践 盛黎明　苏　伟　刘延宏　宋树峰　编著

ISBN 978-7-113-28938-6

高速铁路岩溶路基边坡变形与稳定 白明洲　师　海　田　岗　等编著

ISBN 978-7-113-28880-8

高速铁路工程地质灾害超前预报图形判别和解译 李 忠 郝娜娜 等编著

ISBN 978-7-113-28935-5

（六）通信与列控系列

高速铁路宽带无线信道测量与建模技术 周 涛 何睿斯 艾 渤 编著

ISBN 978-7-113-28930-0

（七）测量与检测系列

（八）高铁运营与经济系列

高速铁路社会效益研究——基于时空经济分析 李红昌 夏璇璇 著

ISBN 978-7-113-28942-3

（九）现代信息技术系列

高速铁路物联网技术 史天运 孙 鹏 张惟皎 陈瑞凤 编著

ISBN 978-7-113-29029-0

（十）安全·健康·维护系列

高速铁路道砟飞溅机理及防治 高 亮 石顺伟 殷 浩 著

ISBN 978-7-113-28906-5

高速列车多目标均衡综合节能技术 张 雷 李 明 司志强 等编著

ISBN 978-7-113-28976-8